演讲与口才教程

胡友静 主编
刘瑞享 副主编

北京·旅游教育出版社

前　言

当今社会各行各业竞争日益激烈，人与人之间的竞争除了专门技能的竞争外，有一项最基本的能力是所有人才都必须具备并随时要与他人比试的，这就是——演讲与口才，而这项能力的高低，则有可能直接决定着人才的层次与地位！

语言艺术作为人类艺术门类中的最高艺术，其水平的上限几乎是无限的，是值得我们每一个人不断地去努力追求和提高的。谁都希望自己能有叱咤风云的演说能力和无往不胜的雄辩口才，但语言能力的提高是一个渐进的过程，是一个建立在多方面素养的基础上整体素质提高的过程，同时更是一个长期有意识地训练的过程。因此，即将走向社会的大学生们，在学好专业知识的同时，要将练习演讲、提高口才作为最紧迫的学习任务，尽快提高演讲能力与口才技巧，为自己未来的职业生涯奠定可靠的基础。

本书作者有十多年从事演讲与口才教学的经验，在教学内容的安排和选取上，注重实际应用能力的培养，坚持理论与实践的结合，力求通俗易懂、生动形象，引导读者进行循序渐进的训练。本书由基础、演讲和口才三个篇章、十三讲构成，分别包括语言基础知识及素质能力训练、演讲理论和实践训练、一般通用口才（社交口才、求职口才和辩论口才）与专业口才（导游口才、推销口才和谈判口才）的理论和实践训练。

本书可作为大学公共课教材，也可作为专业基础课教材，还可以作为演讲与口才爱好者的自学参考书。

本书主编胡友静，副主编刘瑞享。绪论、第二讲、第三讲、第四讲、第五讲、第六讲、第七讲、第八讲和第十讲由江西教育学院胡友静教授编写；第一讲由江西教育学院胡友静教授与湖北经济学院旅游与酒店管理学院康芬老师和武汉民政职业学院赵亮老师合作编写；第九讲、第十一讲由江西教育学院刘瑞享副教授编写；第十二讲由武汉交通职业学院李勤老师编写；第十三讲由江西教育学院刘瑞享副教授与湖北经济学院旅游与酒店管理学院康芬老师和武汉民政职业学院赵亮老师合作编写。

本书在编写过程中，参考了许多相关书籍和网上的资料（书后只列出了其中的一部分），同时还得到了旅游教育出版社的大力支持和指导，在此一并表示感谢。

由于编者水平有限，书中难免有错误和疏漏，敬请专家和读者批评指正。

编　者

2012 年 6 月

目 录

绪论 人人都能成为演说家 ……………………………… 1
　一、演讲与口才的重要性 …………………………………… 1
　二、说话难吗 ………………………………………………… 1
　三、说话能力的关键在大脑 ………………………………… 2
　四、人人都能成为演说家 …………………………………… 3

第一篇 基础

第一讲 语言基础 ………………………………………… 7
　一、有声语言 ………………………………………………… 7
　二、态势语言 ………………………………………………… 8
　三、类语言 …………………………………………………… 13
　四、发声训练 ………………………………………………… 14
　五、普通话训练 ……………………………………………… 21

第二讲 朗诵技能 ………………………………………… 50
　一、朗诵概述 ………………………………………………… 50
　二、朗诵的技巧 ……………………………………………… 53
　三、经典朗诵训练材料汇编 ………………………………… 62

第三讲 素质基础 ………………………………………… 74
　一、思想文化修养 …………………………………………… 74
　二、心理素质训练 …………………………………………… 75
　三、综合能力培养 …………………………………………… 78

第二篇　演讲

第四讲　演讲概述 ... 85
　一、演讲及其要素 ... 85
　二、演讲的特点及作用 ... 86
　三、演讲的类型 ... 87
　四、演讲的基本要求 ... 89
第五讲　演讲准备 ... 91
　一、演讲主题 ... 91
　二、演讲的材料准备 ... 93
　三、演讲提纲及演讲稿的写作 ... 94
　四、登台演讲前的准备和演练 ... 100
第六讲　演讲过程 ... 103
　一、演讲开头处理 ... 103
　二、演讲主体处理 ... 108
　三、演讲结尾处理 ... 112
第七讲　演讲训练 ... 116
　一、上台说话训练 ... 116
　二、自选话题说话训练 ... 116
　三、指定内容的演讲训练 ... 117
　四、即兴演讲训练 ... 130

第三篇　口才

第八讲　社交口才 ... 137
　一、现代社会交往的特点和原则 ... 137
　二、社交口语的基本要求 ... 142
　三、社交口语的实用技巧 ... 146
第九讲　求职口才 ... 160
　一、求职准备 ... 160
　二、求职面试语言要求 ... 165
　三、求职语言技巧 ... 167

第十讲 辩论口才 ······ 178
一、辩论概述 ······ 178
二、辩论能力与技巧 ······ 183
三、辩论比赛 ······ 201

第十一讲 导游口才 ······ 210
一、导游口才及其基本要求 ······ 210
二、导游语言技巧 ······ 215
三、导游语言艺术技巧 ······ 225

第十二讲 推销口才 ······ 236
一、推销概述 ······ 236
二、推销语言要求 ······ 241
三、推销语言技巧 ······ 242

第十三讲 谈判口才 ······ 249
一、谈判概述 ······ 249
二、谈判语言技巧 ······ 252

参考文献 ······ 267

绪论　人人都能成为演说家

一、演讲与口才的重要性

青年朋友,你渴望成功吗?你想成为领导、成为领袖吗?如果回答是肯定的,那你首先得学会当众讲话(演讲),学会说好听的话,学会说动人的话,学会与人交涉,学会说服和拒绝,等等。

古今中外,圣贤达人,无不对演讲与口才推崇备至。

孔子说,一言可以兴邦,一言可以丧邦。古人还说,一人之辩,重于九鼎之宝;三寸之舌,强于百万之师。

美国是现代世界第一强国,他们称雄世界的法宝是什么?美国人自己认为,他们在二战期间的三大战略武器是:原子弹、金钱和演说;而今天,他们的三大战略武器则是:舌头、美元和电脑。现在,作为科技力量的象征原子弹被电脑所取代,金钱(美元)的地位没变,而演讲与口才(舌头)则从第三跃升为第一大战略武器。

宏观上看,演讲与口才对安邦治国、民族兴衰至关重要。微观上看,演讲与口才跟我们个人的前途事业乃至日常生活密切相关。演讲与口才对个人的重要性可以体现在以下几个方面:

(1)准确表达思想和情感;
(2)展示个人才能和魅力;
(3)号召动员和领导群众;
(4)建立维系良好人际关系。

二、说话难吗

"你会说话吗?"——这好像不是个问题。但其实,没几个人真正敢说"我很会说话"。

"你会当众演讲吗?"——这好像真是个问题。有很多人私底下能说会道,可一上台就张口结舌、哑口无言。

说话是件人人都会的简单事,但说话也是件最有讲究、最为复杂、最有艺术的事,说话比弹钢琴难一万倍!说话的艺术是所有艺术门类中最难、最高超的艺术!

人类学说话学了几十万年(也许更长),才学成今天这个样子。幼儿学说话的那一两年其实是人类语言产生与进化的超级浓缩。正是由于我们语言的复杂性才使我们人类的大脑机能大大高于其他动物。

会说话的人让人"听君一席话,胜读十年书",不会说话的人让人觉得"话不投机半句多",更有甚者是好心说歹话。

说话有几大难:

发音难:说话涉及多个发音器官的协调运动。为什么有的人发音不准,有的音甚至发不出(如德语、法语中的小舌颤音及俄语、西班牙语和阿拉伯语中的大舌颤音未接受训练的中国人不会发)?即使对同样的音,又有强度、高低、"色彩"等诸多效果差别。这些都与发音器官能否协调运动相关。

表意难:不同的音对应不同的字,若干个字构成词,若干个词又连接成表达意思的句子。用字遣词造句不当就会言不达意。

说话艺术更难:一个意思,用什么话说?怎么说?什么时候说?同一句话,不同的说法,意思不同,效果更不同。正所谓"一句话把人说笑,一句话(可能是同一句话)把人说跳"。

三、说话能力的关键在大脑

把话说好的因素非常多,它是一种全身心的协调活动,而人的所有活动都是由大脑控制的。话说得不好有可能是由于你准备不充分(知识、信息不够),也有可能是身体有病(如嗓子哑了),但最重要的是,如果大脑失灵了,你就是准备得再充分、声音再好,也可能说不出一句话。

大脑失灵的原因大致有四种情形:悲伤、气愤、惊恐、紧张。

人在过度悲伤时,语言中枢一般会受抑制。所谓"泣不成声"其实并不是"哭得噎住了",主要还是因悲伤而使语言能力受阻碍。也有极少数人会有相反的表现,即在悲伤时语言中枢反而异常兴奋,出现哭诉(边哭边说)的情况。

气愤也是日常生活中经常使人丧失正常语言功能的原因。我们大都有过这样的经历:当与他人发生激烈的争吵后,在生他人气的同时更生自己的气——"当他(她)那样说我时我为什么不狠狠地回敬他(她)?"人在生气时说出来的话是低水准、低智商的,因此当你与他人发生争执时,要想不吃亏,关键是不发怒。

惊恐对语言的抑制作用更明显。受到惊吓的人往往会失去发声的能力,人受到极度惊恐甚至会使大脑完全失灵。有人曾看见过这样的场景:有个人猛然抬头看见一辆失控的汽车从十几米开外向自己驶来,他竟然一动不动地等着汽车撞向自己。这就是因极度惊恐致使大脑完全失灵,以致不能迈开步子躲开危险。

紧张是语言失调最常见、最主要的原因。特别是对那些不擅长演讲的人,当他们不得不面对大众说点什么的时候,紧张情绪必然产生。紧张会导致思维混乱、语无伦次、四肢僵硬、张口结舌、发抖、出汗等。

初次当众演讲的人肯定都会紧张,即使是最著名的演说家,初次演讲都可能不会是成功的,例如西塞罗(古罗马著名演说家)、马克·吐温、林肯、丘吉尔、卡耐基等均不例外。

克服紧张、提高口才最好的、也是唯一的办法就是多练习。

四、人人都能成为演说家

演说家——多么富有魅力、令人崇拜的称谓,各行各业中的佼佼者、领袖人物大多都是配得上这个称谓的。它似乎离我们普通人很远,但其实,年轻的大学生们,你们人人都有可能成为演说家。

语言能力是一个人综合素质的外在表现,一个人思维敏捷、知识广博、心理健康、自信、乐观(这些你们大多都已经具备),自然能说会道。如果能够再掌握一些演讲的技巧,广增经验,就一定能成为一个出色的演说家。

如果你一站在众人面前就感到浑身不自在(脸红、出汗),一在正式场合就把事先准备好的话全部忘光,如果你虽然敢在大众面前讲话,但总会因为用词不当或普通话不标准遭人笑话,或者别人老是说你的声音太小,或者说你的话语缺乏感染力、不能打动人(不甜美、没有磁性)……那么,从现在开始,你就要尽一切可能抓住一切机会练习说话,说好听的话,自然、流利地说话,说有道理的话,说能打动人的话。

只要你愿意努力、不怕失败、肯下工夫,不放过每一次练习演讲的机会,你就一定能够成为一个说话高手、成为一名演说家。我们不敢说所有的成功者都一定口才好,但我们敢说口才好的一定是一名成功者!如果你熟练掌握了人类最高超的艺术——演讲与口才,你还有什么事干不成呢?

第一篇 基础

第一讲　语言基础

语言是人类交际的工具,是人们表达思想和情感的媒介。正常人的语言系统包括有声语言、态势语言和类语言三种形式。

一、有声语言

(一)有声语言的含义及作用

有声语言是指用语音表达思想和情感的口头语言,它是普通人(非聋哑人)在社会交往中传递信息、交流思想和情感的主要语言形式。

有声语言是演讲活动最主要的表达手段,它以流动的声音承载思想和情感,直接诉诸听众的听觉器官产生效应。

有声语言与态势语言和类语言相比较,其主要作用是表现言语中的思想性,而态势语和类语言则主要表现言语的艺术性。

(二)有声语言的特性

有声性:有声语言是通过口腔发出的声音变化来传情达意的,这是有声语言区别于态势语及书面语的根本特性。

系统性:有声语言是人类长期进化的产物,有着非常复杂的系统结构性。在普通人的语言系统中,有声语言与态势语和类语言相比,有很强的系统性和规范性。

地域性:有声语言的产生与形成有其明显的地域性,不同地方的有声语言差异很大。

简散性:与书面相比,有声的口语具有明显的简略性和松散性特点。

易逝性:有声语言不易保存,容易消逝。所谓"口说无凭立字为据"就是为了规避这种易逝性。

灵活性:有声语言在表达的过程中受听者和环境的影响很大。对于不同的听者,不同的场合,有声语言的表达可以进行灵活的变化。

(三)有声语言的四要素

音准、音色、音量和音调是有声语言的四个基本要素。

音准,是指吐字发音清楚、准确。说话时口齿清楚、发音准确,是口语表达者正确表达思想的基本前提。这个前提不具备,语言能力的其他方面再强都是枉然。

因此,有声语言训练最基本、最重要的就是普通话音准训练。

音色,是指人说话时的声音特色,它是声音悦耳与否的标志。比如清亮、圆润、甜美、浑厚都是音色美的表现。有的人一张口声音就有磁性,富有吸引力,若再加上语音标准和好的思想内容,则其语言效果必然非凡。人的音色有先天成分,更有后天的塑造。音色固然与发声器官的构造有关,但更与共鸣腔的使用有关。合理有效地运用共鸣腔,善用气息,是使音色美的关键。

音量,是指说话声音的大小。音量的大小由声带振动的幅度决定,它影响有声语言的清晰度以及决定有声语言传播范围。它是当众演讲者首要关注的因素,不能让最后一排的人都能听见的演讲肯定是不成功的演讲。

音调,是指说话声音的高低。音调的高低由声带振动的频率决定,说话者能否随心所欲地控制音调是其语言能力强弱的一个重要标志。

这四个要素中任何一个有问题都会使语言能力大打折扣。普通话不标准会让人听不懂(甚至遭到笑话),音色不美会让人有不舒服的感觉,不会大声说话没资格做当众演讲者,不会高声说话(有人只会用一种声调说话,不会变调)必然导致声音平淡、无表现力。

(四)有声语言的基本要求

作为人际交往中交流信息和情感的主要手段,有声语言对普通人来说要比态势语和类语言更重要、有更多的要求(面无表情和缺乏肢体语言有时并不妨碍思想的交流)。为了准确地表达思想和情感,有效传递信息,在使用有声语言时应做到:

1. 规范

有声语言的规范应包含三方面内容:语音规范、语法规范和逻辑规范。语音规范是指使用标准的普通话,尽量做到发音准确、吐字清楚;语法规范是指使用字、词、短语及其组成句子应符合公认规范和修辞原则;逻辑规范是指概念明确、判断准确、推理合乎逻辑。

2. 动听

有声语言是作用于听众的听觉器官而产生效应的,因此有声语言要有效果,就要能吸引听众,要吸引听众就要做到:发音要美、轻重适度、快慢相间、抑扬顿挫。

3. 简练

要让听众在一定的时间内接收尽可能多的信息,说话者就应该尽量简明扼要,少说废话。

二、态势语言

(一)态势语言的含义及作用

态势语言又称为体态语言(或身体语言、肢体语言、动作语言、无声语言),是言语者的姿态、动作、手势、表情等,它是以流动着的形体动作辅助有声语言、承载思想和情感,诉诸听众的视觉器官而产生效应。

对普通人而言,虽然态势语言只是辅助性的语言,但其作用却是不容低估的。社会心理学实验证实了态势语的作用。有研究表明,人的感觉印象的获得,77%来自眼睛,14%来自耳朵,9%来自其他感觉器官,因此,在一条信息传递的全部效果中,只有38%是有声的(包括音调、变音和其他声响),7%是靠语词,而55%的信息是无声的(态势语言)。这表明,人们获得的信息大部分来自视觉印象。美国心理学家艾德华·霍尔说:"无声语言所显示的意义要比有声语言多得多。"

态势语在口语表达中的作用是通过作用于听者的视觉器官来提高语言表达的完整性和艺术性。具体说来,态势语有以下几方面的作用:

(1)加强作用:为突出意思的重要性,辅之以表情、眼神或手势动作等,加强听众印象。

(2)补充作用:口语表述中,有的意思虽然表述清楚,但意犹未尽,于是便用态势语言加以补充,完善口语表达的不足。

(3)替代作用:在口语表达的某一时段,有时会暂停讲话,而以态势语言替代后续的内容。

(4)美化作用:态势语在口语表达中最重要和最常见的作用是提高语言表达的艺术性。有表情和动作的"演"讲可以大大增强所表达内容的艺术性。另外,态势语言不仅是说话者思想情感的外化,同时也是说话者风采风度的展示。

(二)态势语的特性

可视性:与有声语言的有声性相对应,态势语言的第一特性是可视性,即态势语是作用于听者的视觉器官"读"出来的语言。

多义性:态势语中的很多手势动作的意思不是固定的,同一个动作在不同的场合、情形下意思是不同的。比如点头可以表示同意,也可以是打招呼的动作。

间接性:对普通人来说,体态语主要起辅助作用,它无法离开一定的语言环境,特别是无法完全脱离口语单独起表意作用,给对方的影响方式比较间接。

通用性:态势语是一定社会范围的通用性语言,大家都能看得懂。

民族性:与通用性相反,当超出一定的社会范围时,不同民族和地区的态势语又可能有很大的差别。比如用拇指和食指组成圆圈,其余三指张开与"OK"近似,在英美等国表示顺利、认可、同意之意,在意大利表示美丽,在南美一些国家则含侮辱之意,而在法国常被理解为零蛋、无价值。

(三)态势语的种类

1. 眼神(目光语)

眼睛是人对外接收信息最主要的窗口,同时眼睛也是表达情感的重要窗口,通过它可以透视人的内心世界及情感,正所谓眼睛是"心灵之窗"。我们不仅要善于识别各种眼神,更要会正确使用各种眼神。

各种目光语的含义:

正视——表示庄重;斜视——表示轻蔑;

仰视——表示思索;俯视——表示羞涩;

逼视——表示命令;瞪视——表示敌意;

上下打量——挑衅;低眉偷觑——困窘;

行注目礼——尊敬;白他一眼——反感;

双目大睁——吃惊;眨个不停——疑问。

另外眉毛与眼神的配合动作也很多(如眉目传情、眉开眼笑、眉飞色舞、横眉立目、双眉紧锁、挤眉弄眼、扬眉吐气)。

交际过程中,运用目光语时应注意:

第一,注视对方的时间要合适。注视对方的时间占谈话时间的30%~60%为适宜。超过这个比例可认为与谈话内容相比,谈话者对对方更感兴趣;长时间凝视,意味着对对方私人空间的侵犯;低于这个比例,则表示谈话者对对方或对谈话内容不怎么感兴趣;几乎不看对方,则表示不在乎、傲慢或者是企图要掩饰什么。

第二,眼神注视对方的区域要恰当。

亲密注视:两眼和胸部之间的三角形区域;

社交注视:两眼与嘴部之间的三角形区域;

严肃注视:前额的一个假想的三角形区域。

第三,注意眼神表达的方式和态度。不要乱用眼神,以免造成误会。

2. 表情

人的面部有80块肌肉以及无数细微的神经,它们可组合产生25万种不同的表情。面部的表情语言比嘴里讲的有声语言复杂千百倍,它像一台展示我们的情感、欲望、希冀等一切内心活动的显示器,是一张情感的晴雨表。善于运用面部表情以及善于读懂面部的表情语言是人的语言能力的一个重要方面。通过脸我们可以知道对方的大概年龄、性别、种族与情感等,正所谓"一切都写在脸上了!"

我们普通人对自己面部表情的运用大多都有非常大的挖掘空间,你只要留心一下聋哑朋友在相互交流时的面部表情,就知道自己的面部表情还有多么广大的发掘空间。

人的几种基本情感分别在脸上的以下部位表现:悲伤和恐惧主要通过眼部表现;高兴和惊讶主要通过面部表现;讨厌由脸的下半部表现;生气则通过脸的下半部与眼、眉、额头的配合来表现等。

微笑语——通过不出声的笑(脸)来传递信息、表达情感的一种态势语言。微笑是一种人类的特有表情语言,并且是世界通用语,在各种文化体系中含义是基本相同的。微笑的魅力——微笑能给人留下友好、宽厚、愉快、平和等好印象,能缩短人与人之间的距离。

3. 手势

手势语是通过手指、手掌、拳头、手臂的动作变化来表达思想情感信息的一种态势语。包括拱手、招手、挥手、摆手、伸出手臂挥动和手指动作等。手势是最灵活、最富有表现力的动作。

手势语大体有四种:

形象性手势:即用来摹形状物的手势。

数字性手势:即用来表示数字的手势。

指示性手势:即指出、指明、指示具体对象的手势。

情意性手势:即用来传递情感的手势。

一些常用的手势语及其特定含义:双手紧绞在一起,是精神紧张的表现;握拳表示挑战,是力量的象征;摊开双手,是真诚与坦率的表示;双手连交放在胸腹部位是谦逊、矜持或不安心情的反映;双腕自然交叉,放在胸前,是防卫、保护之意;反背手站着表示正在思考问题;搓手表示有所期待或感到寒冷;以手掩嘴表示不愿让人知道;用手插入口袋表示的意思是不信任;用手指轻拍额头或用手指太阳穴强调在思考;用手指或笔敲打表示不耐烦;将手放在耳朵上成喇叭形表示在耐心倾听;手抓后脑勺表示困惑,等等。

一般而言,手势语应该是一种自然的表现,不要在演讲中刻意做出某种手势,或为了做手势而做手势,这样容易让人感觉不自然。但由于初学演讲的人往往不会用手势语,甚至不知道该把手放哪,因此对演讲新手来说,在演讲中设计一些手势动作也未尝不可,但上台之前一定要反复演练直到自然顺畅,变成习惯。

握手语——与成功者握手表示"祝贺";与失败者握手表示"理解";与朋友握手表示"友好";与敌人握手表示"和解"。另外,社交中握手礼仪有以下要求:握手的先后顺序是长辈、上级、主人、女士先伸手,晚辈、下级、客人、男士再伸手去握;握手的时间保持在1~3秒为宜;握手力度要适中;同时伸出双手握住对方的手更显热情和真诚。

肢体语言八大动作:

(1)交流——双手前伸,掌心向上;

(2)拒绝——掌心向下,作横扫状;

(3)区分——双手竖放,作切分状;

(4)警示——掌心向外,指尖朝上;

(5)指明——手掌并拢,掌心斜上;
(6)号召——手掌向上,挥向内侧;
(7)激情——握紧拳头,向前向上;
(8)决断——握紧拳头,向下朝内。

4. 体姿

体姿即身体姿态、姿势,一般可分为站、坐、步、蹲、俯、卧等,其中站姿、坐姿和步姿使用最多。一个人的身体姿态在人际交往中往往反映着其对人对事所持的态度,也体现着一个人的文化素养和风度。

站姿:也叫立姿或站立。站立的基本姿势有:立正、稍息、跨立。立正应做到:头要端,肩要平,胸要挺,腹要收,身要正,腿要直,手要垂。男性站姿:双脚平行,大致与肩同宽,全身正直,双肩稍向后展,头部抬起,双臂自然下垂伸直,双手贴于大腿两侧,上身挺直。女性站姿:挺胸、收颌,目视前方,双手自然下垂,叠放或相握于腹前,双腿并拢,不宜叉开。

坐姿:坐姿的基本要求是抬头、挺胸、收腹、两眼平视前方。女性两膝并拢,男士可分开一些,但不超过肩宽。两腿与肩齐平。坐姿中最需要避免的是架腿,其中包括我们平常说的"跷二郎腿"。这种动作,男女都需慎用,尤其是女性。标准的架腿动作,是将一条腿叠放在另一条腿上,这是一种保护自己势力范围、不让他人侵入的姿势。还有一种美国式的架腿动作,即将一只脚的足踝架在另一条腿的膝盖或大腿上,显示的是随意、平等和融洽的姿态。

步姿:一般人对自己走路的姿态很少有关注,或者说不太了解。而在别人的印象里,步姿留下的印象远比站姿和坐姿深,步姿不佳极易给人留下形象不佳的印象。特别是作为一名演讲者,从台下走上台的步姿往往决定着观众对你第一印象的好坏。步姿的基本要求是自然、矫健(或轻盈)、昂首、挺胸、目光坚定、步幅恰当。

(四)态势语言的运用原则

1. 目的性原则

态势语作为辅助性语言主要是为修饰有声语言服务的,因此口语表达中一个眼神、一个表情、一个动作都必须具有明确的目的性,都应与你所要表达的思想情感相一致,都是为思想情感的表达服务的。为此,要尽量避免做出与表达思想情感无关的一些下意识的习惯性态势语(比如不停眨眼睛、用手抓头、擦鼻子等)。

2. 准确性原则

使用态势语要准确使用通行语,即大家公认的态势语,不能用错,否则会造成误解。

3.适度性原则

使用态势语不能过度,过度频繁和过度夸张都会降低或抵消有声语言的效果。

4.协调性原则

态势语作为辅助性语言,首先要与有声语言协调一致成为一个整体,即真正起到加强和美化有声语言的作用;其次各种态势语之间也要协调一致,眼神、表情和动作等各种态势语通常都是同时使用的,它们之间的语意表现必须是一致的;最后,态势语也要与场景、身份相协调,在不同场合、不同情景下,不同身份的人应该使用适当的态势语才能达到合适的语言效果。

三、类语言

(一)类语言的含义及作用

类语言又称副语言,是交际过程中一种有声但无固定意义的语言。

类语言分两种情况:一是伴随有声语言出现的声音特性,如停顿、重音、快慢、语气、语调等;二是表意的功能性发声,如笑声、哭声、呻吟声、叹息声、叫声、掌声、口哨声等。这些声音在特定的语境下表达特殊的意义,并可以增强表达效果。

(二)类语言的运用

有这样一个故事:意大利悲剧明星罗西有一次应邀参加一个欢迎外宾的宴会。席间客人请罗西表演节目,罗西爽快答应,并随即表演了一段催人泪下的悲剧台词。尽管外宾们听不懂罗西在说什么,但却被他凄惨的语气语调和抑扬顿挫的声音所感动,也都潸然泪下,只有一个人忍俊不禁,跑出大厅大笑不止。原来这是罗西的一位朋友,而罗西刚才所表演的所谓悲剧台词,只不过是将餐桌上的菜单朗诵了一遍。

罗西的表演之所以能打动人,完全是因为他高超地运用了类语言。

1.停顿

停顿是口语中因生理需要(换气)和内容情感需要在连续的有声语言链上设置的中断。停顿可以增强语言效果,还可以改变语意。

例1　自古被称作天险的长江,被我们｜征服了!

例2　中国队｜打败了美国队｜获得了冠军(中国队赢了)。

如果读作:中国队打败了｜美国队获得了冠军(中国队输了)。意思就相反了。

例3　世界上如果男人没有了女人｜就倒霉了(男人倒霉)。

世界上如果男人没有了｜女人就倒霉了(女人倒霉)。

例4　"对牛弹琴"与"对,牛弹琴"。

2.重音

重音是人们在口语表达中把某些词语说得着重一些,以起到强调的作用。重音可以起到加强情感的作用,也可以使语义发生变化。重音可分为重读型重音和轻读型重音以及语法重音、感情重音、逻辑重音等。

例1　有的人<u>活</u>着,他已经<u>死</u>了;有的人<u>死</u>了,他还<u>活</u>着(前一句中的活、死是重读型重音,后一句中的死、活是轻读型重音)。

例2　<u>生存</u>还是<u>死亡</u>,这是一个问题(语法重音)。

例3　我是<u>中国人</u>,我有一颗<u>中国心</u>(感情重音)。

例4　你<u>再</u>说一遍(刚才没说清楚)。"再"是语法重音。

<u>你</u>再说一遍(别人不用说)。"你"是逻辑重音。

你再<u>说</u>一遍(不要写)。"说"是逻辑重音。

你再说<u>一</u>遍(不用说第二遍)。"一"是逻辑重音。

你<u>再</u>说一遍(你敢再说我揍你)。"再"是逻辑重音。

语法重音是与语法结构相对应的重音,一般不带情感和特殊意义,而情感重音和逻辑重音则是为了表达特别的情感和意义而设置的重音。

3. 语速

语速是指讲话的快慢缓急。语速的快慢与说话人的年龄、个性、说话对象有关,更与说话的内容和要表达的情感相关。语速的快与慢、缓与急要与话语要表达的思想和情感相一致,要做到快慢适度,缓急贴切,快而不乱,慢而不拖,快中有慢,慢中有快,快慢结合,张弛有度,使得语言富有变化和节奏的美感。

4. 语调

语调是指在说话时因表达思想和情感的需要,在语音上呈现出来的高低、升降、曲直的变化。语调变化对加强语言的感染力是复杂的、多方面的,大致说来可分为四种:平直调、下降调、上扬调和曲折调。

平直调:一般表示庄重、严肃、思考、冷淡、麻木等情感。例:英雄已经离开了我们,但他们的精神永存,我们要永远纪念他们,学习他们。

下降调:一般表示赞美、肯定、结束等情感。例:他是个了不起的人才！他真是个好人哪！

上扬调:一般表示反问、疑问、惊讶、鼓动等情感。例:难道不是吗？你干吗呀？你就这样放弃了吗？

曲折调:一般表示讽刺、反语、双关语等情感。例:他的风格呀,哼,真是太高了！

四、发声训练

(一)发声器官

人类的发音器官可以分为三大部分:肺、气管;喉头、声带;胸腔、口腔(包括咽腔、喉腔)、头腔(包括鼻腔)。其中肺、气管是提供发声动力的器官;喉头、声带是主要发声器官;胸腔、口腔、头腔是美化声音的共鸣器官。

发声原理:气息进入肺部后由胸、腹、横膈膜等肌肉对其进行控制,使其形成一个冲击波逆流而上,冲击声带,使声带震动发出声音,又经过口腔变化把字"咬"出来,同时利用胸腔、口腔(咽、喉)头腔(鼻腔)的共鸣,使声音美化。

肺和气管分别起供气和通气的作用。肺用来提供发音的动力——气流。气流通过气管到达喉部,作用于声带、喉头等发音器官,发出不同的声音。

喉头起通道的作用,由甲状软骨、环状软骨和两块勺状软骨组成。声带在发音中起重要作用,它是两片富有弹性的肌肉薄膜,位于喉头中间。其前端附着在甲状软骨上,后端分别跟两块勺状软骨相连接。两片声带放松或拉紧,使声门打开或关闭。从肺呼出的气流通过关闭的声门时引起声带的振动,发出声音。人类控制声带松紧的变化可以发出高、低等不同的声音。

胸腔、口腔和头腔是发音的共鸣器。胸腔包括喉头以下的气管、支气管和整个肺部,胸腔主要是低音共鸣腔;口腔包括咽腔和喉腔,主要是中音共鸣腔;头腔包括鼻腔、上颌窦、额窦、蝶窦等,主要是高音共鸣腔。"三腔"以口腔构造最为复杂。

口腔的构造,从前往后,可分为唇、齿、腭、舌、小舌等部位,活动和作用也多种多样。

(1)唇分上唇、下唇。唇的活动有三:闭合和张开、成自然状态、圆唇与不圆唇。例如,发鼻音 m 时,双唇紧闭;发辅音 b、p 时先闭合后张开;发其他鼻音和辅音时双唇张开,发辅音 f 时上齿跟下唇接近。圆唇与否用来区分圆唇元音和非圆唇元音。

(2)齿分上齿、下齿。配合舌、唇发出不同的音。

(3)腭分上腭、下腭。上腭分硬腭和软腭。硬腭不能移动,软腭可以上下移动。下腭可以上下移动,用来控制口腔容量的大小和舌位的高低,每个音素都受这些发音条件的限制。

(4)舌分舌尖、舌叶、舌面、舌根四部分。舌在口腔中是最活跃的器官,可以上下前后移动。其中舌叶、舌面、舌根可以抬或隆起,舌尖可以上卷和颤动。

(5)小舌和软腭一起上下移动。

鼻腔是起共鸣作用的固定腔体,它和口腔靠软腭和小舌隔开。软腭和小舌向上移动时,鼻腔通道闭塞,口腔畅通,发出口音,如 a、o、e;软腭和小舌向下移动时,口腔闭塞,鼻腔畅通,发出鼻音,如 m、n、ng。

头腔共鸣其实是打开鼻腔所产生的共鸣,声波会在鼻腔中振动,故亦有人称之为鼻腔共鸣。但由于其共鸣范围是由颚至眉心,甚至到达前额、头顶,这常令发声者在头部产生振动的感觉(即所谓"头声"),故我们称之为头腔共鸣。

(二)气息训练

气息是发声的原动力,"气乃音之帅","气动则声发"。练声首先得练气。

1. 呼吸方式

生活中一般有三种典型的呼吸方法:胸式呼吸、腹式呼吸和胸腹联合呼吸。

胸式呼吸是一种浅呼吸,主要靠提起上胸扩大胸腔的前后左右径来吸气,这种呼吸法的特征是吸气抬肩。吸气量少,发出的音窄细,轻飘。并且容易造成肩胸紧张、喉部负担重,易疲劳及声音僵化等问题。一般来说,女性大都用这种呼吸法。

腹式呼吸是一种深呼吸。主要靠降低膈肌扩大胸腔的上下径来吸气。腹式呼吸的吸气量较大,发出的音也比较深沉、浑厚。吸气时的特征是腹部放松外凸。这种呼吸法一般男人用得较多,也不是最科学的呼吸方法,容易造成闷、暗、空的音色。

胸腹联合呼吸法是结合以上两种呼吸法而成的。呼吸时吸气全面(前后、左右、上下)扩大了胸腔的容积,吸气量最大,呼吸稳定,有利于控制,容易产生坚实、响亮的音色。因此要学会这种呼吸法。

2. 胸腹联合呼吸法要领

(1)吸气。

①吸到肺底。有吸到肺底的感觉,引导气息通达体内深部,使膈肌明显收缩下降,有效地增加进气量。

②吸气时,应在肩胸放松的情况下使下肋得到较充分的扩展,此时,膈肌与胸廓的运动产生联系。一般感觉两肋的打开,以左右的平衡运动为主,尤其后腰部感觉较为明显。

③腹壁"站定"。吸气时,在胸部扩张的同时,应使腹部肌肉向小腹"丹田"位置收缩腹壁保持不凸不凹的状态。

吸气过程中的整体感觉应是随着吸气量的增加,腰带周围逐渐紧张,躯干部逐渐"发胖",胯下沉重有力,但肩仍处于放松状态,两臂能自由动作。由于生理特征的不同,男女吸气最后一刻的感觉略有差异,男性似扇面一样打开,而女性"发胖"的感觉较为明显。

(2)呼气。一口气能维持较久,发出较多音节,以及长时间保持良好的呼吸状态,是所谓气息持久的两层含义,它们对于语言表达都具有实际的意义。有声语言就是在呼气的过程中发出去的,因此对呼气的控制是整个呼吸控制训练的重点。

呼气的练习要把握这样一个过程:一是气息要平稳,要求有持久力,不能一下子放完;二是要根据情感和内容的变化调节呼气的快慢,强弱,使呼吸运动自如。

(3)换气。吸气量小、呼气浪费,补充气息不及时等,往往会造成语意支离破碎,甚至言不达意。

因此必须掌握准确的换气方法,使气息在使用的过程中,及时地得到补充,这样才能使你说得从容不迫,谈吐自如。

换气可以在句首换气,一般句子结束时可暂不换气,可在下句开始前进气,否则会破坏句子间的感情转换,并给人以急促感,要做到声断气不断。吸气后要马上使用,不是感情需要不要做较长停顿,否则体内感觉消失,力量也就松懈了。换气时吸气应适度,一般到七八分满,吸气过满会导致僵持。使用中的气息应有所储存,即使到该换气时,体内还应留有部分余气,否则会使人感到声嘶力竭。换气时尽量采用无声吸气——用声时,小腹保持控制状态,胸腔形成一个有弹性的"橡皮球",这样气息一有欠缺,便会在语言的顿挫中,得以"自动"、及时、无声地补充。

换气练习(将下面一段文字读下来,依句号停顿换气,要有较明显的换气动作,体会呼与吸的要领,不是句号处不换气。反复练习,直至能自然地换气,流畅地读下来):

望夜空,满天星,光闪闪,亮晶晶。好像那,小银灯,大大小小密密麻麻,闪闪烁烁数不清。仔细看,看分明,原来那群星,分了星座还起了名。按亮度,分了等,一等、二等、三等、四等、五等、六等一共分六等。谁最亮,是一等,谁最暗,是六等,一等到六等,总共不过6900多颗是恒星。星空中,还能看见那大行星和卫星,小行星和彗星,更有那无数无名点点繁星看不清。要想看清它,请你借助现代化的天文望远镜。

3.气息训练

(1)闻花香:想象眼前有一朵鲜花,香气四溢,深深吸进香气,控制一会儿,缓缓呼出。

(2)深深吸口气,模拟吹桌面上的灰尘。

(3)咬紧牙关,吸气后从牙缝中发出"咝"声,要求平稳均匀。

(4)数数,从一数到十,循环往复,一口气能数多少遍就数多少遍,但要清晰响亮。

(5)远距离喊人名。(比如:王小刚)

(6)叹气练习:先轻轻地叹口气,再痛快地叹口气,更痛快地叹口气,最后,果断而坚决地叹口气。

(7)横膈肌功能训练(练声音的弹性、爆发力):

军训口令:"一,二,一""一,二,一""一,二,三,四""一!二!三!四!"

在人背后喊"嗨!"(吓人一跳)

(三)共鸣训练

艺术发声讲究共鸣调节。掌握共鸣的调节可以扩大发声效率,改善声音质量,提高声音色彩的表现力。一般发声的共鸣方式是以口腔共鸣为主,以胸腔共鸣为基础,以鼻腔共鸣、头腔共鸣为辅助的声道共鸣。要获得良好的共鸣效果,就要学会调节控制自己的各种共鸣腔。

1. 共鸣腔使用要领

(1)口腔共鸣。口腔共鸣是声音从喉咙发出后第一个共鸣区域,它是发声非常重要的部分,是胸腔共鸣和头腔共鸣的基础。发声时口腔自然上下打开,笑肌微提,下腭自然放下稍后拉,上腭有上提的感觉。这样,声带发出的声波就随着气息的推送离开咽喉流畅向前,在口腔的前上方即硬腭前部集中反射而引起震动,这个硬腭前部我们也叫硬口盖,这种口腔共鸣效果明亮,靠前,集中,易于和头腔取得联系,且可减少咽喉的负担,起保护声带的作用。口腔共鸣要有声音的"点"和"心"(共鸣焦点),首先必须使口腔中的各有关部分唇、齿、牙、舌以及相适应的咽、喉自然地松开,会厌轻轻抬起,以使咽、喉、腔通畅,口腔壁、咽腔壁的肌肉积极坚硬,这样才会获得良好的共鸣效果。

(2)头腔共鸣。我们常常把头腔共鸣称为头声。头腔共鸣是我们声音中最具有魅力色彩的成分。它使声音明亮、光彩、辉煌、穿透力强,尤其是对男高音、女高音,头腔共鸣几乎决定了声音的质量。头腔共鸣是由于声音的频率引起了头部上前方的蝶窦空间的振动而产生的。蝶窦位于鼻孔上,是比较小的结构空间,获得头腔共鸣必须先具有鼻腔共鸣、口腔共鸣,否则头腔共鸣是难以掌握的。具体方法是:把口腔内声波在硬腭上的集中反射点稍后移,下腭放下,软腭和小舌头尽量上提,使口、鼻、咽腔之间的通道和空间更宽些,声波便沿着上腭骨而传到鼻咽腔、鼻腔和蝶窦等,引起振动,这种共鸣效果清脆、丰富、富有光彩。当然要取得良好的头腔共鸣是必须建立在正确的呼吸点、发声点和共鸣位置点这三者协调运动的基础之上的。

(3)胸腔共鸣。胸腔共鸣常常在比较低的声部运用比较多,也常常在各个声部的低声区运用较多。实际上在我们每个声部的所有声区,都需要有胸腔共鸣的成分,只是比例多少的问题。获得胸腔共鸣的具体办法是:发声时,咽喉部呈打哈欠状态,下腭自然下垂,把声波的反射点从硬腭移向下齿背上,使声波在喉头和气管附近引起更多的振动,并继续传送到胸腔会引起共鸣。胸腔共鸣的练习一定要注意松弛,千万不要过分地追求胸腔共鸣而去压迫喉头,把浓重的喉音误认为是胸腔共鸣。

2. 共鸣训练

(1)基本的"哼鸣"音训练。共鸣训练最基本的训练是"哼鸣"音训练。具体做法为先闭口发出"嗯(m)——"音。先练练"m"是有益的,因为发这个音容易达到高位置(头部共鸣)和靠前、明亮、集中的效果。练习哼鸣时首先上下唇自然地闭上、口腔内部要打开,好像闭口打哈欠的感觉,感到声音向高位、额窦、鼻窦处扩展,但切勿把声音堵塞在鼻腔里,否则会发出鼻音。平时可哼唱歌曲作为练习。

另外,注意闭口发音时,让气息通过软腭后部,进入头腔。这时气息如果流向正确,可发出较为明亮的"嗯——"音,然后逐步张开口,而口腔内保持"嗯——"音的位置。这时,如果能做到"嗯——"音不随嘴巴的开合而出现音色明暗的变化,则位置正确。

(2)口腔共鸣。双唇用喷法,舌头用弹法,要有意识集中一点发出声音,声音沿上腭直打到硬腭前端送出。注意,此时鼻咽要关闭,不产生鼻泄漏。

做以下发音练习:

①ba da ga pa ta ka

②学鸭子叫:挺软腭,口腔张开成一圆筒,发明亮的"gaga"声。

③山上五株树,架上五壶醋,林中五只鹿,箱里五条裤,伐了山上的树,搬下架上的醋,射死林中的鹿,取了箱中的裤。

④这就是白杨树,西北极普通的一种树,然而绝不是平凡的树。

(3)鼻腔共鸣。鼻腔共鸣是通过软腭来实现的。当软腭放松,鼻腔通路打开,声音在鼻腔得到了共鸣。控制要领有三点:深吸气、稳喉头、高位置。

做以下发音练习:

①纯 a 音——加鼻腔共鸣 a 音。

纯 i 音——加鼻腔共鸣 i 音。

纯 u 音——加鼻腔共鸣 u 音。

②鼻辅音 + 元音 ma—mi—mu。

③模仿汽笛长鸣声:发"di"音时可以平行发音,也可以由小到大或由大到小变化进行。

④大声呼唤练习:喂——同——志——们——:大——家——快——集——合——!

⑤蓝蓝的天上白云飘,白云下面马儿跑,挥动鞭儿响四方,百鸟齐飞翔。

(4)胸腔共鸣。用有深度和宽度、厚度的声音训练胸腔共鸣。

做以下发音练习:

①用"啊(a)"音做发音练习,从高到低、从实到虚发长音,体会在哪个声音处胸腔震动明显,然后在此声段处练习胸腔共鸣。一般较低较柔和的声音容易产生胸腔共鸣。

②学牛叫:发"mer"音时,嘴半张开,卷舌,口腔内部尽量扩张,发音低沉、浑厚。

③夸大体会地练读下列成语：

百炼成钢 山河美丽 中流砥柱 英明伟大 普天同庆 鹏程万里 翻江倒海 超群绝伦 响彻云霄 丰功伟绩 排山倒海 满园春色 盖世无双 慷慨激昂 豪言壮语 千军万马 深情厚谊 层出不穷 龙飞凤舞 赴汤蹈火 谈笑风生

④小柳树,满地栽,金花谢,银花开。

(5)朗诵。

(中低音)床前明月光,疑是地上霜。

举头望明月,低头思故乡。

(高音)白日依山尽,黄河入海流。

欲穷千里目,更上一层楼。

(四)音色训练

1. 音高与音低的训练

选一首古诗,进行训练。如:"离离原上草,一岁一枯荣。野火烧不尽,春风吹又生。"

(1)先从低音说起,一句句地升高,然后再一句句地降下来。

(2)一句高,一句低,高低交替。

(3)每个字的音调由低到高,再由高向低。

2. 音强与音弱的训练

(1)小音量的练习。要求:音量虽小,但吐字清晰。

(2)中音量(即正常音量)的练习。要求:吐字清晰,抑扬有致。

(3)大音量练习。要求:气息强大,音色高亢响亮。

(4)三种音量,混合练习。

3. 停与连的训练

例1：中国队/打败了美国队/获得了冠军。

例2：王后听说白雪公主还活着,/气得直咬牙齿:"哼,/哼,/谁比我还美丽,/我//就要害死谁。"

例3：自古被称作天险的长江,被我们/征服了。

例4：她吓昏了:"我……我/丢了//佛莱思节夫人的//项链了。"

4. 轻与重的训练

例1：我们是中国人,我有一颗中国心。

例2：有的人活着,他已经死了;有的人死了,他还活着。

例3：这样的好心人,太少了。

例4：看吧,它飞舞着,像个精灵——高傲的、黑色的暴风雨的精灵——它在大笑,它又在号叫——它笑那些乌云,它为欢乐而号叫!

5.语态训练

噢——我懂了

噢——我不能等了

噢——我很失望

噢——你想让我相信这个吗

噢——太棒了

噢——这很精明,但不够光明正大

噢——小心

噢——真疼啊

噢——真讨厌

噢——可怜的小东西

五、普通话训练

普通话,是以北京语音为标准音,以北方话为基础方言,以典范的现代白话文著作作为语法规范的现代汉民族共同语。普通话语音系统主要包括声母、韵母、声调、音节,以及变调、轻声、儿化等。声母是音节开头的辅音,普通话有21个辅音声母。辅音声母的发音取决于发音的部位和方法。

(一)普通话声母训练

1.声母的分类及发音特点

从发音部位的角度,可把声母分成七类:

双唇音:由双唇构成阻碍发出的音,如:b、p、m;

唇齿音:由上齿与下唇构成阻碍发出的音,如:f;

舌尖前音:由舌尖和上齿背构成阻碍发出的音,如:z、c、s;

舌尖中音:由舌尖与上齿龈形成阻碍发出的音,如:d、t、n、l;

舌尖后音:由舌尖与硬腭前端构成阻碍发出的音,如:zh、ch、sh;

舌面音(也叫舌面前音):由舌面前部与硬腭构成阻碍发出的音,如j、q、x;

舌根音(也叫舌面后音):由舌根和软腭构成阻碍发出的音,如:g、k、h。

从发音方法角度,根据构成阻碍和除去阻碍的方法不同,声母可以分为五类:

塞音:发音时,构阻的发音器官先紧闭,堵住气流,然后突然打开,气流冲出,音爆发而出的,叫塞音。如b、p、d、t、g、k。

擦音:发音时,构阻的发音部位靠近,中间留有一条窄缝,气流从窄缝里摩擦而过,这样发出的音,叫擦音。如f、h、x、s、sh、r。

塞擦音:发音时,构阻的部位先紧闭,然后打开一条窄缝,让气流摩擦而出,这样发出的音叫塞擦音。如j、q、z、c、zh、ch。

鼻音:发音时,构阻的发音器官紧闭,软腭下垂,封住口腔通道,让气流从鼻腔出来,这样发出的音叫鼻音。如 m、n。

边音:发音时,舌尖与齿龈接触,阻塞口腔中间通道,声带颤动,气流从舌边流出,这样发出的音叫边音。如 l。

声母还可以根据声带颤动与否,分成清音与浊音。普通话声母大部分都是清音,浊音只有 m、n、l、r 四个。

声母还可以根据发音时气流的强弱,分为送气音与不送气音。送气音,发音时气流强,如 p、t、k、q、c、ch;不送气音,发音时气流较弱,如 b、d、g、j、z、zh。具体见表 1-1:

表 1-1 声母的分类

		双唇音	唇齿音	舌尖前音	舌尖中音	舌尖后音	舌面前音	舌根音
塞音(清)	送气	p	f		t			k
	不送气	b			d			g
擦音	清		f	s		sh	x	h
	浊					r		
塞擦音(清)	送气			c		ch	q	
	不送气			z		zh	j	
鼻音(浊)		m			n			-ng
边音(浊)					l			

基本声母发音练习:

b 标兵 奔波 背包 报表 半边 颁布

p 乒乓 偏僻 拼盘 琵琶 澎湃 批判

m 美妙 面貌 眉目 命名 买卖 门面

f 奋发 非法 芬芳 反复 防范 丰富

d 电灯 大胆 带动 道德 地点 顶端

t 探讨 天梯 团体 铁蹄 妥帖 淘汰

n 泥泞(nìng) 牛奶 农奴 男女 恼怒 能耐

l 浏览 老路 拉拢 轮流 罗列 料理

g 巩固 改革 规格 灌溉 骨干 高贵

k	可口 开阔 刻苦 慷慨 空旷 旷课
h	含糊 和缓 浩瀚 绘画 欢呼 黄河
j	积极 经济 进军 急件 究竟 嘉奖
q	确切 轻巧 亲戚 前去 请求 弃权
x	相信 现象 消息 虚心 学习 先行
zh	茁壮 庄重 挣扎 主张 郑重 真正
ch	出差 长处 铲除 乘车 驰骋 春潮
sh	双手 上山 事实 受伤 少数 声势
r	仍然 软弱 荣辱 忍让 柔软 容忍
z	总则 最早 自尊 藏族 祖宗 造字
c	参差 层次 从此 残存 粗糙 草丛
s	琐碎 洒扫 色素 诉讼 松散 思索

2. 声母常见发音错误及正音方法

（1）翘舌音不到位。很多方言区（包括部分北方方言区）的人发舌尖后音时，因为发音部位或发音方法不对而发错这几个音。翘舌音的错误发音一般有下面几种情况：

第一种是发音部位出错，舌位偏前或偏后。舌位偏前一般指 zh 与 ch 发音时舌尖没有翘起并抵住硬腭前端，sh 与 r 发音时舌尖没有翘起并对着硬腭前端，舌尖只是抵在或对着齿龈上；舌位偏后指发音时舌尖抵住了软腭，造成气流被堵，不通畅，造成含糊不清的"大舌头音"。当然也有发音开始舌尖翘起，可是一发音舌尖就放平了而造成发音偏前的现象。

第二种是发音方法出错。zh 与 ch 是塞擦音，发音时要先抵住硬腭前端，后放开一条窄缝，气流从窄缝中摩擦而出。而 sh 与 r 是擦音，发音时舌尖不用抵住硬腭前端。再有，zh、ch、sh 发音时声带不颤动是清音，而 r 则声带颤动是浊音。

由于没有掌握正确的发音方法，因此，有些人在发 r 时容易把它发成 l 音，舌尖抵住了硬腭前端。这种情况在吴方言区比较多，如把"肉"（rou）发成"漏"（lou）、把"热"（re）发出"乐"（le）。

zh、ch 正确的发音是：发音时，发音部位舌尖必须翘起先抵住硬腭前端，然后放开一条窄缝，让气流从窄缝中流出。

sh、r 正确的发音是：发音时，舌尖必须翘起并对着硬腭前端，形成一道窄缝，发音时，让气流从窄缝里流出。

（2）f 与 h 混淆。在一些方言区，很多人容易把 f 与 h 混淆，究其原因主要是发音部位错误，发 f 时齿与唇没有接触，发 h 时齿与唇接触了。f 是唇齿音，发音部位是上齿背与下唇，发音时，齿与唇必须先接触后放开。而 h 发音部位是舌根与软腭,齿与唇是不能接触的,音从喉部发出。

(3)n与l混淆。本来普通话中的n和l是对立的音位,分得很清楚,但是在很多方言区中n和l是不分的,对于那些n、l不分的方言区的人来说,往往会将普通话中的n和l相混淆。

n属于鼻音,鼻子和口发音,鼻子通气发出类似"嗯"的音。l属于边音,鼻子不通气,口发音。两个音发音方式的区别仅在鼻子通不通气上。发"n"音,舌体前部(包括舌尖舌体舌叶)轻贴硬腭,封闭口腔气流通路,同时软腭下降,小舌(扁桃体)松垂下来,气流全部进入鼻腔,在鼻腔中上部振动,完成一个鼻腔共鸣音。舌体保持上顶动作,后接元音时舌头弹下,如:"农",发"n,ong",o音出现时舌体才下降。l音与之相对,舌尖集中前顶硬腭前部,软腭挺起堵住后鼻咽口,气流冲破舌尖阻碍,舌体弹下,气流同时从舌叶两侧冲弹而出。共鸣发生在口腔两边和前部。

(4)z c s与j q x混淆。平舌音z c s发音时,应注意舌尖要抵住(或对着)下齿背,发音时,上下齿碰触后发出音来,因为z c是塞擦音,s是擦音,所以发音时,气流是从窄缝里摩擦而出的,发音器官不能全部打开。

舌面音j q x发音时,舌尖要放在下齿龈,发音的着力点应该是舌面与硬腭。最常见的问题是把这三个音发成尖团音。发成尖团音的原因主要是发音时构成阻碍的部位由原来的舌面与硬腭前移到舌尖与齿龈,发音时,舌尖抵住下齿背,上下齿碰触,气流从上下齿间的窄缝里透出。

3. 声母综合训练

(1)声母zh ch sh—z c s的训练:

由于发声母zh、ch、sh的时候,舌尖上翘,所以舌尖后音又叫翘舌音;发声母z、c、s的时候,舌尖平伸,所以舌尖前音又叫平舌音。全国很多方言区都会出现平翘舌不分的现象。

zh、ch、sh和z、c、s对比辨音练习:

自 zì 愿－志 zhì 愿; 　　　鱼刺 cì－鱼翅 chì;

私 sī 人－诗 shī 人; 　　　仿造 zào－仿照 zhào;

粗 cū 布－初 chū 步; 　　　姿 zī 势－知 zhī 识;

新春 chūn－新村 cūn; 　　　宗 zōng 旨－中 zhōng 止;

资 zī 助－支 zhī 柱; 　　　自 zì 动－制 zhì 动;

物资 zī－物质 zhì; 　　　糟 zāo 了－招 zhāo 了;

近似 sì－近视 shì; 　　　搜 sōu 集－收 shōu 集;

增 zēng 订－征 zhēng 订; 　　　从 cóng 来－重 chóng 来;

支 zhī 援－资 zī 源; 　　　主 zhǔ 力－阻 zǔ 力;

木柴 chái－木材 cái; 　　　商 shāng 业－桑 sāng 叶;

申诉 sù – 申述 shù；　　　摘 zhāi 花 – 栽 zāi 花；
午睡 shuì – 五岁 suì；　　八成 chéng – 八层 céng；
树 shù 立 – 肃 sù 立；　　找 zhǎo 到 – 早 zǎo 到；
乱吵 chǎo – 乱草 cǎo；　　山 shān 顶 – 三 sān 顶

读准舌尖后音 zh、ch、sh 和舌尖前音 z、c、s：

振作 zhènzuò；	正宗 zhèngzōng；	赈灾 zhènzāi；
职责 zhízé；	沼泽 zhǎozé；	制作 zhìzuò；杂志 zázhì；
栽种 zāizhòng；	增长 zēngzhǎng；	资助 zīzhù；
自制 zìzhì；	自重 zìzhòng；	差错 chācuò；
陈醋 chéncù；	成材 chéngcái；	出操 chūcāo；
除草 chúcǎo；	贮藏 zhùcáng；	财产 cáichǎn；
采茶 cǎichá；	残喘 cánchuǎn；	操场 cāochǎng；
磁场 cíchǎng；	促成 cùchéng；	上司 shàngsī；
哨所 shàosuǒ；	深思 shēnsī；	生死 shēngsǐ；
绳索 shéngsuǒ；	石笋 shísǔn；	散失 sànshī；
扫射 sǎoshè；	四声 sìshēng；	宿舍 sùshè；
随时 suíshí；	所属 suǒshǔ。	

练读下面的绕口令：

四是四,十是十,十四是十四,四十是四十,不要把十四说成四十,不要把四十说成十四。

天上有个日头,地下有块石头,嘴里有个舌头,手上有五个手指头。不管是天上的热日头,地下的硬石头,嘴里的软舌头,手上的手指头,还是热日头,硬石头,软舌头,手指头,反正都是练舌头。

三山屹四水,四水绕三山；三山四水春常在,四水三山四时春。

师部司令部指示：四团十连石连长带四十人在十日四时四十四分按时到达师部司令部,师长召开誓师大会。

紫瓷盘,盛鱼翅,一盘熟鱼翅,一盘生鱼翅。迟小池拿了一把瓷汤匙,要吃清蒸美鱼翅。一口鱼翅刚到嘴,鱼刺刺进齿缝里,疼得小池拍腿挠牙齿。

字纸里裹着细银丝,细银丝上趴着四千四百四十四个似死似不死的小死虱子皮。

石、斯、施、史四老师,天天和我在一起。石老师教我大公无私,斯老师给我精神食粮,施老师叫我遇事三思,史老师送我知识钥匙。我感谢石、斯、施、史四老师。

石狮寺前有四十四个石狮子,寺前树上结了四十四个涩柿子,四十四个石狮子不吃四十四个涩柿子,四十四个涩柿子倒吃四十四个石狮子。

(2)f、h 对比辨音练习：

舅父 fù—救护 hù　　　　　公费 fèi—工会 huì
附 fù 注—互 hù 助　　　　仿佛 fǎngfú—恍惚 huǎnghū
防 fáng 虫—蝗 huáng 虫　　斧 fǔ 头—虎 hǔ 头
飞 fēi 机—灰 huī 鸡　　　　非凡 fēifán—辉煌 huīhuáng
奋 fèn 战—混 hùn 战　　　　复 fù 员—互 hù 援
方 fāng 地—荒 huāng 地　　防 fáng 止—黄 huáng 纸

读准 f 和 h：

发话 fāhuà　　发慌 fāhuāng；　　繁华 fánhuá　　丰厚 fēnghòu
混纺 hùnfǎng　后方 hòufāng；　　洪峰 hóngfēng　反悔 fǎnhuǐ
画符 huàfú　　化肥 huàféi；　　花粉 huāfěn　　复合 fùhé

练读下面的绕口令：

化肥会挥发；黑化肥发灰，灰化肥发黑。

风吹灰飞，灰飞花上花堆灰。风吹花灰灰飞去，灰在风里飞又飞。

丰丰和芳芳，上街买混纺。红混纺，粉混纺，黄混纺，灰混纺。红花混纺做裙子,粉花混纺做衣裳。穿上新衣多漂亮,丰丰和芳芳喜洋洋。感谢叔叔和阿姨,多纺红、粉、灰、黄好混纺。

(3) n、l 对比辨音练习：

无赖 lài—无奈 nài　　　水牛 niú—水流 liú　　男 nán 裤—蓝 lán 裤
旅 lǚ 客—女 nǚ 客　　　脑 nǎo 子—老 lǎo 子　　连 lián 夜—年 nián 夜
留念 niàn—留恋 liàn　　浓 nóng 重—隆 lóng 重　南 nán 部—蓝 lán 布
烂泥 ní—烂梨 lí　　　　牛 niú 黄—硫 liú 黄　　大娘 niáng—大梁 liáng

读准 n 和 l：

哪里 nǎli　　　纳凉 nàliáng　　奶酪 nǎilào　　　脑力 nǎolì
内涝 nèilào　　能力 nénglì　　　来年 láinián　　老农 lǎonóng
冷暖 lěngnuǎn　流脑 liúnǎo　　　留念 liúniàn　　岭南 lǐngnán
牛奶 niúnǎi　　恼怒 nǎonù　　　扭捏 niǔniē　　　能耐 néngnai
呢喃 nínán　　　男女 nánnǚ　　　履历 lǚlì　　　　理论 lǐlùn
联络 liánluò　　流露 liúlù　　　老练 lǎoliàn　　拉力 lālì

n—l 奶酪 耐劳 内力 脑力 凝练 扭力 农历 浓烈 奴隶 女郎 暖流 年历
l—n 老娘 烂泥 来年 靓女 烈女 留念 留难 流年 遛鸟 理念

n,l 与 r 交错成词语练习：

n—r 拟人 懦弱 男人 热闹 内燃 能人 宁日 呢绒 纳入 泥人
l—r 蜡染 腊日 老人 来日 利润 礼让 老弱 历任 乱扔 朗润

练读下面的绕口令：

门外有四辆大马车,你爱拉哪两辆就拉那两辆。

有座面铺面朝南,门口挂个蓝布棉门帘。摘了蓝布棉门帘,看了看,面铺面朝南;挂上蓝布棉门帘,看了看,面铺还是面朝南。

老六放牛:柳林镇有个六号楼,刘老六住在六号楼。有一天,来了牛老六,牵了六只猴;来了侯老六,拉了六头牛;来了仇老六,提了六篓油;来了尤老六,背了六匹绸。牛老六、侯老六、仇老六、尤老六,住上刘老六的六号楼,半夜里,牛抵猴,猴斗牛,撞倒了仇老六的油,油坏了尤老六的绸。牛老六帮仇老六收起油,侯老六帮尤老六洗掉绸上油,拴好牛,看好猴,一同上楼去喝酒。

(4) z c s 与 j q x 对比辨音练习:

工资 zī—攻击 jī　　　自 zì 私—技 jì 师
遭 zāo 到—交 jiāo 道　　脏 zāng 水—江 jiāng 水
参 cān 战—枪 qiāng 战　　刺 cì 人—气 qì 人
陈醋 cù—晨趣 qù　　　抽 chōu 水—秋 qiū 水
扫 sǎo 地—小 xiǎo 弟　　色 sè 调—卸 xiè 掉
相思 sī—相吸 xī　　　商 shāng 业—香 xiāng 液

读准下列各词:

缉私 jīsī　　　集资 jízī　　　其次 qícì　　　袖子 xiùzi
下策 xiàcè　　习字 xízì　　　戏词 xìcí　　　资金 zījīn
字迹 zìjī　　　字据 zìjù　　　自己 zìjǐ　　　自觉 zìjué
瓷器 cíqì　　　刺激 cìjī　　　思绪 sīxù　　　私交 sījiāo
私情 sīqíng　　私心 sīxīn　　司机 sījī　　　丝线 sīxiàn
四季 sìjì　　　剪除 jiǎnchú　　精致 jīngzhì　　趋势 qūshì
消失 xiāoshī　　秩序 zhìxù　　沉寂 chénjì　　深浅 shēnqiǎn
审讯 shěnxùn　　少将 shàojiàng　机器 jīqì　　　急切 jíqiè
军区 jūnqū　　　求救 qiújiù　　迁就 qiānjiù　　劝酒 quànjiǔ

(5) 其他声母的绕口令训练:

八百标兵(b、p):八百标兵奔北坡,炮兵并排北边跑,炮兵怕把标兵碰,标兵怕碰炮兵炮。

炮兵和步兵(b、p、m):炮兵攻打八面坡,炮兵排排炮弹齐发射。步兵逼近八面坡,歼敌八千八百八十多。

一平盆面(b、p):一平盆面,烙一平盆饼,饼碰盆,盆碰饼。

巴老爷芭蕉树(b):巴老爷有八十八棵芭蕉树,来了八十八个把式要在巴老爷八十八棵芭蕉树下住,巴老爷拔了八十八棵芭蕉树,不让八十八个把式在八十八棵芭蕉树下住,八十八个把式烧了八十八棵芭蕉树,巴老爷在八十八棵树边哭。

颠倒歌（d,t,l）：

太阳从西往东落,听我唱个颠倒歌。

天上打雷没有响,地下石头滚上坡；

江里骆驼会下蛋,山里鲤鱼搭成窝；

腊月苦热直流汗,六月暴冷打哆嗦；

姐在房中手梳头,门外口袋把驴驮。

白石塔（b、t）：

白石塔,白石搭,白石搭白塔,

白塔白石搭,搭好白石塔,白塔白又大。

哥挎瓜筐过宽沟（g、k）：

哥挎瓜筐过宽沟,赶快过沟看怪狗,光看怪狗瓜筐扣,瓜滚筐空哥怪狗。

老爷堂上一面鼓（g、h）：

老爷堂上一面鼓,鼓上一只皮老虎,皮老虎抓破了鼓,就拿块破布往上补。只见过破布补破裤,哪见过破布补破鼓。

（二）普通话韵母训练

1.韵母的分类

普通话韵母共有三十九个,按结构可以分为单韵母、复韵母、鼻韵母；按开头元音发音口形可分为开口呼、齐齿呼、合口呼、撮口呼,简称"四呼"。见表1-2。

表1-2 普通话韵母总表

	开口呼	齐口呼	合口呼	撮口呼
单韵母	-i(前、后)	i	u	ü
	a			
	o			uo
	e			
	ê			üe
	er			
复韵母	ai	ia	uai	
	ei	ie	uei	
	ao	iao	ua	
	ou	iou		

续表

	开口呼	齐口呼	合口呼	撮口呼
鼻韵母	an	ian	uan	üan
	en	in	uen	ün
	ang	iang	uang	
	eng	ing	ueng	
	ong	iong		

2.单韵母

由一个元音构成的韵母叫单韵母,又叫单元音韵母。单元音韵母发音的特点是自始至终口形不变,舌位不移动。

普通话中单元音韵母共有十个:a、o、e、ê、i、u、ü、-i(前)、-i(后)、er。

a 发音时,口腔大开,舌头居中,舌位低,唇形不圆。如:沙发、打靶。

o 发音时,口腔半闭,舌头后缩,舌位半高,嘴唇收圆。如:婆婆、默默。

e 发音时,口腔半闭,舌头后缩,舌位半高,嘴唇自然展开。如:合格、特色、割舍。

ê 发音时,口腔半开,舌位半低,舌头前伸,唇形不圆。在普通话里,ê 很少单独使用。除语气词"唉"外,只出现在 i、ü 的后面。

i 发音时,口腔开度很小,舌头前伸,舌位高,唇形扁平。如:笔记、皮衣、集体。

u 发音时,口腔开度很小,舌头后缩,舌位高,嘴唇收圆。如:图书、互助、服务。

ü 发音时,口腔开度很小,舌头前伸,舌位高,嘴唇收圆。发音情况和 i 基本相同,区别是 ü 嘴唇是圆的,i 嘴唇是扁的。如:语句、须臾、屈居。

-i(前)发音时,舌尖前伸,靠近上齿背,气流从舌尖和上齿背的缝隙中通过,唇形扁平。这个韵母只跟 z、c、s 配合,不和任何其他声母相拼,也不能自成音节。如:自私、此次、子嗣。

-i(后)发音时,舌尖上翘,靠近硬腭前部,气流从舌尖和硬腭前部的缝隙中通过,唇形扁平。这个韵母只跟 zh、ch、sh、r 配合,不与其他声母相拼,也不能自成音节。如支持、值日、试制。

er 发音时,口腔半开,舌位居中,舌尖上升到中间高度,同时向后卷起,唇形不圆。如:而、儿、耳。

发音练习:

a——阿姨、阿斗、阿飞、阿毛、阿哥、把关、跋涉、罢工、霸主、扒开
o——波动、播种、剥削、博士、搏斗、薄弱、驳斥、泼辣、叵测、迫切
e——婀娜、阿谀、讹诈、额头、扼杀、恶劣、遏制、恶毒、恶果、恶霸
-i(后)——芝麻、支持、枝节、脂肪、知音、直径、植物、职业、指示、秩序
-i(前)——私自、孜孜、字词、四次、恣肆
er——儿童、儿戏、而且、耳目、耳语、尔后、迩来、二胡、二副、贰臣

3.复韵母

由两个或三个元音结合而成的韵母叫复韵母。普通话共有十三个复韵母：ai、ei、ao、ou、ia、ie、ua、uo、üe、iao、iou、uai、uei。根据主要元音所处的位置，复韵母可分为前响复韵母、中响复韵母和后响复韵母。

(1)前响复韵母共有四个：ai、ei、ao、ou。它们的共同特点是前一个元音清晰响亮，后一个元音轻短模糊，音值不太固定，只表示舌位滑动的方向。

ai 发音时，先发 a，这里的 a 舌位前，念得长而响亮，然后舌位向 i 移动，不到 i 的高度。i 只表示舌位移动的方向，音短而模糊。例如："白菜"、"海带"、"买卖"。

ei 发音时，先发 e，比单念 e 时舌位前一点，这里的 e 是个中央元音，然后向 i 的方向滑动。例如："配备"、"北美"、"黑霉"。

ao 发音时，先发 a，这里的 a 舌位靠后，是个后元音，发得响亮，接着向 o 的方向滑动。例如："高潮"、"报道"、"吵闹"。

ou 发音时，先发 o，接着向 u 滑动，舌位不到 u 即停止发音。例如："后楼"、"收购"、"漏斗"。

(2)后响复韵母共有五个：ia、ie、ua、uo、üe。它们的共同特点是前面的元音发得轻短，只表示舌位从那里开始移动，后面的元音发得清晰响亮。

ia 发音时，i 表示舌位起始的地方，发得轻短，很快滑向前元音 a，a 发得长而响亮。例如："加价"、"假牙"、"压下"。

ie 发音时，先发 i，很快发 ê，前音轻短，后音响亮。例如："结业"、"贴切"、"趔趄"。

ua 发音时，u 念得轻短，很快滑向 a，a 念得清晰响亮。例如："花褂"、"桂花"。

uo 发音时，u 念得轻短，舌位很快降到 o，o 清晰响亮。例如："过错"、"活捉"、"阔绰"。

üe 发音时，先发高元音 ü，ü 念得轻短，舌位很快降到 ê，ê 清晰响亮。例如："雀跃"、"决绝"。

(3)中响复韵母共有四个：iao、iou、uai、uei。它们共同的发音特点是前一个元音轻短，后面的元音含混，音值不太固定，只表示舌位滑动的方向，中间的元音清晰响亮。

iao 发音时,先发 i,紧接着发 ao,使三个元音结合成一个整体。例如:"巧妙"、"小鸟"、"教条"。

iou 发音时,先发 i 紧接着发 ou,使之紧密结合成一个复韵母。例如:"优秀"、"求救"、"牛油"。

uai 发音时,先发 u,紧接着发 ai,使三个元音结合成一个整体。例如:"摔坏"、"外快"。

uei 发音时,先发 u,紧接着发 ei,使之紧密结合成一个整体。例如:"退回"、"归队"。

发音练习:

an——暗含 参赞 单产 胆敢 反叛 翻版 难堪 散漫 贪婪 湛蓝
ei——肥美 非得 飞贼 配备 黑煤 贝类 妹妹 蓓蕾 违背 培训
ao——凹陷 熬心 敖包 熬煎 遨游 翱翔 傲慢 讨好 奥妙 懊恼
ou——讴歌 收购 口臭 丑陋 偶尔 筹谋 呕吐 兜售
iao——吊桥 脚镣 教条 疗效 秒表 飘摇 调料 逍遥 小巧 窈窕
iou——优秀 舅舅 求救 久留 绣球 悠久 牛油 有救 有酒
uai——乖乖 怀揣 拐弯 衰弱 摔跤 拽住 歪曲 外表 衰弱
uei——归队 回味 悔罪 水位 推诿 尾随 追随 坠毁 荟萃
ia——家家 假牙 加价 恰恰 压价 家鸭 掐下 下家 下牙
ie——结业 姐姐 贴切 铁屑 趔趄 斜街 谢谢 爷爷 捷报
ua——娃娃 花褂 画画 耍滑 挂花 花袜 画花 哗哗 挂画
uo——错过 做作 错落 哆嗦 堕落 火锅 落座 懦弱 硕果
üe——雀跃 约略 确切 绝学 决裂 血液 月色 虐待 喜悦

难点练习:

①ai 和 ei 的区分:

白废 báifèi   败北 bàiběi   代培 dàipéi   败类 bàilèi   海类 hǎilèi
悲哀 bēiāi   黑白 hēibái   擂台 lèitái   内海 nèihǎi   内债 nèizhài

②ao 和 ou 的区分:

保守 bǎoshǒu   刀口 dāokǒu   稿酬 gǎochóu   毛豆 máodòu   矛头 máotóu
酬劳 chóuláo   逗号 dòuhào   漏勺 lòusháo   柔道 róudào   手套 shǒutào

③ia 和 ie 的区分:

家业 jiāyè   佳节 jiājié   假借 jiǎjiè   嫁接 jiàjiē   接洽 jiēqià
野鸭 yěyā   截下 jiéxià   跌价 diējià

④ie 和 üe 的区分:

解决 jiějué   竭蹶 jiéjué   谢绝 xièjué   灭绝 mièjué   月夜 yuèyè

确切 quèqiè 学业 xuéyè 决裂 juéliè

⑤ua 和 uo、o 的区分：

花朵 huāduǒ 话说 huàshuō 划拨 huàbō 华佗 huàtuó 帛画 bóhuà

国画 guóhuà 火花 huǒhuā 说话 shuōhuà

⑥iao 和 iou 的区分：

交流 jiāoliú 娇羞 jiāoxiū 料酒 liàojiǔ 校友 xiàoyǒu 要求 yāoqiú

丢掉 diūdiào 柳条 liǔtiáo 牛角 niújiǎo 袖标 xiùbiāo 油条 yóutiáo

⑦uai 和 uei 的区分：

怪罪 guàizuì 快慰 kuàiwèi 快嘴 kuàizuǐ 衰退 shuāituì 外汇 wàihuì

对外 duìwài 鬼怪 guǐguài 追怀 zhuīhuái 毁坏 huǐhuài

4. 鼻韵母

由一个或两个元音后面带上鼻辅音构成的韵母叫鼻韵母。鼻韵母共有十六个：an、ian、uan、üan、en、in、uen、ün、ang、iang、uang、eng、ing、ueng、ong、iong。

an 发音时，先发 a，然后舌尖向上齿龈移动，最后抵住上齿龈，发前鼻音 n。例如："感叹"、"灿烂"。

en 发音时，先发 e，然后舌尖向上齿龈移动，抵住上齿龈发鼻音 n。例如："认真"、"根本"。

in 发音时，先发 i，然后舌尖向上齿龈移动，抵住上齿龈，发鼻音 n。例如："拼音"、"尽心"。

ün 发音时，先发 ü，舌尖向上齿龈移动，抵住上齿龈，气流从鼻腔通过。例如："均匀"、"军训"。

ian 发音时，先发 i，i 轻短，接着发 an，i 与 an 结合得很紧密。例如："偏见"、"先天"。

uan 发音时，先发 u，紧接着发 an，u 与 an 结合成一个整体。例如："贯穿"、"转弯"。

üan 发音时，先发 ü，紧接着发 an，ü 与 an 结合成一个整体。例如："轩辕"、"全权"。

uen 发音时，先发 u，紧接着发 en，u 与 en 结合成一个整体。例如："春笋"、"温存"。

ang 发音时，先发 a，舌头逐渐后缩，舌根抵住软腭，气流从鼻腔通过。例如："厂房"、"沧桑"。

eng 发音时，先发 e，舌根向软腭移动，抵住软腭，气流从鼻腔通过。例如："更正"、"生冷"。

ing 发音时，先发 i，舌头后缩，舌根抵住软腭，发后鼻音 ng。例如："定型"、"命令"的韵母。ing 自成音节时，作 ying（英）。

ong 发音时，舌根抬高抵住软腭，发后鼻音 ng。例如："工农"、"红松"。

iang 发音时，先发 i，接着发 ang，使二者结合成一个整体。例如："亮相"、"想象"。

iong 发音时，先发 i，接着发 ong，二者结合成一个整体。例如："汹涌"、"穷凶"。

uang 发音时，先发 u，接着发 ang，由 u 和 ang 紧密结合而成。例如："状况"、"双簧"。

ueng 发音时，先发 u，接着发 eng，由 u 和 eng 紧密结合而成。ueng 自成音节，不拼声母。例如："翁"、"瓮"。

发音练习：

an——安然 安装 安插 案头 按语 暗淡 暗杀 暗算 岸标 岸然

en——恩惠 恩情 恩赐 恩德 恩典 恩怨 恩泽 摁打 摁扣

in——濒临 近亲 贫民 辛勤 薪金

ün——军训 均匀 芸芸 俊俏 群众

ian——边沿 艰险 垫肩 偏见 绵延

uan——传唤 串换 贯穿 酸软 专款

uen——困顿 温存 谆谆 论文 馄饨

üan——涓涓 全权 渊源 源源 轩辕

ang——昂扬 肮脏 昂贵 昂藏 昂然 昂首 盎然

uang——双簧 往往 装潢 状况 网状 谎话

iang——讲话 将士 凉爽 酿酒 向背 项背

eng——更生 风筝 猛烈 增加 生产 逞能 乘风 丰收

ing——秉性 并行 领情 轻盈 命令 倾听

ong——动容 公众 轰动 红肿 恐龙

iong——汹涌 炯炯 穷尽 凶狠 凶器

ueng——嗡嗡 水瓮 老翁

难点分析与训练：

（1）分清前鼻韵母与后鼻韵母：关键是发准 n 和 ng 这两个韵尾，掌握它们的发音部位。

主要区别是：n 是"舌尖阻"鼻音，ng 是"舌根阻"鼻音，发声部位 n 在前，ng 在后；n 口形较闭，ng 口形微张；n 鼻中气息较轻，ng 鼻中气息较重。发前鼻韵母，收音时，舌尖一定要抵住上齿龈，上下齿较闭合。发后鼻韵母，收音时，舌尖一定要后缩,舌根抬起,抵住软腭,口微开,上下齿不闭合。

一般来说,醴陵人要把重点放在后鼻韵母的练习上。发音时,除掌握发音要领外,可以在 ng 尾韵母音节后接"个"或 g、k、h 充当声母的音节,有利于发准后鼻韵母,如"帮个忙"、"等个人"或"慷慨"、"称呼"等双音节词。

发音练习:

①an 和 ang:

an 贪 攀 男 惨 三

ang 胖 旁 忙 帐 汤

an—ang 烂—浪 赞—葬 翻—芳

an.ang 返航 南方 安放 赞赏

ang.an 畅谈 唐山 方案 当然

②en 和 eng:

en 坟 跟 恨 镇 忍

eng 程 风 等 腾 能 扔

en—eng 神—绳 分—封 陈—成 真—蒸 痕—恒 根—耕

en.eng 奔腾 真正 人生 深耕

eng.en 诚恳 登门 缝纫 征文

③in 和 ing:

in 林 秦 欣 音 您 濒

ing 顶 厅 凝 评 京 情

in—ing 金—晶 印—硬 民—名 新—兴 亲—氢 邻—零

in.ing 拼命 隐情 民兵 阴平

ing.in 病因 轻信 迎新 挺进

④对比练习:

展览(zhǎnlǎn)—蟑螂(zhāngláng)

短暂(duǎnzàn)—贪赃(tānzāng)

汗衫(hànshān)—航程(hángchéng)

问津(wènjīn)—望京(wàngjīng)

认真(rènzhēn)—生成(shēngchéng)

幸运(xìngyùn)—穷困(qióngkùn)

春风(chūnfēng)—纯净(chúnjìng)

耕耘(gēngyún)—病菌(bìngjūn)

军港(jūngǎng)—窘况(jiǒngkuàng)

应允(yīngyǔn)—应用(yìngyòng)

伦敦(lúndūn)—隆冬(lóngdōng)

亲近(qīnjìn)—清静(qīngjìng)

⑤综合练习:

那个时刻终于到了,是妈妈的生日——一个阳光灿烂的星期天。那天,他起得特别早,把作文本装在一个亲手做的美丽的大信封里,等着妈妈醒来。妈妈刚刚睁眼醒来,他就笑眯眯地走到妈妈跟前说:"妈妈,今天是您的生日,我要送给您一件礼物。"(节选自张玉庭《一个美丽的故事》)

⑥绕口令练习:

大和尚和小和尚(ang)

和尚常常互相商量。大和尚讲小和尚强,小和尚讲大和尚长。

小和尚煎姜汤让大和尚尝,大和尚奖赏小和尚檀香箱。

帆布黄(ang)

长江里船帆布黄,船舱里放着一张床,床上躺着两位老大娘,她俩亲亲热热唠家常。

莲花灯(eng)

莲花灯,莲花灯,今天点完明天扔。

敬母亲(in;ing)

生身亲母亲,谨请您就寝,请您心宁静,身心很要紧。新星伴明月,银光澄清清,尽是清静境,警铃不要惊,您请我进来,进来敬母亲。

天上七颗星(ing)

天上七颗星,树上七只鹰,梁上七只钉,台上七盏灯。

拿扇煽了灯,用手拔了钉,举枪打了鹰,乌云盖了星。

杨家养了一只羊(iang)

杨家养了一只羊,蒋家修了一垛墙。杨家的羊撞倒了蒋家的墙,

蒋家的墙压倒了杨家的羊。杨家要蒋家赔杨家的羊,蒋家要杨家赔蒋家的墙。

望月空满天星(ing)

望月空,满天星,光闪闪,亮晶晶,好像那,小银灯。

仔细看,看分明,大大小小、密密麻麻、闪闪烁烁,数也数不清。

两只饭碗(uan)

红饭碗,黄饭碗,红饭碗盛满饭碗,黄饭碗盛半饭碗,黄饭碗添半饭碗,像红饭碗一样满饭碗。

床船(uan;uang)

床身长,船身长,床身船身不是一样长。

不是彩虹不是弓(ong)

我家住在莲花峰,屋顶常年落彩虹,彩虹跨度三十里,越看越像一把弓。同志喂,这不是彩虹不是弓!而是那边渡槽架长空。

男演员女演员(üan)

男演员,女演员,同台演戏说方言。男演员说吴语言,女演员说闽语言。

男演员演远东旅行飞行员,女演员演鲁迅文学研究员。

研究员,飞行员,吴语言,闽南言,你说男女演员演得全不全。

(2)分清开齐合撮口呼:

①齐口呼与开口呼的分辨:

齐口呼:

  ie 皆 解 介 鞋 械 蟹

  ia 家 嫁 掐 虾 压 牙

  iao 胶 觉 窖 敲 咬 摇

齐口呼+开品呼:

  ie 街道(jiēdào) 阶层(jiēcéng) 解放 介绍(jièshào)

  ia 牙齿(yáchǐ) 家人 夹子(jiāzi) 虾米(xiā mi)

  iao 骄傲 交通 窖藏 教课

  ian 艰难 简单 鉴赏 限制

  iang 向上 讲话 巷尾 湘赣

②合口呼与开口呼的分辨

  uei 堆 队 退 最 脆 虽

  uen 敦 吞 轮 尊 存 孙

  uei 兑换 摧残 推动 最初

  uen 顿号 吞并 轮流 尊敬

③合口呼与撮口呼的分辨

  üan 转 砖 川 船 喘 串

  üan 捐 卷 圈 全 劝 选

  uen 谆 准 春 顺 吮 舜

  ün 君 军 菌 迅 寻 迅

  uan 专家 转变 穿插 传播

  üan 捐款 圈套 权利 宣传

  uen 春天 纯洁 尊严 囤积

(3)比较有代表性的特殊韵母发音练习:

①韵母 üe、iao、ie:

  üe 虐 鹊 略 学 约 乐

iao	嚼药 角脚药
ie	爹姐 野夜 邪借
üe	疟疾 学习 乐曲 岳父
iao	脚本 角度 药方 钥匙
ie	野兽 夜班 斜坡 借用

②韵母 ua、uai、uei:

ua	抓 爪 刷 耍
uai	揣 踹 帅 摔 拽 率
uei	追 垂 税 坠 水 瑞
ua	抓紧 爪子 刷新 耍笑
uai	帅才 揣测 率先 衰老
uei	水利 炊烟 睡眠 追求

③鼻化音:

an	搬盘 满展 缠扇
uan	官腕 宽款 欢碗
en	根恳 恨门 分森
uen	吞吨 尊孙 论准
eng	灯能 争生 层衡
ang	方胖 行当 张唱
iang	仰墙 将枪 娘香
ing	颈英 影行 盯名
an	搬家 伴侣 判断 满意
uan	端午 断定 锻炼 团结
en	根本 痛恨 恩情 陈旧
uen	温暖 混乱 吞并 村庄
eng	层次 生活 等候 更加
ang	帮凶 朗诵 掌声 方向
iang	强硬 象征 良好 亮相
ing	明天 行动 停车 迎接

(三)普通话声调训练

在现代汉语中,音节的高低升降是能区别意义的。比如"很鲜""很咸""很险"就是因为"鲜""咸""险"的声调不同,所以意义也不同。字音的这种高低升降就叫做声调。普通话中有四个声调:阴平、阳平、上(shǎng)声和去声。阴平调值为55,特点是起音高高一路平,声带始终绷紧;阳平调值为35,特点是由中到高往上升,声带越来越紧张;上声调值为214,特点是先降后升曲折起;去声调值为51,特点是高起猛降到最低,声带由紧到完全松懈。声调发音时要注意调值到位。

请看下面的声调调值图(图1-1):

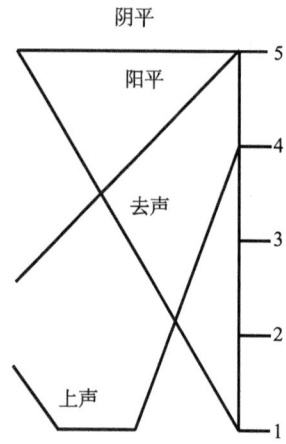

图1-1 声调调值图

调类	调值	调形	调号
阴平调	55	高平调	—
阳平调	35	中升调	/
上声调	214	降升调	∨
去声调	51	高降调	\

1. 普通话声调的特点

(1)四个声调的调型有明显的区别,一平、二升、三曲、四降。除阴平外,其他三个声调升降的幅度都比较大,所以普通话听起来抑扬交错,音乐感很强。

(2)高音成分多,阴、阳、去声都有最高度5,上声末尾也到4,所以普通话语音显得比较高昂。

(3)四个声调的长度有一定的比例,上声最长,阳平次长,去声最短,阴平次短,在词语中形成和谐的节奏。

方言跟普通话声调的主要差异有三:一是声调种类的多少不同;二是声调的调值不同;三是方言跟普通话之间各类声调所包含的字不尽相同。普通话有阴、阳、上、去四种声调,也就四种调类。这个声调系统是从中古汉语的阴平、阳平、阴上、阳上、阴去、阳去、阴入、阳入八类声调分合演变而来。比如吴方言许多方言完整地保存了中古地八个调类;江淮西北方言五种调类,多了入声;江淮东南区六种调类,入声分阴阳,有的还有七种调类,去声也分阴阳,而北方方言基本相同。所以除去北方方言,江苏方言与普通话在调类上共同差异是入声,至于调值则存在很大差异。

2. 声调的感知问题

普通话五度制标调是根据听觉的感知来标写的,数值之间是等分的,但如果正好处在两度之间,这时只能参考其他调类的调值情况和感知印象确定应该是5度还是4度。五度制本来就是根据感知划分的相对标度,是不可能有绝对的数值分界线的。

在声调语言中,声调的数目都比元音和辅音少得多,声调的数目自然也比声母和韵母少得多,声调在语音结构中的负担自然也就重得多。例如,普通话有22个声母,可是只有四个声调,如果某一个声母读得不正确,并不一定很快就被听的人觉察出来,因为另外还有21个声母也在话语中不断出现,各声母的出现率都不会很高。如果某一个声调读不准,很快就会被人听出来,因为平均每四个音节就要出现一次这个声调,出现率非常高,自然容易被人觉察。声调可以说是语音结构中最为敏感的成分。但感知声调,却要比感知元音和辅音复杂。

首先,声调的调域是相对的,不仅每个人调域的频率范围不同,就是同一个人,说话时的调域也是有时宽,有时窄,有时高,有时低。要求一个人永远用同样宽窄和高低的调域说话是不可能的。其次,每一个调类的调值在一定的调域范围内也并不是很稳定的。但是我们感知声调时,不但要有能力区别调类,还要把各种高低宽窄都不相同的调域统一起来。

普通话声调各调类都有自己的频率范围。例如,阳平[35]是升调,阴平[55]是平调,区别很明显,但在[35]和[55]之间,从[35]到[45]再到[55],中间可以包括许多频率变化,逐步从升调变为平调。在变为[55]平调之前,虽然都是升调,但我们不会把这些升调都听成阳平,也不会觉得是由阳平逐渐转变成阴平,而是把接近[55]的升调听成阴平,接近[35]的升调听成阳平。大致在[45]附近,是阴平和阳平的分界线,这条分界线把阴平和阳平分成两个声调范畴,这种声调范畴是我们在学习普通话阴平和阳平调类区别时逐步建立起来的感知范畴,是感知声调的基础。

声调感知主要依据基频的变化,但基频并不是辨认声调的唯一信息。在耳语时,气流从气声门擦出,形成一种噪声,这时声带并不震动,自然也不会产生基频。但是,只要能听见耳语所形成的这种噪音,就能理解耳语说的是什么,不但能辨认耳语中的元音和辅音,同样能分清不同的声调,否则用耳语交流思想就将成为不可能的事。甚至用耳语单独读普通话的四个声调,辨认率也可以在一半以上。可见除基频外,还有一些信息能够帮助我们感知声调。

耳语时声带虽然没有震动,而只是声带最后面的气声门打开,大部分声带仍是并合的,声门基本上仍处于关闭状态,但是,在耳语时使声带紧张和松弛因而产生音高变化的肌肉活动并没有因声带不震动而停止活动,可能对耳语所形成的噪声频谱产生影响,起了分辨声调的作用。

声调音高的变化,对音长和音强都可能产生影响。例如普通话的四个声调,在单说时,往往是去声最短、最强,上声最长、最弱,阴平和阳平居中,阳平又往往比阴平略长一些。当基频起作用时,这些都只是一些可有可无的辅助信息;当基频不起作用时,这些辅助信息都有可能成为我们感知声调的依据。

3. 学习普通话声调的难点

声调是学习语音的难点,它比任何声母、韵母都难掌握。

(1)阴平:阴平调值是55,发音时声带始终是拉紧,声音又高又平,阴平有为其他三个声调定高低的作用,如果阴平调值掌握不好,会影响其他声调的发音。有些人阴平读得过低或过高,造成去声降不下来,阳平高不上去的毛病。练习阴平,可先用单韵母读出高、中、低三种不同的平调,体会发高音时声带拉紧,发低音时声带放松的不同感觉。这种练习不但可以比较出阴平的高平调值,而且可以训练控制声带松紧的技能,为掌握好复杂的升、降、曲三种声调打下基础。

(2)阳平:阳平调值是35,发音时声带由不松不紧到逐渐拉紧,声音由不高不低升到最高。多数人读不好这个调值是高音升不上去,主要原因是起点太高,声带已相当紧了,无法再紧,音高也就不能再升。纠正的方法是设法把声带放松,然后再拉紧。可以先读一个去声,把声带放松,紧接着读一个升调,这样可以读出接近阳平的调值。多读去声和阳平相连的词语,有助于练好阳平。

(3)上声:上声调值是214,发音时声带由较松慢慢到最松,再很快地拉紧。声音由较低慢慢到最低,再快速升高。在朗读和谈话中,上声的基本调值出现的机会很少,经常出现的是变化之后的调值。但是基本调值是变化的基础,掌握了基本调值才能掌握它的变化,所以首先应读准上声的本调。读上声时主要的问题是起点高,降不下来,给人的感觉是拐弯不够大,也有的人虽有拐弯,但前面下降的部分太短,后面上升的部分太长。练习上声时,首先应设法把声带放松,使声调的起点降低,并尽量把低音部分拖长。可以先读一个去声,以帮助放松声带和增加前半段的长度,气流不中断,紧接着念个短促的升调,就能读出较正确的上声了。

(4)去声调值是51,发音时声带先拉紧,后放松,声音从最高降到最低。多数人读去声时不感到困难,少数人降不下去。可用阴平带去声的方法来练习,即先发一个阴平,使声带拉紧,再在阴平的高度上尽量把声带放松,就能读出全降调的去声了。多读阴平和去声相连的词语,有助于读好去声。

练习:

阴+阴

出发 飞机 关心 司机 村庄 吸烟 交通 青春 加工车间 珍惜光阴 喝杯咖啡 交通公司

阴+阳
窗帘 花篮 经营 安全 坚强 金鱼 发言 钢琴 科学发明 家庭纠葛 真诚帮忙 非常匆忙

阴+上
操场 歌舞 思想 分手 发表 开水 黑板 英勇 稀有金属 观赏花草 修理钢笔 发展生产

阴+去
黑夜 发动 波浪 公共 音乐 方向 黑暗 希望 公事公办 中外音乐 工作需要 亲密兄弟

阳+阴
国家 原因 时间 人生 成功 茶杯 文章 农村 乘车回家 南方农村 明天联欢 提花毛巾

阳+阳
和平 人民 联合 园林 原则 文明 鱼塘 儿童 食堂 牛羊成群 严格执行 蓬蓬勃勃

阳+上
毛笔 杂草 文选 食品 平坦 停止 牛奶 全体 男女平等 竹竿毛笔 长短皮袄 评比结果

阳+去
学校 文化 杂志 年代 同伴 劳动 别墅 群众 联系实际 劳动服务 繁重劳动 实事求是

去+阴
电灯 大家 似乎 故乡 丧失 信心 树根 射击 互相竞争 大声唱歌 必须认真 定期印刷

去+阳
树林 动摇 预防 论文 教材 内容 运行 告别 调查事实 按劳付酬 预防治疗 课堂教学

去+上
报纸 跳舞 历史 翅膀 彻底 幻想 妇女 戏曲 汉语课本 大胆放手 默写字母 各种报纸

去+去
戏剧 毕业 会议 竞赛 大概 阵地 部队 电视 胜利闭幕 电报挂号 创造纪录 正确判断

· 41 ·

(四)普通话音变

汉语的每一个字都有固定的读法,人们在说话或诵读时发出的一连串音节,由于音节与音节、音素与音素、声调与声调的相互影响会发生变化,这就是语音的音变现象。普通话的音变现象,主要表现在变调、轻声、儿化和"啊"的变读以及普通话口语中词语运用的轻重格式变化等方面。

1. 变调

(1)上声音变:

普通话上声(第三声)的调值是214,然而,实际语流中,214的调值很少出现,只有在单念时,或处在词语、句末时,上声字才读原调。当一个上声字处在阴平、阳平、上声和去声字前时,这个上声字的调值都要发生变化。具体变化如下:

上声字变成半上声:214—211

上声 + 阴平

火车 剪刀 子孙 主编 启发 检修 紧张 美观
老师 小说 首先 指挥 普通 主观 眼光 纺织

上声 + 阳平

古人 厂房 美德 语言 总结 转移 整齐 敏捷
女人 旅行 可能 小时 委员 仿佛 本来 有时

上声 + 去声

景色 海外 简化 暖气 保护 鼓动 请假 涌现
讨论 感谢 马上 表示 美丽 掌握 反映 整个

上声 + 轻声

奶奶 姐姐 码头 枕头 老实 里边 体面 买卖
尾巴 脑袋 耳朵 椅子 老婆 马虎 伙计 喇叭

上声字变成阳平:214—35

上声 + 上声

粉笔 稿纸 古典 水果 讲解 鼓掌 稳妥 饱满
处理 管理 指导 采取 影响 尽管 勉强 笔挺

上声 + 上声 + 上声:214 + 214 + 214—35 + 35 + 214

展览/馆 蒙古/语 虎骨/酒 管理/组 水彩/笔
手写/体 草稿/纸 选举/法 勇敢/者 洗脸/水

上声 + 上声 + 上声:214 + 214 + 214—211 + 35 + 214

很/理想 小/两口 老/保守 小/拇指 孔/乙己
耍/笔杆 纸/雨伞 好/总理 小/海岛 冷/处理

三个以上上声音节相连:

永远/友好 请/往北/走 我/很/了解/你

请你/给我/打点儿/洗脸/水。

展览/馆/里/有/好/几百种/纸雨伞。

绕口令练习：

短扁担,长扁担,长扁担比短扁担长半扁担,短扁担比长扁担短半扁担。

(2)"一"的变调：

普通话的"一"字,在单念时或在句末、在序数词中读原调阴平(55)。如：

第一 万一 三百五十一 少一罚十

"一"的变调变化如下：

在去声音节前,调值变为35(第二声)：

一半 一带 一旦 一道 一定 一度 一共

一贯 一律 一向 一再 一阵 一并 一切

在非去声音节前,调值变为51(第四声)：

一般 一边 一身 一生 一些 一心 一端 一瞥

一连 一旁 一齐 一时 一同 一头 一直 一如

一举 一起 一手 一口 一体 一统 一早 一准

绕口令练习：

一个老僧一本经,一句一行念得清。

不是老僧爱念经,不会念经当不了僧。

朗读练习：

没有一片绿叶,没有一缕炊烟,没有一粒泥土,没有一丝花香,只有水的世界、云的海洋。

一帆一桨一渔舟,一个渔翁一钓钩。一俯一仰一场笑,一江明月一江秋。

(3)"不"的变调：

普通话的"不"字,在单念或在句末时和在非去声前,读原调51(第四声)：

不安 不公 不堪 不惜 不单 不禁 不甘 不休

不得 不平 不然 不如 不时 不同 不足 不曾

不法 不管 不仅 不久 不只 不免 不满 不许

"不"字在去声前,调值变为35(第二声)：

不过 不料 不幸 不要 不够 不利 不断 不屑

绕口令练习：

不怕不会,就怕不学。一回学不会再来一回,一直学到会,我不信学不会。

词语朗读练习：

一成不变 一去不返 一蹶不振 一言不发

一字不漏 一文不值 一毛不拔 一唱一和
一尘不染 一模一样 一窍不通 一手一足
一丝不苟 一丝不挂 一丝一毫 一五一十
不知不觉 不闻不问 不屈不挠 不折不扣
不卑不亢 不可一世 不三不四 不赞一词
长短不一 不伦不类 不拘一格 不屑一顾
不假思索 不言而喻 不清不白 不谋而合

(4)单音节形容词重叠后缀的变调:

①AA 式:读原调

花花的 松松的 美美的 黄黄的 薄薄的
脆脆的 亮亮的 热热的 轻轻地 狠狠地

②ABB 式:一部分读原调

美滋滋 亮晶晶 干巴巴 傻乎乎 汗津津
臭烘烘 泪盈盈 红艳艳 乐陶陶 黄灿灿
白茫茫 孤零零 黑沉沉 空落落 喜洋洋
赤裸裸 恶狠狠 泪涟涟 空荡荡 阴沉沉

③ABB 式:一部分变为阴平

绿油油 软绵绵 亮堂堂 红彤彤 热腾腾
绿茸茸 蓬松松 灰蒙蒙 沉甸甸 直瞪瞪
文绉绉 亮锃锃 黑油油 黄澄澄 懒洋洋

④AABB 式:读原调

安安静静 甜甜蜜蜜 严严实实 粗粗壮壮
恩恩爱爱 匆匆忙忙 花花绿绿 松松爽爽

⑤AABB 式:后 A 和后 B 变读轻声

漂漂亮亮 轻轻松松 大大咧咧 大大方方 规规矩矩 清清楚楚

2. 轻声

普通话的每一个音节都有它固定的声调,但在词和句子里,很多音节会失去原有的声调,读成一种轻短模糊的调子,甚至声韵母也发生了变化,这就是轻声。轻声在普通话里可以起到区别意义和词性的作用。

虽然轻声音节的发音又轻又短,但不能因此而"吃字"。并且,轻声音节仍存在着音高的区别,这由前面一个音节的声调来确定:

阴平+轻声(2 度):桌子;阳平+轻声(3 度):盘子

上声+轻声(4 度):椅子;去声+轻声(1 度):帽子

轻重对立词练习:

兄弟 xiōng dì（哥哥和弟弟） 兄弟 xiōng di（弟弟）
运气 yùnqì（气功术语） 运气 yùnqi（幸运）
拉手—拉手 买卖—买卖 包含—包涵 笔试—比试
地下—地下 大爷—大爷 老子—老子 东西—东西

常见轻声词分类：
①结构助词"的、地、得"：你的 看得清 努力地工作
②动态助词"着、了、过"：跑着 红了脸 说过话
③语气词"啊、呢、呀、吧"：好吧 行啊 说话呀 天哪 你说呢
④趋向动词"来、去"：回去 出去 下来 回来 起来
⑤名词后缀"子、头、们、者、家"：房子 桌子 儿子 石头 我们 亲家 公家 姐夫 丈夫
⑥叠音名词、动词的第二个音节：叔叔 爸爸 哥哥 姐姐 想想 看看 听听 瞧瞧
⑦名词、代词后表方位的词：家里 路上 前面 北边 前头 后边 这边 里面
⑧动词后的某些结果补语：打开 站住 关上 解开 锁上 留下
⑨量词"个"常读轻声：这个 那个 三个五个
⑩必读轻声词举例：

巴结 包袱 灯笼 嘀咕 荸荠 地方 扁担 别扭 东西 玻璃 薄荷 多少 裁缝 苍蝇
耳朵 柴火 称呼 分析 出息 风筝 畜生 高粱 胳膊 刺激 疙瘩 聪明 工夫 凑合
姑娘 大方 官司 大夫 规矩 耽搁 闺女 老婆 含糊 老实 老爷 合同 篱笆 狐狸
糊涂 粮食 馄饨 活泼 伙计 溜达 机灵 家伙 见识 萝卜 骆驼 交情 麻烦 马虎
结实 买卖 玫瑰 精神 棉花 明白 口袋 名堂 窟窿 名字 困难 蘑菇 脑袋 事情
奴才 收成 暖和 收拾 舒服 朋友 算盘 枇杷 踏实 屁股 太阳 便宜 体面 葡萄
头发 亲戚 妥当 清楚 外甥 人家 认识 窝囊 软和 吓唬 商量 先生 相声 少爷
消息 笑话 心思 石榴 新鲜 行李 使唤 兄弟 休息 月饼 云彩 学生 牙碜 早上
衙门 张罗 丈夫 秧歌 帐篷 招呼 折腾 钥匙 芝麻 知识 衣裳 指甲 意识 意思
嘱咐 应酬 主意 冤枉 鸳鸯 状元 应付 疏忽 核桃 宽敞 迷糊 叫唤 客气 爽快

朗读练习：(加粗的字读轻声)
早上起来，妈妈给弟弟穿上衣服，打开窗户。窗户上的玻璃把太阳光反射到墙上，整个屋子显得格外明亮。我揉揉眼睛，对爸爸说："今天天气真暖和，咱们去公园逛逛，好吗？"哥哥在外面听见了，跑进来说："妹妹说得对，我们一起去。"爸爸站起来，看看妈妈，摸摸我的头说："行啊，是个好主意！大家收拾一下，准备点儿东西就走吧！"

3. 儿化

(1) 儿化与儿化韵：
er 在普通话里是一个比较特别的韵母，它不同声母相拼，也不能同其他音素组

成复合韵母,但可以自成音节。er 自成音节的字很少,常见的有"二、而、儿、尔、耳、饵、迩"等。

此外,er 常附在其他韵母后面结合成一个读时带卷舌动作的韵母音节,这就是儿化现象,儿化后的韵母称为儿化韵。儿化音节用汉字表示是两个字,如"花儿",用汉语拼音字母拼写是在原音节后面加字母"r",如"花儿"拼写为 huār。"r"在儿化音节里不代表音素,只代表卷舌动作。

(2)儿化的作用:儿化在表达词语的语法意义和修辞色彩上都起着积极的作用。概括起来,主要表现在以下四个方面。

①区别词义:

眼(眼睛)—眼儿(窟窿)

面(吃的面粉)—面儿(粉末)

信(信件)—信儿(消息)

②转换词性:

"儿尾"是名词的标志。

个(量词)—个儿(名词)

盖(动词)—盖儿(名词)

画(动词)—画儿(名词)

尖(形容词)—尖儿(名词)

破烂(形容词)—破烂儿(名词)

③表示细、小、轻、微的意思:

棍儿 绳儿 小事儿 一会儿

④表示喜爱的感情和亲切温和的语气:

这朵花儿真好看。

这儿真好玩儿。

您慢慢儿走。

这个小孩儿多可爱呀。

(3)儿化韵的音变规律。

①音节末尾是 a、o、e、ê、u 的,韵母直接卷舌。

去哪儿 豆芽儿 山坡儿 粉末儿 小帽儿 酒窝儿

水珠儿 浪花儿 饭盒儿 大伙儿 秧歌儿 带头儿

②韵尾是 i、n(in、ün 除外)的,丢掉韵尾,主要元音卷舌。

小孩儿 烟卷儿 小船儿 手绢儿 打盹儿 窗台儿

锅盖儿 刀背儿 心眼儿 零碎儿 拐弯儿 花园儿

③韵母是 in、ün 的,丢掉韵尾,加 er。

口信儿 花裙儿 脚印儿 合群儿 好运儿

④韵母是 i、ü 的,加 er。

玩意儿 金鱼儿 有趣儿 米粒儿 小曲儿 眼皮儿 凑趣儿

⑤韵母是 -i 翘舌、平舌的,韵母变成 er。

瓜子儿 没词儿 小事儿 树枝儿 鱼食儿 细丝儿 写字儿

⑥韵尾是 ng 的,丢掉韵尾,韵腹鼻化,即发音时口腔和鼻腔同时共鸣,并卷舌。

蛋黄儿 电影儿 小熊儿 赶明儿 帮忙儿 头绳儿 胡同儿

常用儿化词:

小孩儿 旦角儿 锅贴儿 藕节儿 老头儿

碎步儿 抓阄儿 玩意儿 爆肚儿 大伙儿

打杂儿 刀把儿 豆芽儿 裤衩儿 板擦儿

找碴儿 干活儿 被窝儿 挨个儿 饱嗝儿

好样儿 起名儿 门牌儿 雪球儿 打滚儿

娘儿俩 模特儿 心窝儿 衣兜儿 没错儿

羊羔儿 枣核儿 话把儿 酒窝儿 走味儿

煤核儿 蝈蝈儿 木橛儿 纽扣儿 胖墩儿

绕口令练习:

有个小孩儿叫小兰,挑着水桶上庙台儿,摔了一个跟头捡了个钱儿。又打醋,又买盐儿,还买了一个小饭碗儿。小饭碗儿,真好玩儿,没有边儿,没有沿儿,中间儿有个小红点儿。

打南边儿来了个白胡子老头儿,手拄着倍儿白的白拐棍儿。

小小子儿,不贪玩儿。画小猫儿,钻圆圈儿;画小狗儿,蹲小庙儿;画小鸡儿,吃小米儿;画个小虫儿,顶火星儿。

4.语气词"啊"的音变

语气助词"啊"单独的读音是 a,出现在句末或句中的停顿处,可用来增加感情色彩。由于"啊"总是出现在其他音节之后,受到前面音节末尾音素的影响,其读音会发生变化。

(1)"啊"的音变规律如下:

①前面的音素是 a、o(不包括 ao、iao)e、i、ü、ê 时,"啊"读作 ya,同"呀";

②前面的音素是 u(包括 ao、iao)时,"啊"读作 wa,同"哇";

③前面的音素是 -n 时,"啊"读作 na,同"哪";

④前面的音素是 -ng 时,"啊"读作 nga;

⑤前面的音素是 i(舌尖后元音)和 er 时,是儿化韵时,"啊"读作 ra;

⑥前面的音素是 i(舌尖前元音)时,"啊"读作[za]。

(2)"啊"的音变举例:

①ya—(在 a、o、e、i、ü、ê 音素后面时,不包括 ao、iao):

快打啊!

就等你回家啊!

夸啊!

大家快来吃菠萝啊!

都是记者啊!

好新潮的大衣啊!

日子过得真快啊!

快帮我解围啊!

你怎么不吃鱼啊?

这孩子多活跃啊!

②wa—(在 u 音素后面时,包括 ao、iao):

您在哪儿住啊?

他普通话说得真好啊!

还这么小啊!

屋顶还漏不漏啊?

看你一身油啊!

③na—(在 -n 音素后面时)

这件事儿可不简单啊!

笑得真欢啊!

买这么些冷饮啊!

发音真准啊!

④nga—(在 -ng 音素的后面时)

小心水烫啊!

小点儿声啊!

行不行啊?

不管用啊!

⑤ra—(在舌尖后元音 -i、卷舌元音 er 的后面时,在儿化韵后面时)

没法治啊!

随便吃啊!

什么了不起的事啊!

他是王小二啊!

这儿多好玩儿啊!

⑥[zɑ]—(在舌尖前元音-i的后面时)

烧茄子啊!

这是第几次啊?

他就是老四啊!

绕口令练习:

啪、啪、啪!/谁呀?/张果老哇!/怎么不进来呀?/怕狗咬哇!/衣兜里兜着什么呀?/大酸枣哇!/怎么不吃啊?/怕牙倒哇!/胳肢窝里夹着什么呀?/破棉袄哇!/怎么不穿上啊?/怕虱子咬哇!/怎么不叫你老伴儿拿拿呀?/老伴儿死了。/你怎么不哭哇?/盒儿啊,罐儿啊,我的老伴儿啊!

5.词的轻重音格式

普通话语音音节在词组结构中并非读得一样重,大致分为四级:重、中、次轻、轻。如果不能正确掌握普通话的轻重格式,听起来还会带有明显的方言语调。所谓"港台腔",主要原因之一是没有掌握轻声词语的读音。

要克服轻重格式方面的缺憾,首先必须多听、多辨别,才能形成词的轻重格式的正确语感,在此基础上多积累、多练习,才能熟练掌握普通话词语的轻重格式。

普通话词的轻重音格式的基本形式是:双音节、三音节、四音节词语大多最后一个音节读为重音,其中双音节词语占普通话词语总数的绝对优势,绝大多数读为"中·重"的格式。

普通话词的轻重音格式大致如下:

(1)双音节:

中·重——国家 伟大 汽车 北京 蓝天 帮忙 美妙 流水 花草(绝大多数)

重·次轻——艺术 手艺 娇气 工人 手巾 部分 博士 报务 书记 布置

重·轻——耳朵 妈妈 庄稼 东西 事情 太阳 休息 意思 喜欢 队伍 活泼 棉花

(2)三音节:

中·次轻·重——炊事员 西红柿 电视机 安理会 乒乓球 立交桥(绝大多数)

中·重·轻——胡萝卜 同学们 撑门面 硬骨头 山核桃 两口子 过日子 凑热闹

重·轻·次轻——朋友们 姑娘家 先生们 走出去 落下来 屋子里 冷起来

中·次轻·重——吃不消 过不去 走不成 萝卜汤 豆腐脑 生意场 窝囊废

(3)四音节:

中·次轻·中·重——社会主义 高高兴兴 南京大学 二氧化碳(绝大多数)

中·次轻·重·轻——外甥媳妇 如意算盘 阶级敌人 岳父大人

中·重·中·重——锦绣河山 江山如画 一脉相承 兴高采烈 千军万马

第二讲　朗诵技能

一、朗诵概述

(一)朗诵及其特点

朗诵,就是用清晰、响亮的有声语言,结合态势语、类语言等手段来完美地表达文学作品思想感情的一种语言艺术。

朗诵与朗读有一定联系,朗读是朗诵的初级阶段,朗读是清晰、响亮地把文章念出来,它本质上是一种"念读",其主旨是将书面文字清晰准确地转换为相应的有声语言传递给听众。而朗诵则是更高层次的诵读(一般是背诵),它本质上是一种语言表演艺术(有点类似于歌唱),它不仅要求朗诵者能清晰、响亮地运用有声语言,而且还要借助态势语、类语言,甚至有时还要借助化妆、音乐、灯光等多种手段,艺术性、创造性地表现文学作品。一般人都会朗读,但真正会朗诵的人却很少。练习朗诵对于提高语言表现能力意义非凡。

朗诵与演讲都是语言艺术,朗诵是演讲的基础,可以说不会朗诵就不会演讲,会演讲就一定会朗诵。比较而言,朗诵的艺术性更强,其目的更侧重于抒发情感、陶冶情操,而演讲的实用性更强,演讲者充分地表达思想和情感的主要目的是为了让听众接受感动并付诸行动。

朗诵具有"立体"性、表演性和再创作性等特点。

1. 朗诵的"立体"性

朗诵的艺术表现手段不仅有作用于欣赏者的听觉器官的有声语言、类语言,还有作用于欣赏者的视觉器官的态势语言等手段,这就是朗诵的"立体"性。

在这点上它既不同于朗读,也不同于文学、书画等纯视觉文化艺术手段。

2. 朗诵的表演性

朗诵作为一种语言艺术形式,常常成为舞台表演项目。它虽然不具有歌唱那样强的音乐性、节奏性,但与一般的朗读相比,还是要有相当强的韵律感,否则就不能称其为朗诵。许多缺乏朗诵表演能力的人,常常将朗读当成朗诵,使朗诵缺乏欣赏性。其实朗诵是一种技巧性非常高的表演艺术形式,要使朗诵作品具有可欣赏性,是要下大工夫才能做得到的。

3. 再创作性

朗诵的原材料一般是诗歌或散文,要把它变成朗诵作品就要有一个再创作的加工过程,这种加工再创作不是针对文字材料本身,而是针对如何综合使用各种语言手段和其他方式来充分表现文字材料的内容美和形式美。这就是对朗诵材料的艺术处理过程,处理的方式不同,艺术效果会有很大的区别。这就如同一个优秀的钢琴家和一个蹩脚的钢琴弹奏者演奏同一首曲子,效果会大相径庭。

(二) 朗诵的基本要求

1. 字正腔圆

字正,是指朗诵要用标准的普通话;腔圆是指要有良好的共鸣,声音要有美感。

2. 声音表现力要强

对初学朗诵的人来说,练习朗诵第一件要做的事就是突破自己原有的语言习惯,学会发出过去不常发或不会发的声音。首先要学会自如地控制自己的声音音量和音调,会大声说话、会高声说话;其次,培养良好的语言感觉,善用轻重、停连、节奏、语气、语调、抑扬顿挫,情感丰富,并能随时释放激情。

3. 注重视觉效果

朗诵是"立体"性表演艺术,既要追求声音美感,也要追求视觉美感。完美的朗诵表演不仅要有优美的有声语言,还应该同时具有丰富的表情、动作等态势语言。其实优美的有声语言肯定是与一定的态势语言相对应的,很难想象一张缺乏表情的脸,嘴里会吐出优美动人的声音。因此,要提高朗诵水平,就要有意识地锻炼脸部表情、学会熟练使用手势和身体姿态语言。

4. 充分理解作品

了解朗诵的材料所要表达的思想感情以及作者的心态、情感等相关的背景知识,是朗诵表演的前提。朗诵者要细心体会作者的认识、情感和态度,通过自己的再创作,艺术性地展现作品的思想内涵和情感态度,达到作为视觉艺术的诗歌和散文等作品所不能达到的艺术效果。

(三) 朗诵的准备

一次成功的朗诵表演,是建立在充分准备的基础之上的。朗诵的准备包括选择合适的朗诵材料、把握作品内容、反复练习。

1. 选择朗诵材料

首先,要根据朗诵的场合和听众的需要选择内容相符合的作品。朗诵材料的主题思想、文体形式要与表演的场合一致。比如,大型正式的演出,一般选择主题鲜明的有一定时间长度(5 分钟左右为宜)的现代诗文,如果是男女双人的配乐朗诵则更具有舞台表演效果;而如果是小范围非正式的表演,朗诵的作品宜选短小精悍的诗文,诗文的主题思想可以随意一些。

其次,要根据朗诵者自己的声音特色、表演风格、实际水平选择适合自己的朗诵作品。声音高亢嘹亮、富有激情的朗诵者,应选择大气、豪放、声音跨度较大的诗文,比如岳飞的"满江红"、毛泽东的"沁园春·雪"、高尔基的"海燕"等;而声音圆润、细腻、善于抒情但激情度不太够的朗诵者,则应选择相对舒缓、情感细腻的作品,比如徐志摩的"再别康桥"、戴望舒的"雨巷"、舒婷的"致橡树"等。

2. 把握作品的内容

准确地把握作品内容,透彻地理解其内在含义,是作品朗诵重要的前提和基础。虽然,朗诵中各种艺术手段的运用十分重要,但是艺术手段是为表现内容服务的,如果不能准确透彻地把握内容,或者对内容的把握不到位,就是技巧再高,也只能让人觉得是在装腔作势。要准确透彻地把握作品内容,应注意以下几点:

(1)正确、深入的理解。朗诵者要把作品的思想感情准确地表现出来,需要透过字里行间,理解作品的内在含义。首先要清除文字障碍,搞清楚文中生字、生词、成语典故、语句等的含义,不要囫囵吞枣、望文生义。其次,要把握作品创作的背景、作品的主题和情感的基调,这样才会准确地理解作品,才不会把作品念得支离破碎,甚至歪曲原作的思想内容。以高尔基的《海燕》为例,扫除文字障碍后,就要对作品进行综合分析。这篇作品以象征手法,通过暴风雨来临之前、暴风雨逼近和即将来临三个画面的描绘,塑造了一只不怕电闪雷鸣,敢于搏风击浪,勇于呼风唤雨的海燕——这一"胜利的预言家"的形象。而这部作品诞生之后立即风靡开来,被广大工人和革命群众在革命小组活动时朗诵,被视做传播革命信息,坚定革命理想的战歌。综合分析之后,朗诵时就不难把握其主题是:满怀激情地呼唤革命高潮的到来。进而,我们又不难把握这部作品的基调应是对革命高潮的向往、企盼。

(2)深刻、细致的感受。有的朗诵,听起来也有着抑扬顿挫的语调,可就是打动不了听众。如果不是作品本身有缺陷,就是朗诵者对作品的感受还太肤浅,没有真正走进作品,而是在那里"挤"情、"造"性。听众是敏锐的,他们不会被虚情所动,朗诵者要唤起听众的感情,使听众与自己同喜同悲同呼吸,必须仔细体味作品,进入角色,进入情境。

(3)丰富、逼真的想象。在理解感受作品的同时,往往伴随着丰富的想象,这样才能使作品的内容在自己的心中、眼前鲜活起来,就好像亲眼看到、亲身经历一样。以陈然的《我的自白书》为例,在对作品进行综合分析的同时,可以设想自己就是陈然(重庆《挺进报》的特支书记),当时正处在这样的情境中:"我"被国民党逮捕,在狱中饱受折磨,但信仰毫不动摇,最后,敌人把一张白纸放在我面前,让"我"写自白书,"我"满怀对敌人的愤恨和藐视,满怀革命必胜的坚定信念,自豪地写下了"怒斥敌酋"式的《我的自白书》。这样通过深入的理解、真挚的感受和丰富的想象,使己动情,从而也使人动性。

3. 反复练习

熟能生巧的道理大家都懂。艺术表演更是需要千锤百炼才能给观众带来艺术享受。朗诵表演原则上要背诵下来,但有时大型、多人的朗诵表演也会采用手拿文稿的朗诵方式,这有时是因为诗文较长的缘故,有时更多的是为了追求一种整齐划一的舞台效果,也是一种美感。朗诵作品能背诵下来应该是在反复练习之后的自然结果,而不是刻意背下来的。

练习先从反复朗读开始。通过反复朗读,正确掌握作品中的每个字、每个句子的读法,并在练习中不断调整停连、重音、语气、语调和节奏等,练习中要反复对比,还可以多征求别人的意见,让有声语言最终能准确反映作品的思想内涵和感情色彩。另外,在练习中还要逐步将表情、动作融会在朗诵之中,直到一个声情并茂的、艺术表现完整的朗诵作品准备停当。

当然,朗诵水平的提高不是一朝一夕的事,一个好的朗诵作品往往是经过了多次不太成功的表演之后逐渐成熟成功的。

二、朗诵的技巧

(一)语音技巧——字正、腔圆

1. 吐字归音

使字音清楚、准确、完整,送音有力,要在以下几方面加以注意:

出字(字头):出字是指头(声母)和颈(介音,也叫韵头)的发音过程,即"咬字"阶段。咬字要求干净利落、弹发有力,并与韵头迅速结合。如电 dian,d 是字头,i 是韵头,a 是字腹,n 是字尾。整个字头的发音应具有一定的弹射力,这是整个音节是否有"力度"的关键。字头部位是否准确,咬字是否适当,是汉语语流中是否字字清晰,并且有一定"亮度"的关键。

立字(字腹):立字是指韵腹(字腹)的发音过程。韵腹的发音应有"拉开立起"之势,要"立得住",也称立度。汉字音节中,口腔开合度最大、泛音共鸣最丰满、声音最响亮的就是韵腹(主要元音)。再加上韵腹是声调(字神)的主要体现者,声调和韵腹充实的声音结合在一起,在有声语言中形成抑扬顿挫的语言音乐美。

归音(字尾):归音是指音节发音的收尾过程。要求字尾弱收,肌肉由紧渐松,口腔随之由开渐闭、渐松。归音干净利索,趋向鲜明,既不可拖泥带水留尾巴,也不可唇舌"不到家"。开尾音节收音时应注意用减弱的声波来收束音尾,不要改变口腔的大小,不可"吃字"、"倒字"、"丢字"。"吃字"即吃了字头,出字不好;"倒字"即韵腹发音有毛病,字没立住;"丢音"即归音不到家,丢了字尾。

2. 控制共鸣

字正固然重要,腔圆则是要求声音优美、动听。好音质令人悦耳爽心、富于变化,差音质则单调呆板、缺乏表现力。音质好坏虽然在一定程度上由发声器官的先天构造决定,但良好的共鸣控制技巧却是音质好坏最重要的原因。控制共鸣要求做到:

中音圆润清亮:中声区是使用最多的声区。发声时口腔尽量打开,喉头放松。虽然我们平时说话也多用中音,但朗诵时的发声气量要远大于平时,口腔、咽腔共鸣要尽量发挥出来,不要把声音憋在喉咙里。

低音宽厚实在:低音浑厚是男声美感的主要表现,女声也不应缺少实在的中低音。再说,胸腔共鸣是发其他声区声音的基础。发低音最常见的错误是挤压喉头发出浓重的喉音。

高音高亢嘹亮:华美明亮的高音是女声美感的重要体现,而大部分缺少共鸣训练的女性常常缺少这最具有魅力的声音,当然男声的美感也不可缺少高亢的高音。而朗诵中最动情、最有激情的内容都少不了华美的高音,因此,学会使用鼻腔、头腔共鸣,是提高语言表现力的一个重要途径。

朗读寓言《白云和乌云》,读绕口令。

要求:准确、清晰、悦耳。

选文

白云和乌云

白云看不起乌云,它对乌云说:"人们把我和你都叫云,真让我感到羞耻。你哪能和我比呢,我多么洁白、漂亮。我总是出现在碧蓝的天空中。作家喜欢描写蓝天、白云,画家喜欢画蓝天、白云。电影里,画片上,常常会看到我美丽的身影。可是你呢? 又黑又丑,你总是出现在阴暗的天空中,只要你一出来,不是刮风,就是下雨。电影里要是你一出现,准会发生倒霉的事情。"乌云没有说话,只是越来越黑……忽然一阵大风吹来,白云早已逃得无影无踪了。大雨之后,山更青,水更绿,麦苗更茁壮,大地上的一切,都在感谢这及时的雨啊! 乌云呢,渐渐地消散了。碧蓝的天空中,美丽的白云正在轻轻地飘动。

绕口令

买菱角

骆老伯,郭老伯,柯老伯,柏老伯,骆郭柯柏四老伯,约着城北买菱角。买得菱角阁上剥,各剥各,各吃各,阁角莫落菱角壳,免得戳了骆郭柯柏四老伯的脚。

(骆 luò 郭 guō 柯 kē 柏 bǎi 伯 bó 角 jiǎo 阁 gé 剥 bō 各 gè 壳 ké 戳 chuō 脚 jiǎo)

时事和报纸

史老师讲时事,石老师读报纸,史老师时常讲故事,石老师时常读报纸。时时学时事,时时读报纸。要知天下事,天天读报纸,天天学时事,提高思想长知识。

(史 shǐ 师 shī 时 shí 石 shí 事 shì 纸 zhǐ 知 zhī)

闷娃和笨娃

闷娃闷,笨娃笨。闷娃嫌笨娃笨,笨娃嫌闷娃闷。闷娃说笨娃我闷你笨,笨娃说闷娃我笨你闷。也不知闷胜笨,还是笨胜闷。

(闷 mēn 笨 bèn)

拾柿子

小石拾柿子,拾到四十四,拿到秤上试,需要称两次。头次称三十,斤数整四十,二次称十四,四斤四两四。两次称柿子,共是四十四斤四两四。

(石 shí 拾 shí 柿 shì 子 zi 四 sì 十 shí 试 shì 是 shì)

哥挎瓜筐过宽沟

哥挎瓜筐过宽沟,赶快过沟看怪狗,看怪狗,瓜筐扣,瓜滚筐空哥怪狗。

(瓜 guā 筐 kuāng 过 guò 宽 kuān 沟 gōu 看 kàn 怪 guài 狗 gǒu 扣 kòu)

(二)停顿技巧——停顿合适

停顿是指朗诵语流中声音的暂时休止,可以说它是有声语言表达中的标点符号。一方面,停顿是作品内容、情感表达的需要,在适当的地方利用停顿,造成声音的暂时间歇,可以帮助听者更好地理解和感受作品的思想内容。另一方面,它也是朗诵者生理上的需要。

停顿可以分为语法停顿和强调停顿两类:

1. 语法停顿

语法停顿是反映词句间的语法关系,显示语法结构的停顿。例如

"乒乓球拍卖完了。"这句话在不同的语境中可有两种停顿:

乒乓球/拍卖完了。

乒乓球拍/卖完了。

可见,停顿的位置不同,显示的语法关系和结构也不相同。

语法停顿可分为两种:

(1)标点符号停顿。标点符号是书面语的重要组成部分,在口语中则用停顿来表示,其停顿时间的长短,一般由标点的类型决定。常用的标点符号停顿时间大致是:句号、问号、叹号>分号、冒号>逗号>顿号。例如:

山是墨一般的黑,∥陡立着,∥倾向江心,∥仿佛就要扑跌下来;∥∥而月光,∥从山顶上,∥顺着深深的√直立的谷壑,∥把它那清冽的光辉,∥一直泻到江

面。////……

标点符号虽是停顿的重要标志,但也不能生搬硬套,要根据语意的表达和语气的需要灵活处理。(斜竖线的多少表示停连时间的长短)

(2)语组停顿。语组停顿是指在没有标点符号的地方,按照语法关系所作的停顿。语组停顿又称"句中停顿",语组停顿比标点符号停顿的时间要短些。一般说来,主谓之间、动宾之间,修饰成分与中心语之间,都可以有停顿。例如:

夕阳/把水面/映得/通红,把天空/也染成/万道影霞。

在/苍茫的/大海上……

2.强调停顿

强调停顿是为了突出某种事物或表达某种特殊感情所作的停顿。它不受语法停顿的限制,而是依据表情达意的需要来决定停顿的位置和时间。它可表示某种特殊的语意,还可显现出它前后连顿部分的某种特殊的关系。强调停顿主要有以下几类:

(1)表现语句中的区分关系:

伊/伏在地上;车夫/便也立住脚。他/对于/我,渐渐又几乎变成了一种威压……

在"伊"和"车夫"后面略有一顿挫,人物关系、动作更为明了,如在眼前。

(2)表现语句中的呼应关系:

在这叫喊声里,乌云听出了/愤怒的力量,热情的火焰和胜利的信心。

这里"乌云听出了"是呼,后面三个短语"愤怒的力量"、"热情的火焰"、"胜利的信心"是应。在"听出了"后面要停顿明确,使后面三个短语之间要紧凑,如果机械地按标点符号停顿,便成为:在这叫喊声里,乌云听出了愤怒的力量,/热情的火焰和胜利的信心。

(3)表现语句中的并列关系:

用它/搭过篷帐,用它/打过梭镖,用它/当缶(fǒu)盛过水,当碗蒸过饭,用它/做过扁担与吹火筒。

这一句话有四个并列短句,可以在"用它"之后略一停顿,显示出它的并列感。特别是第三个短句:用它/当缶盛过水,当碗蒸过饭,中间要连起来,不能按标点停顿,否则就形成了五个短句,使语意散乱。

(4)表现句中的转换关系:

我便对他说:"没有什么的。走你的罢!"// 车夫毫不理会,或者并没有听到,却放下车子,扶那老女人慢慢起来,搀着臂膊立定……

在作品中,语句并不都是平铺直叙的,随着内容、情节的发展,在语句之间往往会形成语意的变化、感情的反差。这个例子中两句之间的转换性停顿,就把"我"的无所谓和"车夫"的关注形成一种强烈的对比。

(三)重音技巧——善用重音

重音是指朗诵时为了突出主题、表达思想、抒发情感而对于句中的某些词语加以突出强调的音,它是体现语句内容的重要手段。语句中,重音位置不同,语意也会随之发生变化。例如:

<u>你</u>为什么不说?(别人都说了,就你没说。)

你为<u>什么</u>不说?(是什么原因导致你没说?)

你为什么<u>不</u>说?(你如果说了就没事了,现在后果很严重。)

你为什么不<u>说</u>?(用嘴说简单明了得多,可你偏偏要写。)

1.重音的分类

重音可分为语法重音和强调重音两类。

(1)语法重音。语法重音是由语句的结构自然表现出来的重音,有规律可循。位置也比较固定。语法重音主要体现在以下几个方面:

谓语:山<u>朗润</u>起来了,水<u>涨</u>起来了,太阳的脸<u>红</u>起来了。

定语:白杨树是<u>不平凡</u>的树。

状语:他<u>飞快地</u>跑了。

补语:肚子吃得<u>鼓鼓</u>的。

指示、疑问代词:这本书从<u>哪儿</u>借来的?

(2)强调重音。在文学作品的朗诵中,那些不受语法限制,而由句子的潜在含义所确定的必须强调的音节,就是强调重音,也叫逻辑重音。强调重音没有固定的位置,它是根据表意的内容和需要来确定的。大致有以下几种情形:

①突出话语重点,表明语意内容。比如,"我是北京人",若按语法重音读,把"北京人"加重即可,而如果把重音放在"是"上,就是强调重音,意在消除别人怀疑"我"是北京人这个事实。

②表示并列、对比、排比和递进等关系的词句。比如:

并列性:<u>坐</u>着,<u>躺</u>着,<u>打</u>两个滚,<u>踢</u>几脚球,<u>赛</u>几趟跑,<u>捉</u>几回迷藏。

对比性:燕子<u>去</u>了,有再来的时候;杨柳<u>枯</u>了,有再<u>青</u>的时候;桃花<u>谢</u>了,有再<u>开</u>的时候。

排比性:山<u>朗润</u>起来了,水<u>涨</u>起来了,太阳的脸<u>红</u>起来了。

递进性:<u>起先</u>,这小家伙只在笼子四周活动,<u>随后</u>就在屋里飞来飞去。

③表达某种强烈感情的词句。比如:我<u>恨</u>你——<u>无耻</u>的家伙!

④比喻性的词句。比如:会场里响起了<u>雷鸣般</u>的掌声。

2.重音的表现方法

重音的表现方法有很多种,常见的有以下三种情况:

(1)加强音量。即有意识地把某些词语读得重一些,响一些,使音量增强。比如:这时候,他用<u>力</u>把我往上一<u>顶</u>,一下子,把我甩在一边,大声说:"快<u>离开</u>我,咱们两个不能<u>都</u>牺牲!"

(2)拖长音节。即有意将音节拖长一些,用延长音节的办法使重音突出。比如:我爱你——<u>中国</u>!把"中国"两字拖长使其加强。

(3)重音轻读。表现重音,不一定非要增加音量,有时用减轻音量的方法,将重音低沉地轻轻吐出,效果反而会更好。一般在表达极为复杂而细腻的感情时,多用这种方法。比如:有的人<u>活</u>着,他已经死了;有的人<u>死</u>了,他还活着。(前一句中的活和死是重读型重音,而后一句中的死和活则是重音轻读。)

(4)停顿强调。在要强调的词后面做一短暂的停顿。比如:再见了,亲人!我的心<u>永远</u>/和你们在一起。

(四)语气语调技巧——自然、舒畅

"语"是通过声音表现出来的"话语","气"是支撑声音表现出来的话语的"气息状态",而"调"则是话语声音的高低变化、抑扬顿挫。

语气运用的一般规律是:喜则气满声高,悲则气沉声缓,爱则气缓声柔,憎则气足声硬,急则气短声促,冷则气少声淡,惧则气提声抖,怒则气粗声重,疑则气细声黏,静则气舒声平。

语调主要有四种:

(1)平调:语调平缓舒展,无起伏变化。多用来表达不带特殊感情的陈述和说明,还可表示庄严、悲痛、冷淡等感情。如:

我家的后面有一个很大的花园,相传叫百草园。(陈述语气)

英雄已经离开了我们,但他们的精神永存,我们要永远纪念他们,学习他们。

(2)曲调:语调起伏升降,曲折多变,往往把句中需要突出的词语拖长着念。常用来表达讽刺、厌恶、反语等语气。如:

这真是所谓"你不说我还明白,你越说我越糊涂了"。

他的风格呀,哼,真是太高了!

(3)扬调:语调由平升高,表达高亢激昂的情感,也多用于表达疑问、反问、惊讶、鼓动等语气。如:

这是勇敢的海燕,在闪电之间,在怒吼的大海上高傲地飞翔。这是胜利的预言家在叫喊"让暴风雨来得更猛烈些吧!"

当年毛委员和朱军长带领队伍下山去挑粮食,不就是用这样的扁担吗?(疑问语气)

难道不是吗?

你干吗呀?

你就这样放弃了吗?

(4)抑调:语调先平后降,或先高后低,句末音节说得低而短促。多用于陈述句、感叹句、祈使句,表示肯定、坚决、赞美、祝福等语气。如:

我似乎看见我的妈妈站在小山坡上,手搭凉棚,在寻找着,凝视着,盼望儿女们归来。

他是个了不起的人才!

祝好人一生平安!

朗读:童话故事《狼和小羊》和儿歌《小弟和小猫》

朗诵:叶挺的《囚歌》

要求:区分狼和羊的语气语调;读出小弟和猫的神情;注意《囚歌》中的语调处理。

狼和小羊

狼来到小溪边,看见小羊正在那儿喝水。狼非常想吃小羊,就故意找碴儿,说:"你把我喝的水弄脏了!你安的什么心?"

小羊吃了一惊,温和地说:"我怎么会把您喝的水弄脏呢?您站在上游,水是从您那儿流到我这儿来的,不是从我这儿流到您那儿去的。"

狼气冲冲地说:"就算这样吧!你总是个坏家伙!我听说,去年你在背地里说我的坏话!"

可怜的小羊喊道:"啊!亲爱的狼先生,那是不会有的事。去年我还没有生下来呢!"

狼不想再争辩了。龇着牙,逼近小羊,大声嚷道:"你这个小坏蛋!说我坏话的,不是你就是你爸爸,反正都一样。"说着,"啊呜"一声,就往小羊的身上扑去,把它吃掉了。

小弟和小猫

柯 岩

我家有个小弟弟, 聪明又淘气, 每天爬高又爬低, 满头满脸都是泥。 妈妈叫他来洗澡, 装没听见他就跑; 爸爸拿镜子把他照, 他闭上眼睛咯咯笑。	朗读提示 开头用喜爱而嗔怪的语气读。"又"字重读。第三、四句读得稍快些。 第二句紧接着第一句读,"他就跑"快读。"他闭上眼睛"后略作停顿。再用又气又恼的语气读"咯咯笑"。

姐姐抱来小花猫, 拍拍爪子舔舔毛, 两眼一眯"妙、妙、妙! 谁跟我玩,谁把我抱?"	第一、二句用平直语调读,第三、四句用幼儿稚气的语气读,"妙、妙、妙!"可以模仿小猫的叫声。
弟弟伸出小黑手, 小猫连忙往后跳, 胡子一撅头一摇: "不妙不妙!太脏太脏, 我不要!"	要读出小猫的神情。第二、三句快读,"胡子一撅"后稍作停顿,突出两个动作。"我不要",一字一顿,表示小猫的态度。
姐姐听见哈哈笑, 爸爸妈妈皱眉头, 小弟听了真害臊: "妈!妈!快给我洗个澡!"	第一句用上扬的语调,第二句用平直的语调,表示两种不同的态度。最后一句音量加大,快速,表示弟弟边撒娇边改正缺点的心情。

囚歌

叶挺

为人进出的门紧锁着,(→平调)(冷眼相看)

为狗爬出的洞敞开着。(→平调)

一个声音高叫着:(↗曲调)(嘲讽)

——爬出来吧,给你自由!(↘)曲调(诱惑)

我渴望自由,(→)(庄严)

但我深深地知道——(→平调)

人的身躯怎能从狗洞子里爬出!(↑升调)(蔑视、愤慨、反击)

我希望有一天,(→平调)

地下的烈火,(稍向上扬)(语意未完)

将我连这活棺材一齐烧掉(↓降调)(毫不犹豫)

我应该在烈火与热血中得到永生!(↓降调)(沉着、坚毅、充满自信)

(五)语速技巧——节奏快慢相宜

节奏是指朗诵过程中由声音抑扬顿挫、轻重缓急而形成的回环往复的形式。常见的节奏类型大体有:

1. 轻快型

这种节奏语速较快,多扬少抑,多轻少重,声轻不着力,词语密度大,有时有跳跃感。多用来表达欢快、诙谐的语气。例如:

我爱看天上的一片云,那片白白的、会变的云。瞧它一会儿变成只小黄狗,摇着尾巴,追着太阳跑;一会儿变成只小灰羊,在草原上撒欢儿跳高。

2. 沉稳型

这种节奏语势沉缓,多抑少扬,多重少轻,音强而着力,词语密度疏,常用来表现庄重、肃穆的气氛和悲痛、抑郁的情感。例如:

灵车队,万众心相随。哭别总理心欲碎,八亿神州泪纷飞。红旗低垂,新华门前洒满泪。日理万机的总理啊,您今晚几时回?

3. 舒缓型

这种节奏语速较缓,语势较平稳,声音轻柔而不着力,常常用来描绘幽静的场面和美丽的景色,也可以表现舒展的情怀。例如:

大海上一片静寂。在我们的脚下,波浪轻轻吻着岩石。像蒙蒙眬眬欲睡似的。在平静的深黯的海面上,月光劈开了一款狭长的明亮的云汀,闪闪地颤动着,银鳞一般。

4. 强疾型

这种节奏语速较快,多扬少抑,声音强劲而有力,常用来表现紧张急迫的情形和抒发激越的情怀。例如:

在苍茫的大海上,狂风卷集着乌云。在乌云和大海之间,海燕像黑色的闪电,高傲的飞翔。

一会儿翅膀碰着波浪,一会儿箭一般地直冲向乌云,它叫喊着,就在这勇敢的叫喊声里,乌云听出了欢乐。

以上四种节奏类型,只是大体的分类,每一种还可以再分小类,不再一一列举。在实际的朗诵过程中,一篇作品的节奏不一定是单一的,往往随着内容情节的变化,节奏也会相应发生改变。因此在朗诵过程中,节奏必须因文而异,切忌死板单一,一统到低。

诗歌需在不断的诵读中方能体现其神韵,现代诗歌更是如此。一般来说,朗诵现代诗歌要把握好以下几点:

(1)深刻理解诗歌的思想内容,准确把握诗歌的情感基调。如吉鸿昌的《就义诗》:

恨不抗日死,留作今日羞。

国破尚如此,我何惜此头。

这是吉鸿昌将军在英勇就义前的最后一刻写下的慷慨激昂的感人之作,也是他的崇高品质、坚贞操守、对中国革命赤胆忠心的写照。因此朗诵时要力求表现出抗日英雄的浩然正气和视死如归的壮烈情怀,读出抗日英雄那种气吞山河的英雄气概。

(2)根据情感的需要,掌握朗诵的语速。诗歌朗诵的语速,有一定的规律可循。如果表现的内容是欢快的、激动的或紧张的,速度要稍快一些;如表现的内容

是悲痛的、低沉的或抒情的,速度要稍慢一些;如表现的内容是平铺直叙的,速度就要力求平稳、不紧不慢。如陈然《我的自白书》:

对着死亡我放声大笑,
魔鬼的宫殿在笑声中动摇;
这就是我——一个共产党员的自白,
高唱凯歌埋葬蒋家王朝。

这几句诗充满了对敌人的愤怒和蔑视,表现了革命战士坚定的信念和视死如归的精神,朗诵时速度就要稍快一些。

同一首诗,随着诗作情感的变化,朗诵的速度也要跟着发生变化。如朗诵叶挺的《囚歌》,根据诗情的发展,诗的第一节速度应处理得稍慢一些,从第二节开始,朗诵的速度就要逐渐加快,第三节速度更快。这样才能有力地表现诗人的大义凛然和不怕牺牲的精神,表现诗人"威武不能屈"的大丈夫气概。

(3) 根据诗歌意境,确定轻读重读及声音的长短。把握好朗诵的"轻、重、缓、急",恰当地分好"音步",产生鲜明的节奏感,才能将诗歌情感强调出来,才能将诗歌的韵味体现出来。

再以吉鸿昌的《就义诗》为例。"恨不抗日死,留作今日羞。国破尚如此,我何惜此头。"前两句中"恨"和"羞"两个字要重读,后两句中"破"和"惜"字要重读,"何"字音调上扬,"惜"字前停顿要稍长一些。这样处理,能更好地把诗人"威武不屈"的民族气节表现出来。

(4) 根据语境,正确处理诗句的停顿。这样才能使诗歌节奏鲜明,富有韵律美。一般说来,顿号后的停顿最短,逗号后的停顿长一点,分号和冒号后的停顿再长一点,句号、问号、感叹号和省略号后的停顿更长一些。有时则需根据诗歌内容和语意关系来断定。

总之,现代诗歌朗诵具有很大程度的表演性。需要我们掌握一定的朗读技巧,投入真情,反复吟咏,方能读出作品的感染力,用作品特有的魅力打动读者。

三、经典朗诵训练材料汇编

(一) 诗词朗诵

1. 满江红　岳飞

怒发冲冠,凭栏处、潇潇雨歇。
抬望眼,仰天长啸,壮怀激烈。
三十功名尘与土,八千里路云和月。

莫等闲,白了少年头,空悲切。

靖康耻,犹未雪;
臣子恨,何时灭?
驾长车,踏破贺兰山缺。
壮志饥餐胡虏肉,笑谈渴饮匈奴血。
待从头,收拾旧山河,朝天阙!

2. 七律　长征　毛泽东
红军不怕远征难,
万水千山只等闲。
五岭逶迤腾细浪,
乌蒙磅礴走泥丸。
金沙水拍云崖暖,
大渡桥横铁索寒。
更喜岷山千里雪,
三军过后尽开颜。

3. 沁园春　雪　毛泽东
北国风光,千里冰封,万里雪飘。
望长城内外,惟余莽莽;大河上下,顿失滔滔。
山舞银蛇,原驰蜡象,欲与天公试比高。
须晴日,看红装素裹,分外妖娆。
江山如此多娇,引无数英雄竞折腰。
惜秦皇汉武,略输文采;唐宗宋祖,稍逊风骚。
一代天骄,成吉思汗,只识弯弓射大雕。
俱往矣,数风流人物,还看今朝。

4. 水调歌头　苏轼
(丙辰中秋,欢饮达旦,大醉。作此篇,兼怀子由。)
　　明月几时有?把酒问青天。不知天上宫阙,今夕是何年?我欲乘风归去,又恐琼楼玉宇,高处不胜寒。起舞弄清影,何似在人间!
　　转朱阁,低绮户,照无眠。不应有恨,何事长向别时圆?人有悲欢离合,月有阴晴圆缺,此事古难全。但愿人长久,千里共婵娟!

5. 念奴娇·赤壁怀古　苏轼
　　大江东去,浪淘尽,千古风流人物。

故垒西边,人道是,三国周郎赤壁。
乱石穿空,惊涛拍岸,卷起千堆雪。
江山如画,一时多少豪杰。
遥想公瑾当年,小乔初嫁了,雄姿英发。
羽扇纶巾,谈笑间,樯橹灰飞烟灭。
故国神游,多情应笑我,早生华发。
人生如梦,一尊还酹江月。

(二)现代诗歌朗诵

1. 再别康桥　徐志摩

轻轻的我走了,
正如我轻轻的来;
我轻轻地招手,
作别西天的云彩。

那河畔的金柳,
是夕阳中的新娘;
波光里的艳影,
在我的心头荡漾。

软泥上的青荇,
油油的在水底招摇;
在康河的柔波里,
我甘心做一条水草!

那榆荫下的一潭,
不是清泉,
是天上虹;
揉碎在浮藻间,
沉淀着彩虹似的梦。

寻梦? 撑一支长篙,
向青草更青处漫溯;
满载一船星辉,
在星辉斑斓里放歌。

但我不能放歌,
悄悄是别离的笙箫;
夏虫也为我沉默,
沉默是今晚的康桥!

悄悄的我走了,
正如我悄悄的来;
我挥一挥衣袖,
不带走一片云彩。

2. 致橡树　舒婷
我如果爱你,
绝不像攀缘的凌霄花,
借你的高枝炫耀自己;
我如果爱你,
绝不学痴情的鸟儿,
为绿荫重复单调的歌曲;
也不止像泉源,
常年送来清凉的慰藉;
也不止像险峰,
增加你的高度,
衬托你的威仪,
甚至日光,
甚至春雨。

不,这些都还不够!
我必须是你近旁的一株木棉,
作为树的形象和你站在一起。
根,紧握在地下,
叶,相触在云里。
每一阵风吹过,
我们都互相致意,
但没有人,

能听懂我们的言语。
你有你的钢枝铁干,
像刀,像剑;
也像戟;
我有我的红硕花朵,
像沉重的叹息,
又像英勇的火炬。
我们分担寒潮,风雷,霹雳;
我们共享雾霭,流岚,虹霓。
仿佛永远分离,
却又终身相依,
这才是伟大的爱情,
坚贞就在这里:
不仅爱你伟岸的身躯,
也爱你坚持的位置,脚下的土地。

3. 祖国啊,我亲爱的祖国　舒婷
我是你河边上破旧的老水车,
数百年来纺着疲惫的歌;
我是你额上熏黑的矿灯,
照你在历史的隧洞里蜗行摸索;
我是干瘪的稻穗;是失修的路基;
是淤滩上的驳船
把纤绳深深
勒进你的肩膀;
——祖国啊!
我是贫困,
我是悲哀。
我是你祖祖辈辈
痛苦的希望呵,
是"飞天"袖间
千百年未落到地面的花朵;
——祖国啊!
我是你簇新的理想

刚从神话的蛛网里挣脱；
我是你雪被下古莲的胚芽；
我是你挂着眼泪的笑涡；
我是新刷出的雪白的起跑线；
是绯红的黎明
正在喷薄；
——祖国啊！
我是你的十亿分之一，
是你九百六十万平方的总和；
你以伤痕累累的乳房
喂养了
迷惘的我、深思的我、沸腾的我；
那就从我的血肉之躯上
去取得
你的富饶、你的荣光、你的自由；
——祖国啊，
我亲爱的祖国！

4. 我愿意是急流　裴多菲

我愿意是急流，
山里的小河，
在崎岖的路上，
岩石上经过……
只要我的爱人
是一条小鱼，
在我的浪花中
快乐地游来游去。

我愿意是荒林，
在河流的两岸，
对一阵阵的狂风，
勇敢地作战……
只要我的爱人
是一只小鸟，

在我稠密的
树枝间做巢、鸣叫。

我愿意是废墟,
在峻峭的山崖上,
这静默的毁灭
并不使我懊丧……
只要我的爱人
是青青的常春藤,
沿着我荒凉的额
亲密地攀援上升。

我愿意是草屋,
在深深的山谷底,
草屋的顶上
饱受风雨的打击……
只要我的爱人
是可爱的火焰,
在我的炉子里,
愉快地缓缓闪现。

我愿意是云朵,
是灰色的破旗,
在广漠的空中
懒懒地飘来飘去,
只要我的爱人
是珊瑚似的夕阳,
傍着我苍白的脸
显出鲜艳的辉煌。

5. 雨巷　戴望舒
撑着油纸伞,独自
彷徨在悠长、悠长
又寂寥的雨巷,

我希望逢着
一个丁香一样地
结着愁怨的姑娘。

她是有
丁香一样的颜色,
丁香一样的芬芳,
丁香一样的忧愁,
在雨中哀怨,
哀怨又彷徨;

她彷徨在这寂寥的雨巷,
撑着油纸伞
像我一样,
像我一样地
默默彳亍着,
冷漠,凄清,又惆怅。

她静默地走近
走近,又投出
太息一般的眼光,
她飘过
像梦一般地,
像梦一般地凄婉迷茫。

像梦中飘过
一枝丁香地,
我身旁飘过这女郎;
她静默地远了,远了,
到了颓圮的篱墙,
走尽这雨巷。

在雨的哀曲里,
消了她的颜色,
散了她的芬芳,

消散了,甚至她的
太息般的眼光,
丁香般的惆怅。

撑着油纸伞,独自
彷徨在悠长、悠长
又寂寥的雨巷,
我希望飘过
一个丁香一样地
结着愁怨的姑娘。

(三)散文朗诵

1. 海燕　(苏联)高尔基

在苍茫的大海上,狂风卷集着乌云。在乌云和大海之间,海燕像黑色的闪电,在高傲地飞翔。

一会儿翅膀碰着波浪,一会儿箭一般地直冲向乌云,它叫喊着,——就在这鸟儿勇敢的叫喊声里,乌云听出了欢乐。

在这叫喊声里——充满着对暴风雨的渴望!在这叫喊声里,乌云听出了愤怒的力量,热情的火焰和胜利的信心。

海鸥在暴风雨来临之前呻吟着,——呻吟着,它们在大海上飞窜,想把自己对暴风雨的恐惧,掩藏到大海深处。

海鸭也在呻吟着,——它们这些海鸭啊,享受不了生活的战斗的欢乐:轰隆隆的雷声就把它们吓坏了。

蠢笨的企鹅,胆怯地把肥胖的身体躲藏在悬崖底下……只有那高傲的海燕,勇敢地,自由自在地,在泛起白沫的大海上飞翔!

乌云越来越暗,越来越低,向海面直压下来,而波浪一边唱歌,一边冲向高空,去迎接那雷声。

雷声轰响。波浪在愤怒的飞沫中呼叫,跟狂风争鸣。看吧,狂风紧紧抱起一层层巨浪,恶狠狠地将它们甩到悬崖上,把这些大块的翡翠摔成尘雾和碎末。

看吧,它飞舞着,像个精灵,——高傲的、黑色的暴风雨的精灵,——它在大笑,它又在号叫……它笑那些乌云,它因为欢乐而号叫!

这个敏感的精灵,——它从雷声的震怒里,早就听出了困乏,它深信,乌云遮不住太阳——是的,遮不住的!

狂风吼叫……雷声轰响……

一堆堆乌云,像青色的火焰,在无底的大海上燃烧。大海抓住闪电的箭光,把它们熄灭在自己的深渊里。这些闪电的影子,活像一条条火蛇,在大海里蜿蜒游动,一晃就消失了。

——暴风雨!暴风雨就要来啦!

这是勇敢的海燕,在怒吼的大海上,在闪电中间,高傲地飞翔;这是胜利的预言家在叫喊:

——让暴风雨来得更猛烈些吧!

2. 地上有着无数太阳　刘再复

我会永远爱着太阳的,我的光明之源。

没有太阳,不会有我,不会有你,不会有他,不会有山青青、水清清的人间。

太阳有时从我打开的书页里升起,有时从我爱着的心灵里升起,有时从老师粉笔的芬芳里升起,有时从朋友辉煌的思想中升起,有时从远方珍重的祝福里升起,有时从身旁温热的言语中升起,有时从赤诚而婉转的歌喉里升起,有时从护士和蔼的眼睛里升起,有时从邮递员闪烁的汗珠里升起,有时从孩子微笑的酒窝里升起,有时就从你滚动着暖流的手中升起。

人间到处都有太阳,时时都有迷人的日出,时时都有希望的太阳。因为人间有无数太阳,诚实与善良的生命才不断繁衍。即使自然的丽日照不进的心灵,也会有不凋零的春天。

我相信地上有无数太阳,所以我未曾在狂乱的风雪中绝望,也未曾在歧路的暗影里落入深渊。我相信世上的道路固然有许多沟沟坎坎,但人间总有流不尽的光明与温暖。

3. 此去的人生　刘再复

我把交织欢乐与忧烦的青年时代抛到后头,开始了新的路。

此去的人生将一天天走向衰老,但我不相信只有衰老。

古旧的大街还会有新楼挺立,苍老的竹野还会有春笋竞出。生命只要未僵,总会有新的嫩芽从心中萌动,总会有新的嫩叶从肝胆的枝头上崛起。

我还要经历无数垦殖与收割的日子。一段生命是一个季节。每个季节都会有春华秋实。即便到了满头白发,我确信生命还会有自己的繁荣。只要纯洁的心怀里,还荡漾着春风,飘洒着春雨。

此去的人生还会有坎坷。坎坷与平坦并不重要,坎坷的路固然难走,平坦的路也会使人麻木。活生生的人,在坎坷与平坦的路上,都一样往前征服。在坎坷的路上防着跌倒,在平坦的路上防着飘浮……

4. 麻雀　(俄)屠格涅夫

我打猎回来,沿着花园的林荫路走着。狗跑在我前边。

突然,狗放慢脚步,蹑足潜行,好像嗅到了前边有什么野物。

我顺着林荫路望去,看见了一只嘴边还带着黄色、头上生着柔毛的小麻雀。它从巢里跌落下来(风猛烈地吹打着林荫路上的白桦树),呆呆地伏在地上,孤立无援地张开两只羽毛还未丰满的小翅膀。

我的狗慢慢地向它靠近。忽然,从附近一棵树上飞下来一只黑胸脯的老麻雀,像一颗石子似的落到狗的鼻子跟前——它全身倒竖着羽毛,惊惶万状,发出绝望、凄惨的叫声,两次扑向露出牙齿、大张着的狗嘴边去。

它是猛扑下来救护幼雀的。它用身体掩护着自己的幼儿……但它整个小小的身体因恐怖而战栗着,它小小的声音也变得粗暴嘶哑了,它是牺牲自己了!

在它看来,狗该是个多么庞大的怪物呵!然而,它还是不能站在自己高高的、安全的树枝上……有一种比它的理智更强烈的力量,使它从那儿扑下身来。

我的特列左尔站住了,向后退了退……看来,它也感到了这种力量。

我赶紧唤住惊慌失措的狗——然后,我怀着尊敬的心情,走开了。

是呵,请不要见笑。我尊敬那只小小的、英勇的鸟儿,我尊敬它那种爱的冲动和力量。

爱,我想,比死和死的恐惧更强大。只有依靠它,依靠这种爱,生命才能维持下去,发展下去。

5. 时间赋　钟礼平

世界上有这样一种奇妙的东西:它最长又最短,最慢而又最快,既可扩展到亿万斯年无穷大,又能分割为分分秒秒无穷小;它对人类最公正而又最偏私,最慷慨而又最吝啬;它最容易被人忽视而又最令人后悔;你珍惜它,它就对你慷慨;你忽视它,它就对你吝啬,甚至惩罚,让你后悔终生。因此,它的价值最为平凡而又最为宝贵。它是什么?它就是时间!古往今来,多少文人圣贤为它讴歌,为它赞叹!

"逝者如斯夫,不舍昼夜。"这是哲人的感慨。

"君不见黄河之水天上来,奔流到海不复回。君不见高堂明镜悲白发,朝如青丝暮如雪。"这是诗人的高歌。

"珍惜时间等于延长生命,钟情于时间的人,时间对他也最钟爱。"这是伟人的教诲。

有人把时间比做金钱,无非是极言它的珍贵。可是,朋友,你想过没有:金钱虽然珍贵,它却可以储蓄起来,而世间却没有储存时间的金库;金钱花掉了可以再用劳动去挣来,可时间却如滚滚长江东逝水,奔流到海不复回;金钱的浪费可以用几十元、几百元、几万元来计算,可是时间却无形无影,无法估价!世界上的一切物质无不是在时间的魔掌中生存!时代的更替,人事的兴废,生命的萌动,青春的激情,无不在时间的注视下形成!时间催促沧桑的巨变,时间扬起未来的风帆;时间是青春的黄金海岸,时间是人类生命的航船!

时间对少男们说:"劝君莫惜金缕衣,劝君惜取少年时。"少男们回答:"黄金时代谁不爱? 愿我青春的长河滚滚滔滔奔大海。"

时间对少女们说:"花开堪折直须折,莫待无花空折枝。"少女们回答:"万紫千红我来采,愿我青春的花朵年年月月开不败。"

是啊,我们这年轻的一代! 我们朝气蓬勃,风华正茂。我们没有宋玉"萧瑟凄凉"的悲秋,我们没有贾谊"时运不济"的忧愁,我们也没有王勃"怀才不遇"的叹息,也听不见黛玉那"絮飞花谢"的哀歌……我们有的只是青春、理想、奋斗、拼搏! 我们在进行创造、思索、改革、开拓!

然而,在我们的身旁,有人在拼搏,也有人在消磨;有人在开拓,也有人在蹉跎。有人奋发攻关,精神抖擞;也有人虚度年华,随波逐流。有的人说:人生能有几回搏! 此时不搏待何时! 也有人说:今朝有酒今朝醉,哪管明日是和非! 有的人毕生充实,硕果累累;有的人华发早生,一生无为。正如臧克家说的那样:有的人死了,他还活着;有的人活着,他已经死了! 因为他亵渎了时间,欠了时间的账,受到了时间的无情的惩罚!

朋友,明天就是2000年的第一天,我们生命的年轮又多了一圈。当世界科技革命的浪潮汹涌澎湃冲荡全球时,当人类进入太空探揽神奇时,当中国的改革正在深入人心深入每一个角落时,朋友们,我们怎么办? 我们要奋而前行,站而雄视! 机不可失,时不我待! 也许我们会看到:巍巍文山难搬,茫茫会海难填!"足球"踢不尽,"扯皮"扯不完! 也许我们会体味:解决一个小问题,也许一拖300天,研究一个小建议,请求、汇报带画圈! 也许我们会发现:一杯茶伴一支烟,几个电话要一天,已成为官僚主义者们的正常日程! 这是多么可悲而可叹的时间观,多么消极而顽劣的人生观! 朋友们,不要被这顽疾劣症所吓倒,所屈服,不要因此而悲观气馁,一蹶不振,因为我们已经找到了根治它的妙方,这就是改革。改革! 改掉那人浮于事,改掉那机构臃肿,改掉那不适于四个现代化的一切拖拉、扯皮、推脱和磨蹭! 让时间飞起来,和我们的工作效率、建设速度同步!

列宁曾说:"赢得了时间,就赢得了一切。"是的,时间是无形的,但却是有价值的。工人们说:时间就是产品;农民说:时间就是粮食;战士说:时间就是胜利;医生说:时间就是生命;教师说:时间就是人才……而我们却要大声地说:时间就是光辉灿烂的未来!

朋友们,让我们珍惜时间吧,这样,我们的生命便不会随着新年的更替而衰老,我们将青春永驻,我们将永恒! 我们的明天将更辉煌!

第三讲　素质基础

演讲与口才的水平和能力是人的综合素质的外在表现,要想尽快提高演讲水平和口才,除了要勤练、苦练语言基本功,经常有意识地进行演讲与口才能力锻炼外,还应该从思想文化修养、心理素质训练以及综合能力培养等各方面综合、全面地提高自己。

一、思想文化修养

有思想、有文化、有品位的人才能说出有水平的言语,才能做一个有说服力的演说者。提高演讲与口才的能力,首先要提高自己的思想文化修养。优秀演讲者的思想文化修养可以从以下四个方面体现出来:

(一)正确深刻的思想认识

首先,要有思想。思想是人的灵魂,有没有思想、有什么样的思想、思想境界的高低决定着一个人的可能价值。一个演说者更应该具备超过一般人的思想认识。

正确的、符合客观规律的思想认识既是我们进一步认识世界的前提,更是人们采取正确行动的指南。一个站在众人面前发表演说的人,自己首先要有思想、要有正确的思想,才能让听众有所收获。

此外,讲道理、谈认识除了要正确,还要深刻,要有真知灼见。如果讲出的是连三岁小孩都能懂的道理,也是没有资格成为演讲者的。

要提高自己的思想认识水平,平时就要多学习、勤思考,关心时事政治以及社会热点问题,经常参与各种形式的思想交锋,以提升自己思维的敏锐性。

(二)广博的学识见闻

俗话说,要想给别人一碗水,自己要有一桶水。作为一个当众演讲者,足够的知识储备和灵通的信息来源,是演讲者满足广大听众多方面需求的保证。

鲁迅先生说过,浪费自己的时间等于慢性自杀,浪费别人的时间等于图财害命!演讲者占用了听众的时间,就必须要讲听众想听、愿听的内容,否则就不仅仅是对听众不负责任,而是一种缺德行为。

当众演讲者还要有随时应对听众提出各种问题的能力。见多识广、有问必答,是优秀演说者必须努力做到的。因此,广泛阅读、增加知识面,对新鲜事物经常保持孩童般的好奇心,才能做一个博学多才的、在讲台上站得住的演讲者。

(三)品德高尚

道德修养是个人修养中最重要也是最难的修养。说它重要,是因为谁都不愿意与品德低下的人打交道,如果某人被公认为品德不良,那他作为人的价值将大打折扣。说它难,是因为品德修养主要靠自觉自愿,而道德水平的提高又与很多因素有关,比如自己对品德修养重要性的认识、对提升自身品德水平有没有强烈的愿望、对道德规范本身的认知水平,以及自己所处的社会整体道德水平的高低等,都会直接或间接影响品德修养。

言为心声,从言语中听众可以感受到演讲者道德水平的高低,而听众对演讲者道德水平的判断会直接影响到演讲的效果。道德高尚者受人尊重、令人信服,说理、动情都能事半功倍;而听众不会听从道德不良者的劝诫,更难以从情感上被打动。同样的话语,出自不同道德水平的人的口中,对听众的效果可能大相径庭。

因此,要想成为一名优秀的演讲者,就应该给自己设定一个较高的道德目标,并在日常生活中时刻提醒自己——要努力做一名品德高尚的人!

(四)性情优良

性情即性格、情感,优良的性情给人好感、受人欢迎。性情特征先天成分居多,一般比较稳定。其实优良的性情并非指某种特定的性格和情感,任何一种性格及情感特征的人只要修养良好,都是可能受人喜欢的。比如,性格开放、情感激昂外向的人做鼓动性的激情演讲会受人欢迎;而性格沉稳、情感细腻丰富的人同样也能成为受人喜爱的演讲者。但是,如果性情豪放之人,在需要稳重、克制的场合不能适当收敛,只顾自己豪放,就会令人讨厌;而性格内敛之人则应该在发挥其柔韧、谦和的优点的同时适时敞开心灵,否则也不会受人欢迎。

要想做一名受人欢迎的演讲者,就必须对自己的性情特征有客观清醒的认识,努力做到扬长避短,不断地修身养性、完善自我。

二、心理素质训练

演讲是一项面对大众的活动,并且要随时面对复杂多变的环境,演讲者承担的心理压力比平时要大得多,初学演讲者最难过的就是心理素质关。因此心理素质训练是提高演讲能力的重要内容。心理素质训练可以从增强自信心理、培养坚韧性格、保持真诚品格和克服紧张情绪等四个方面进行。

(一)自信心理训练

自信即相信自己。自信心理是其他优良心理品质建立的基础:没有自信,很难有坚韧和顽强;没有自信,也不会有坦荡和真诚;没有自信,站在台上肯定会紧张。自信也是让别人信任自己的前提,自信是演讲者必备的心理品质。试想,一个连自己都不相信自己的人,怎么可能让听众信服。

每一个人都有自信的理由,这个世界上每一个人都是独一无二的,每一个人都有自己的长处;同样,每一个人又都有理由自卑,人不可能十全十美,每一个人都有自己的短处。当人获得成功、优点凸显时,会感到自信;而当人遭受挫折、技不如人时,会感到自卑。可现实当中又有许多时候自信心的产生和自卑情绪的出现是没有理由的,完全由当时当事人的心态所决定。比如,现实中不乏如下现象:一个其貌不扬、能力平平,甚至挫败连连的人却有着莫名的自信;而一个看似令人羡慕的成功者,有时却很自卑。因此,自信心理的训练除了要不断提高能力、不断取得进步和成功之外,更重要的是心态的培养和训练。

养成积极、乐观的心态,是自信心建立的前提。要经常以一种满足甚至是感恩的心态面对现实生活,经常憧憬未来,期待着更美好的明天的到来;把任何困难都看成是提升自身能力的训练项目,积极面对,甚至希望难度越大越好;当面对不确定(把握不大)的事物时,应尽量往好的方面预期,并做好最坏的打算(最坏不过如此)。心态好了,自信也就有了。

演讲者的自信心还应该结合语言训练来提高。比如,经常练习当众大声说话,充满激情的演讲,最有利于提升自信心;另外,态势语也很能体现自信度,昂首挺胸、快步走上台,面带微笑、表情丰富,手势动作舒展、有力等,都是自信心的体现。因此,作为演讲练习者,还要有意识地通过提高语言表现能力来进行自信心理的训练。

(二)坚韧性格训练

演讲是一项挑战性很强的活动,它不仅挑战演讲者的文化修养和语言能力,更能考验演讲者的意志力量。

初学演讲者首先要做到的是当众讲完自己预先想讲的内容,这对于演讲新手来说并不是件容易的事。初次上台最容易出现的问题是卡壳,突然讲不下去了,怎么办?有人选择放弃、下台,而有的人选择虽然结结巴巴地但顽强地讲完再下台。前者意志力不够坚强、承认失败,而后者,虽然有些难堪,但走出了成功的第一步。对于初学演讲者,演讲成功与否,与其说主要有赖于文化修养、语言能力和充分的准备,不如说主要依靠坚韧的性格。

演讲能力的提高是一个长期的需要持之以恒刻苦努力的过程。每个人都会有自己的缺点。比如,有的人文化素质不够高;有的人语言表现力不强;有的人口齿不够清楚或普通话不标准;有的人心理素质不好,在众人面前会胆怯,等等。这每一种缺点的改正都需要有坚强而又有韧性的性格做基础,并要付出巨大的努力才有可能达到。

虽然个人性格有一定的先天成分,但后天的培养与训练是坚韧性格的主要成因。坚韧即坚强、柔韧,坚韧的性格既包含坚定、顽强,又包含坚持、柔韧,因此坚韧性格训练应该包括相辅相成的两个方面:一方面是坚强训练,另一方面是耐力(即柔韧性格)训练。

坚韧性格训练的方法很多,比如体育锻炼、劳动锻炼、克服困难、改正不良嗜好等,都可以作为塑造坚韧性格的方法。

(三)真诚品格训练

真诚即真实诚恳。真心实意、坦诚相待,是获得他人信任的前提。一个演讲者要想让听众接受你所传达的思想与情感,首先要让听众信任你。如果连起码的信任都没有,你就是说得再好听,也打动不了听众,甚至会适得其反,听众有可能会从反面理解你所传达的信息,选择与你的意愿正好相反的观点和行动。

真诚品格是在长期的生活中养成的一种优秀的、相对稳定的心理品质,它是一种与自信、坚韧相对应的优良心理素质。缺乏真诚的人,往往是自卑和软弱的,因为他们只有用谎言和欺骗才能掩饰自己的软弱和无能,因此这种人也是可悲和可怜的,要知道一个谎言往往要用十个谎言去圆,这是多么得不偿失、费力不讨好的事呀。

真诚品格训练应该从生活中为人处世的点滴事件做起,在加强自信心理和坚韧性格训练的同时,诚实做人、踏实做事。

真诚品格训练首先应从诚实做人开始。诚实做人就是要诚恳待人、实在为人,通俗地说就是要做个老实人。具体地说就是真心实意善待他人。说真话、说实话有时可能会让人不悦,但只要你是善意的,即使短时间内可能不被别人理解,你都应该坚持,保持这种为人的品格和良心,最终一定会受益。那种认为"老实人就是没有用的人"以及"老实人会吃亏"的观点是荒谬的,那种为了一点蝇头小利不惜放弃做人原则,去撒谎、去阿谀奉承的人,那种甚至养成谎话张口就来的习惯、毫无愧疚廉耻之感的人,一定是遭人鄙视(连他自己都会瞧不起自己)的,即使短时期内或许能占一点小便宜,但最终一定是吃大亏的人。

真诚品格训练的另外一条途径就是踏踏实实做事。为人和处事是不可分割的,要诚实待人、实在为人,必须学会踏实做事。投机取巧、偷工减料、半途而废都不是老实人的行为。要练就真诚品格,就要从踏实、认真做好身边的每一件事开始。做成大事能锻炼人的能力,做好小事能磨炼人的性格,而认真的态度和踏实的精神则是真诚品格的体现。

(四)克服紧张训练

紧张情绪对于所有初学演讲者来说都是头号大敌。由于紧张把原来背得滚瓜烂熟的演讲词说得支离破碎、结结巴巴,由于紧张手足无措、表情僵硬、目光游移,由于紧张"神经短路"、张口结舌、头脑一片空白等,这些都是初次上台演讲者常出现的状态。如何克服紧张情绪,是初学演讲者首要的难题。

要克服紧张首先要弄清楚为什么紧张。一般来说,演讲紧张可能是由以下方面的原因导致的:缺乏自信;准备不充分;不习惯面对众人说话;太期望成功等。

在搞清楚自己为什么会紧张之后,就要有针对性地进行积极训练。

首先,大部分初学演讲的人都是不太习惯当众说话的人,因此克服紧张最常见和最有效的训练方法就是逼迫自己经常当众说话。其实生活当中练习当众说话的机会很多,关键是自己要随时抓住和把握。比如,课堂上积极回答老师的提问;有意识地当众讲述某件事,说明某种观点;参加社团活动,担任经常需要讲话的职务;主动争取参加正式的演讲比赛;平时同学们在一起时主动参与,甚至有意识地发起对有意义的话题的讨论、辩论,等等。

其次,在上台演讲之前进行积极的自我暗示,对自己说"我行,我能行!""这没有什么了不起!"还可以做深呼吸或开讲前做一些诸如喝口水、翻翻资料、擦擦黑板等小动作,均可以起到消除紧张情绪的作用。当然,在上台演讲之前做好各方面的充分准备,也是克服紧张情绪的必要条件,比如对于讲什么、怎么讲熟稔于心,反复多演练,做到胸有成竹、很有把握地上台演讲,就能轻松自然发挥了。

另外有必要说明的是,适度紧张其实是有利于演讲的。因为适度紧张可以使人兴奋,焕发激情,可以充分调动人的潜能,只是这种紧张情绪不能过度,不能在演讲开始后依然不能摆脱紧张,甚至更加紧张,那就会导致失败。

克服紧张情绪不是一朝一夕的事,需要长期有意识地锻炼。另外,站在台上紧张或不紧张也与演讲者是否具有相应的综合能力有关。

三、综合能力培养

处于大庭广众之下的演讲者,要吸引听众、说服听众、感动听众,除了要具备相当高的思想文化修养、优良的心理素质,还应该具备很强的认知能力、控制能力、沟通能力和创新能力。

(一)认知能力培养

认知能力,即人们认识、感知事物的能力。它由收集信息的感知能力和加工信息的思维能力构成。演讲者的思想文化修养直接来源于认知能力,只有善于收集各种有用的感性数据,并能将其分析、加工、处理为理性知识,才能实现认识飞跃,才能获得正确而又深刻的认识。

(1)感知能力是人感知世界、搜集信息、获得感性认识的能力。感知能力主要表现为观察力。观察,既要做到系统全面,又要做到细致入微。观察能力从表面上看是人感觉器官的生理功能,实质上其对人的心智能力的依赖,远大于感觉器官。要提高观察力,除了要尽量提高各种感觉器官的敏感度以及深度和广度外,更应该培养有目的、有方法、有准备、有记录的观察习惯。

观察要有目的。无目的的观察是不会有收获的,常常是视而不见、充耳不闻。观察的目的越具体、越明确,观察的效果就越好。

观察要讲究方法。杂乱无章的观察,往往顾此失彼。有效观察的方法有:有顺序的观察、有重点的观察、有对比的观察、全面性的观察等。

观察要有准备。观察的效果与观察者的知识储备程度关系密切,能发现常人看不见的东西,往往是因为具有不寻常的知识准备。例如,苹果落地是常见的现象,为什么牛顿观察到这种现象会启发他发现万有引力呢?这是因为他具有扎实的力学基础,并且正在研究思考这个问题,所以这样的观察才能起作用。

观察要有记录。俗话说,好记性不如烂笔头。写观察笔记有利于观察数据的积累和保存;写观察笔记有利于观察有条不紊地进行,提高语言表达能力,使之更具有逻辑性;此外,写观察笔记还有利于思维的发展,有时还能使人悟出新的灵感。

(2) 思维能力就是对感性材料进行加工使之成为理性知识的能力。概念能力、判断能力和推理能力是思维能力的基本形式。

概念能力即分析、综合感性材料并将其概括、抽象为概念的能力。概念能力的实质就是透过现象抽取本质的能力。概念能力的培养首先是学会在诸多现象中寻找特性和共性,其次是学会对抽象出的本质特征进行概括性描述。

判断能力即对事物的各种属性以及关系进行区分和识别的能力。对事物进行迅速而准确的判断是思维能力的直接表现。判断能力的培养首先是要培养实事求是的精神,避免主观判断错误,其次是锻炼对复杂事物快速反应并对其进行准确识别的能力。

推理能力即从已知判断导出新判断的能力。推理能力是扩展认识的能力,是认知能力的高级形式。推理能力的培养最重要的是训练思维一贯性。平时多做逻辑推理训练题,以及养成遇事多分析、勤思考的习惯,是提高推理能力和整体认知能力的有效途径。

(二) 控制能力培养

演讲者的控制能力包括自我控制能力和现场控制能力。

(1) 自我控制能力首先是演讲内容方向把握的能力,即演讲者在演讲中紧扣主题的能力。演讲中尽量不说与主题无关的话,主题内容的展开固然需要丰富的材料,但使用拓展材料一定要围绕主题,控制能力不强的演讲者,往往会陷入撒得开但收不拢的境地。这种能力的培养要在平时说话时有意识地锻炼和培养,即平时说话要时刻注意目的性,特别是在发表长篇大论时要时刻提醒自己不要跑题。

其次,自我控制能力是自我情绪的控制能力。热情、积极的态度是演讲者打动听众的前提,演讲者一旦走上讲台,就要全身心地投入,充满激情地演讲。人的情绪心境是会时常变化的,心情不好的时候演讲者就要有能力调整好心态。另外,在演讲中如果出现忘词、说错话等情形时,一般也会影响情绪,能及时恢复常态也是自我控制能力强的表现。

(2)现场控制能力,是指在演讲现场演讲者能掌控、调动听众的思想和情感并能应对各种意外情况的能力。缺乏掌控听众思想情感欲望的演讲者不会是成功的演讲者,而不会应对意外情况的演讲者更易遭致失败。现场控制能力的实质是一种领导指挥能力,每次演讲时加强指挥、领导的欲望,积极主动、灵活机智地处理现场发生的各种事件,是不断提高控制能力的有效途径。

(三)沟通能力培养

演讲活动是一种双向的信息沟通过程,演讲者是信息沟通的主导者,演讲者的沟通能力直接影响演讲的效果。沟通能力大致可以分为两种:一是让别人理解自己的能力即表达能力;二是理解别人的能力即理解能力。

让别人理解自己,就是要让听众明白你所表达的思想和情感,进而接受你的观点和受打动,并采取相应的行动。表达能力的培养首先是要有强烈的提升表达能力的愿望,养成与人积极主动沟通的习惯。比如,平时遇见熟人主动打招呼,甚至还可以积极主动与陌生人打交道(比如主动帮助别人或向别人求助)。其次就是加强语言表达能力的训练,有意识、有目的地训练有声语言(比如朗读、朗诵训练),特别是积极主动地提高态势语即身体语言的运用能力,对一般人(非聋哑人)来说,态势语能力提升的空间非常大。

而在沟通过程中理解别人比让别人理解自己更加重要,或者可以说,理解别人是让别人理解自己的前提。要提高理解他人的能力,首先是要加强对信息回馈的领悟能力的锻炼,即学会从别人包含了对你所传达信息的反应中了解对方的接受程度和心理状态,这就是所谓察言观色的能力。其次,提高理解他人能力的另一条途径,就是在日常人际交往过程中注重培养倾听的能力,善听者才有资格成为真正的善言者,善解人意的前提是倾听。

(四)创新能力培养

创新能力即创造新观念、新理论、新事物的能力。创新能力是人的各种能力中最重要、最有价值、层次最高的一种能力。现代社会竞争无处不在,而竞争最重要的武器就是创新能力,各行各业高级人才的培养都是把创新能力的培养放在首要的位置。杰出的演说者的出色演讲应该是其创新能力的充分展现(比如,一个极具吸引力的主题,用富有创意的方式开场,新颖前卫的思想观念以及丰富生动、意料之外情理之中的事实材料,别具一格的结尾等,都是创新能力的体现)。

创新能力的培养可以从培养创新意识、塑造创新个性、学会创新思维和锻炼创新实践技能这四个方面进行。

培养创新意识即建立一种追求新颖、追求卓越、追求变化的精神状态。所谓"语不惊人死不休"就是这种精神状态的体现。强烈的创新愿望和志向,是获取创新成果的前提和内在动力,要想提高创新能力,首先就是自己想要创新、想要与众不同。而这种创新意识的养成又是与一定的世界观、人生观和价值观相联系的。比如,只有承认物质世界的客观实在性、可知性,人的探索、创新活动才有意义;只有深刻地认识到生命的短暂,人生的意义、价值在于对社会的贡献,才能激发出只争朝夕、不断创新的热情;也只有明白创新的价值高于继承(尽管继承是创新的基础),人们才会愿意标新立异,想前人所未想,干前人所未干。因此,创新意识的培养应与辩证唯物主义世界观、积极向上的人生观和合理的价值观的教育结合起来。

创新个性是创新人才所具有的人格特征。有研究表明,大多数成功的创造者的智商与同龄人相比并没有显著的差距,所不同的是他们都具有一般人较少有的创新个性。培养创新个性,就是要培养坚强的意志品质,创新需要坚强的意志,创新绝不是轻而易举的事情,在常人看来似乎是在瞬间发生的创造和发明的背后,往往需要付出常人难以想象的艰苦的努力,坚强的意志品质是获得成功的至关重要的条件;培养创新个性,就是要培养勇敢无畏的精神,创新人才要有敢为天下先的精神,敢于提出别人没提过的观点,干出别人没干过的事,只有敢于打破原有的条条框框,敢于向权威挑战,才能创造出对人类进步有意义的新思想、新东西;培养创新个性,就是要培养百折不挠的精神,成功的创造者不仅要付出常人所不能承受的艰苦努力,同时还经历过一般人所不能承受的挫折和失败的考验,只有那些能经受住反复的失败折磨、身处逆境不懈奋斗、努力排除万难去争取胜利的人才有可能获得辉煌的成功;培养创新个性,就是要培养对事物广泛的兴趣和好奇心,俗话说"兴趣是最好的老师",对新事物充满好奇和兴趣是进行创造的前提,是从事创新活动的心理动机之一。

创新思维能力是创新人才超常智力的表现。创新思维从形式上看,虽然新思想的获得是各种思维形式综合运用的结果(正常的逻辑思维是必不可少的),但一般我们所说的创新思维形式主要是指超逻辑的联想、想象、直觉、顿悟、灵感等,这些思维形式是非常规的,不常有的,但往往是经历了长时间的正常逻辑思维之后,突然产生的,并不是凭空出现的;从内容上看,创新思维一般都包含着一般正常逻辑思维所达不到的新颖内容。创新思维能力的培养与其形式一样,也是非常规的,很难有规律可循,但可以肯定的是,文化、艺术的熏陶对联想、想象能力的培养是有益的,而直觉、顿悟、灵感等方面的能力与个人的知识、经验、意志、情感、性格等有着直接或间接的联系,创新思维的产生是以丰富的生活体验为基础的。因此,培养广泛的兴趣、爱好,陶冶情操,增强审美情趣,增加社会生活体验等,都是提升创新思维能力的手段和途径。

创新实践技能作为实现创新思想的具体操作技术和能力,是创新能力的现实体现,因而它是创新能力四要素中最易显现的能力。创新实践技能的内容很广泛、很具体。比如,各类艺术家表现其创新作品的技能;理论家将其创新思想构建成理论体系的著书立说能力;工程技术人员将其创意转化成图纸、模型的能力,等等。创新实践技能的培养就是实现创新思维成果的专业技能的培养,对演讲而言,主要就是语言技能的培养和提高。

第二篇 演讲

第四讲　演讲概述

一、演讲及其要素

(一)何谓演讲

所谓演讲,就是演讲者在特定的时境中,借助有声语言和态势语言、类语言的艺术手段,面对广大听众发表意见、抒发情感,从而达到感召听众并促其行动的一种现实的信息交流活动。

演讲,也被称为演说或讲演。演讲由讲(或说)和演所构成。讲,主要通过有声语言传达信息,体现着演讲的思想性;而演则主要通过态势语言和类语言来实现,它体现着演讲的艺术性。演讲是思想性与艺术性相结合的高级信息交流活动,演讲以讲为主,以演为辅,演为讲服务。思想性与艺术性对于演讲而言缺一不可。缺乏艺术性的演讲是枯燥的说教,而没有思想性的演讲则是滑稽可笑的。

(二)演讲的构成要素

作为一种人与人之间现实的信息交流活动,演讲具有以下四个要素:

(1)演讲者:即演讲活动的主体。演讲者是演讲活动的主导者,是决定演讲活动的效果和成败的首要因素。而演讲者的演讲能力以及演讲的准备程度,是演讲效果及成败的关键。

(2)听众:即演讲活动的客体。听众是演讲者在演讲活动中作用的对象。虽然听众是演讲活动中的被动者,但由于演讲是一种双向的信息交流活动,听众在演讲过程中对演讲者演讲的反应,也会直接或间接影响到演讲的效果和成败。因此,演讲之前了解听众及其需要,是演讲成功的重要前提。

(3)信息:即演讲活动中沟通演讲者和听众之间的信息内容。演讲的信息内容主要是演讲者传向听众的信息内容,成功演讲的信息内容应该是听众感兴趣、愿意接受的内容。

(4)时境:即演讲的主、客体同处一起的时间和空间环境。演讲的时境对演讲效果也有很大的影响。在不合时宜的时间和空间,即使演讲者再高明,演讲的信息内容再好,也可能导致演讲的失败。因此,事关重大的演讲,一定要注意选择好合适的时间和地点。

二、演讲的特点及作用

演讲是人们现实生活和社会交往中经常需要的一种信息交流活动,它是一种个人与群体之间的信息交流活动,具有如下特点和作用。

(一)演讲的特点

1. 社会性

演讲是演讲者面对大众的一种信息交流活动,这种活动的形式有很强的社会群体性,如果没有足够多的听众,就算不上演讲;而演讲的内容也具有社会性,即演讲者所传递的信息应该是听众所关心的社会性信息。

2. 现实性

演讲者、听众、演讲的内容和演讲的时境都是现实的。主要体现在:演讲者不是演员,而是以真实身份面对听众;演讲的内容大多是社会现实问题,选用的材料也都是现实生活中的真实事件。

3. 鼓动性

演讲的目的就是要感召听众并促其行动,所以,为达到这种目的,演讲就必须要具有鼓动性,通过动之以情、晓之以理,从情感上和理性上唤起听众内心的共鸣。

4. 艺术性

演讲是一门综合型语言艺术。语言表达艺术在人类所有艺术门类中难度最大、技巧性和艺术性最强,语言的艺术美感,主要是要表现客观事物的美,但同时也体现了语言表达者自身的美。演讲者在演讲中要综合运用有声语言、态势语言和类语言以及自身主体形象设计、场景音响灯光设计等艺术手段,才能充分表达思想和情感,以达到感召听众并促其行动的效果。

(二)演讲的作用

演讲的作用有对内的作用和对外的作用两种。对内的作用即对演讲者自身的作用;对外的作用则是指对他人、对社会的作用。

对于初学演讲者来说,演讲的作用主要体现在提高演讲者自身的语言表达能力、社会交际能力(演讲是社会交际活动的一种)、思想文化修养、心理素质、综合能力等多个方面,或者概括地说,演讲对演讲者来说具有提高自身整体素质的作用。尤其对于大学生而言,在大学学习期间,一定要把演讲作为一项非常重要、必不可少的学习、训练科目,并争取在走向社会之前让自己的演讲能力有一个质的飞跃,以提升自己的竞争力。

演讲的社会作用意义更大。演讲对他人和社会的作用主要有传递信息、文化教育、交流情感、思想宣传鼓动等。

演讲的传递信息作用:演讲首先是一个信息发布活动,演讲者作为最新消息的发布者,通过当众演讲,可以高效率地将听众最感兴趣、最需要的信息及时传达给听众。

演讲的文化教育作用:演讲也是最有效的文化传播和教育的手段。演讲者通过当众演讲,可以有效地进行各种文化思想的传播和各种专门知识的普及教育,以提高听众的思想文化和知识水平。

演讲的交流情感作用:演讲是一种演讲者主动与听众进行思想与情感交流的社会交际行为,成功的演讲不仅仅是要在思想上获得听众的认同,更有意义的是要从情感上征服听众,引发听众内心情感上的共振,使演讲者和与会的听众在感情上相互融合,贴近关系,形成良好的社会交际关系,为现在和未来的生活与事业的发展进步奠定基础。

思想宣传鼓动作用:先进的思想需要宣传和普及方能武装广大群众,而宣传普及的最直接有效的手段就是演讲。演讲者通过演讲,深入浅出地阐明先进思想观念,并用真情打动听众,晓之以理、动之以情,真理、真情之下,势必鼓起行动的力量,唤起奋斗的激情。

三、演讲的类型

现实社会生活中的演讲类别多种多样,从不同的角度、根据不同的标准可以分为各种不同类型的演讲。

(一)从演讲内容分

1. 政治演讲

即为了一定的政治目的,针对某个政治问题或事件所发表的演讲。政治演讲具有较明显的政治目的性和鼓动性,并且一般都事关重大。这类演讲包括的范围很广,比如竞选演讲、就职演讲、外交演讲、军事演讲、政治报告和宣传等都属于政治演讲。

2. 教育演讲

即为传授知识、提高认识、发表见解等的演讲。包括教学演讲、思想教育演讲和学术演讲等。这类演讲比较注重思想性和科学性,生活中比较常见,应用很广。

3. 法庭演讲

主要是指公诉人在法庭上进行公诉以及辩护律师进行辩护的演讲。法庭演讲的突出特点是:公正、客观、严谨。在法庭上原告的起诉以及被告的辩护也属于法庭演讲。

4. 商业演讲

即为了一定的商业目的,企业家或商品营销人员对投资人或顾客进行的演讲。

商业演讲包括商业计划介绍、融资路演和产品推介等。商业演讲的主要特点在于鼓动性。

5. 礼仪演讲

即在各类集会、庆典等社交往来仪式上发表的演讲。这类演讲非常多见、形式多样。比如在各种大型活动的开场仪式上以及各类庆贺、宴请、凭吊活动中的致辞。这类演讲的特点是规范、简短、情感色彩浓厚。

(二)从演讲方式分

1. 宣读式演讲

即演讲时照着演讲稿宣读。这种演讲主要应用于非常正式的会议报告,比如全国人大会议上总理作政府工作报告,就必须按照报告稿件一字不变地宣读出来。有些初学演讲者怕忘词,也会采取这种方式进行演讲。这种方式的演讲表达内容准确,但缺乏感染力。初学者用这种方式演讲不利于提高演讲能力。

2. 背诵式演讲

也叫脱稿式演讲,即演讲时演讲者将演讲稿背诵下来。这种演讲多用在演讲比赛中,初学演讲者也多采用这种方式演讲。初学者以这种方式演讲很容易出现卡壳现象,即中间突然忘词接不下去,致使演讲中断;即使能很顺利地背诵下来,也会让人感到是在呆板地背稿子,而不是演讲者自己思想和情感的正常流露,因而会降低演讲效果。

3. 提纲式演讲

即演讲前对要讲的内容、观点和选取的素材用简要的语言列出提纲,作为演讲时的提示写在纸上或记在脑子里,演讲时演讲者按提纲的提示临场组织相应的语言对纲要内容进行展开。这是最常用的演讲方式,也是最有利于锻炼演讲与口才能力的途径。

4. 即兴式演讲

也叫即席演讲,是指演讲者在讲前无准备的情况下,根据临场他人的提问或临场的人、物、情景等因素即时、即兴发表的演讲。即兴演讲是演讲的高级方式,也是使用最多、要求最高、最能体现演讲者素质的演讲方式。

5. 辩论式演讲

即辩论双方因对某个问题有不同意见而展开的面对面的你来我往的语言竞争式的演讲。其目的是坚持真理、批驳谬误、明辨是非。

常见的正式辩论式演讲有:法庭辩论演讲、外交辩论演讲、政治辩论演讲、商业谈判辩论演讲和赛场辩论演讲等,另外,人们日常生活中随时随地出现的因观点不同而产生的为自己辩护和反驳别人的语言争论,也属辩论式演讲。

辩论式演讲的特点是:针锋相对,短兵相接。辩论式演讲基本上可以说是一种即兴演讲,但由于有反对方的随时发难,因此辩论式演讲比一般性的即兴演讲难度更大,更能锻炼演讲者的语言能力以及品德、心理、逻辑、应变等多方面的综合性的能力。

四、演讲的基本要求

(一)演讲要有目的

人类活动的最大特点就是计划性和目的性,任何一次演讲活动的前提是首先要能聚集一群听众,而费时费力地聚集听众一定是为了某个重要而又具体的目的。因此演讲者在上台演讲前首先必须明确自己演讲的目的是什么,是为了说明或解决什么问题而演讲的,而且还应该能预期要达到什么样的效果。明确了演讲的目的,才能确定演讲的主题、演讲的类型和方式。因此,明确演讲目的,是演讲活动最基本的要求。无目的或目的不明确的演讲,是愚蠢的行为,更是一种极大的浪费(可以说是一种犯罪)。比如,有些官僚机构经常莫名其妙地开会,而官员讲话的目的似乎只是为了体验他做官员的感觉,这就是典型的无目的的演讲。

(二)演讲要有内容

演讲作为一种现实的信息交流活动,是演讲者向听众传递有用信息的过程。因此演讲者在明确了演讲目的之后,就要准备为达到演讲目的所需要的丰富的内容材料。演讲最忌空洞说教,演讲者要学会用生动、具体的事例说明问题,如果没有丰富有力的事实材料来证明你的观点,你就达不到演讲的目的。

(三)演讲要有情感

孔子说:动之以情,晓之以理。演讲活动中演讲者既要发表意见又要抒发情感,即既要听众接受自己的思想观点,又要听众接受感动。所谓接受感动,就是听众对演讲者所抒发的情感产生共鸣,进而从情感上接近或接受了演讲者。要感动别人,自己首先要满怀情感,并且要用真情才能感动别人。另外,要晓之以理,也应该以动之以情为先导,当别人从情感上接受了你之后,再去讲道理就会事半功倍、容易得多。

(四)要充分了解听众

演讲者要抱着为听众服务的态度面对听众进行演讲,才容易被听众所接受。既然是为听众服务,就必须了解听众的需要,选择对听众来说合适的话题和方式进行演讲。

了解听众包括以下几方面内容:了解听众的组成、职业、性别、年龄等基本情况;了解听众有什么需求、对什么话题感兴趣;了解听众与自己有什么共同之处;了解听众对其自身当前状态的满意度如何,等等。

了解听众的需要并力图使自己的演讲内容能满足听众的需要,是作为一个演讲者起码的道德,因为你的演讲占用的是听众的时间,你如果不能提供给听众所需要的有用信息,就是在浪费大家的时间。鲁迅先生说:浪费自己的时间等于慢性自杀,浪费别人的时间等于图财害命!

了解听众与自己的共同点,并在演讲时巧妙利用自己与听众的共同点,比如年龄、职业、爱好、母校、祖籍等,以缩小与听众的距离。

而了解听众对其自身当前状态的满意度如何,有利于对演讲内容和方式的选择。因为一般说来,满意度较高的听众乐观、积极,但有可能挑剔甚至高慢,因此选择的话题可以高雅一些,但要注意强调自己的优势以增加说服力;而对自身满意度较低的听众,一般容易被鼓动,但也易产生对立情绪,因而应选择一些实用、实在并具有改变现实意义的话题,同时演讲者应尽量拉近自己与听众的距离,增加亲切感和信任感。

第五讲　演讲准备

一次成功的演讲与很多因素有关,比如演讲者的能力与素质、听众的配合、演讲的内容以及时机、场合等,其中任何一个因素的缺失或不足都有可能导致演讲的失败。演讲者在演讲之前除了要充分估量这些因素之外,最需要下工夫的就是为演讲做好全面而又充分的准备。对于一次重要的演讲(比如演讲比赛)来说,需要做的准备工作主要有:选择适合的主题;广泛搜集说明主题的材料;整理材料写出演讲稿(或演讲提纲);反复演练。

一、演讲主题

演讲主题,即演讲的中心思想,是演讲者演讲的行动指南,是整篇演讲的骨架和灵魂。演讲的目的就是为了向听众讲明这个中心思想,如果没有了主题,演讲就失去了意义。因此每一位演讲者在开口演讲之前,一定要首先明确自己讲话的主题是什么,其次才是该用什么方式、哪些素材来表达、说明这一主题。

一般来说,演讲的主题首先可以从题目中体现出来。因此选择适合的主题就是要拟定一个适合的演讲题目。

(一)演讲题目的作用

1. 概括性

演讲的题目具有概括性,一般从题目能反映出演讲的主题思想、主要内容以及演讲的目的、风格、形式等诸多内容。

2. 指向性

题目也称标题,即题目可以标明演讲的主要特点、类别。比如《我竞选班长》(竞选演讲)、《死亡哲学研究》(学术演讲)、《心底无私天地宽》(思想教育演讲)等。

3. 选择性

由于题目具有概括性和指向性,因此根据题目听众就可以大致判断演讲的内容,并选择去听还是不去听。大学校园里经常会同时出现好多张演讲广告,同学们就是主要通过看题目(有时也会考虑演讲者因素)决定去听哪一场演讲的。

一个好的、有吸引力的题目,不仅能在演讲前给人以急欲一听的强烈愿望,而且在演讲之后,如果成功的话,会给人留下永久性的记忆,甚至可能成为一个名言或警句。比如美国历史上的著名演讲《不自由,毋宁死!》(独立战争前夕,美国杰出的演说家和政治家帕特里克·亨利在弗吉尼亚州议会上的演讲)。

(二)选择演讲题目的原则

1. 演讲题目应该能揭示主题

一个恰当的演讲题目应该是主题(中心思想)的集中体现,是演讲者给全篇演讲树起的一面旗帜。如果题目不能反映演讲的中心思想或基本内容,给人以文不对题的感觉,那不仅让人感觉演讲者文化修养不够,更让人失去了继续听下去的兴趣。演讲题目的确定一般在演讲稿写作之前,但也可以在演讲稿写完之后再修改题目甚至重新命题,以保证演讲稿的内容与题目相吻合。

2. 题目要有时代性

演讲是一项面向大众的现实的信息交流活动,演讲主题应该体现时代精神、符合历史潮流,因此演讲题目应该富有时代气息,能反映当前社会大众关注的热点问题,而不是老生常谈。

3. 题目要有适应性

题目的适应性首先是指适应听众,即演讲的主题要适合听众的需求,这意味着演讲的内容是听众愿意听和听得懂的;其次,题目的适应性是指适应演讲者,即演讲者能胜任这个主题内容的演讲;最后,题目的适应性还可以指适应时机或场合,即演讲的主题内容要与演讲的时间地点相适应。

4. 题目要简明扼要

演讲的题目在足以揭示主题思想的同时应尽量简短,让人一目了然。冗长的题目,不仅不醒目,也不易记,甚至还有可能冲淡主题思想。

(三)演讲题目要有吸引力

演讲题目对于尚未听演讲的观众来说,最主要的作用就是用来激发"听个究竟"的愿望,因此确定一个有吸引力的演讲题目,是演讲获得足够多听众支持的重要因素。增强演讲题目吸引力的方法有:

1. 题目要有新颖性

增强演讲题目吸引力最直接有效的方法就是使用新颖别致的题目,让听众有耳目一新的感觉。这种新颖性常常体现在与惯常的语言及思维习惯不相同或特别新奇的观念。例如:《遇不怀才的时候》、《谈死亡的积极意义》。

2. 题目要有情感性

从某种意义上说,演讲的情感召唤作用的意义比说理作用的意义更大,当一个人被另一个人从情感上征服了以后,思想观点正确与否就显得不那么重要了,或者说他有可能会盲目地追随征服者。因此对于鼓动性的演讲要特别注重情感煽动,并首先要从题目开始。例如:《不自由,毋宁死!》、《永存的慰藉》(纪念蒋筑英)。

3. 题目要有生动性

要增加演讲题目的吸引力还可以使用一些生动、活泼、具体的语言,激发听众的形象思维和想象能力。例如:《高空历险记》、《春暖花开的季节》。

4. 题目要有通俗性

演讲要有吸引力,还应该做到使演讲的题目通俗易懂、一目了然,让听众一眼就能看出主题思想,而不是故弄玄虚、怪僻费解。例如:《五彩石》、《葡萄与大学生》,这样的题目就让人不知道演讲者想讲什么。

二、演讲的材料准备

如果说主题是一篇演讲的骨架,那么丰富的说明主题的材料就是演讲的血肉。占有大量材料可以使演讲真实可信、生动具体。

对演讲高手而言,"5分钟的演讲,2小时的准备",应准备的材料要比实际要用的多20倍,才算得上是有准备的演讲。丰富的材料储备是演讲成功的基础。林肯曾说:"我相信,我若是无话可说,就是经验再多,年龄再大,我也会感到窘困。"这就好比上战场时带了支空枪。准备什么材料、如何准备材料,以及如何处理材料都是值得讲究的。

(一) 准备材料的原则

1. 定向

演讲材料的准备要围绕演讲的主题进行,要注意时间效率,防止盲目和随意。必须把握方向,有计划、有针对性地收集用于说明展开主题的材料。

2. 真实

收集的材料要真实,不能为了追求新颖,而收集那些未经证实、道听途说的虚假材料,只有真实的材料才最有说服力。因此,收集材料时一定要查明出处,确定真实性之后再将之收进可供选择的材料之列。

3. 充分

大量、充分的事实和理论材料是演讲具有说服力和可听性的基础。演讲时既有理论依据、又有事实材料,既有纵向的历史材料、又有横向的比较材料,既有正面经验材料、又有反面教训材料(有时反面材料的触动作用更大),才足以起到动之以情、晓之以理的功效。

4. 新颖

演讲要想吸引人,不仅题目要醒目、吸引人,演讲的内容材料更要新颖、引人入胜,这样才能长时间、有效地吸引住听众。能吸引人的新颖材料大致可以有以下几种:新鲜事;意料之外但又情理之中的事;与大众常识相反的观点;别人想说但不知怎么说、却可以由你非常恰到好处地表达出来的观点,等等。

(二)材料的使用发挥

1. 选择性使用

收集到了大量充分的展开说明主题的材料之后,就要将它们整理归类:哪些是理论材料、哪些是事实材料;哪些用于开头、哪些用于论证说明哪个观点、哪些用于结尾,等等。并且不是要将所有收集来的材料都用上,应只选那些最适合、最有说服力的材料,其他可作为备用材料。当你讲完之后发现还有可用的好材料没来得及讲出来(大有意犹未尽之感),你的演讲才算是成功的演讲,才算得上是真正准备充分的演讲。

2. 创造性使用

演讲使用的材料是信息材料,而信息材料的最突出特点是共享性。别人的好事迹、好思想、好作品都可以成为你演讲的材料,但是一定要创造性地使用别人的材料,尽量用原材料,所谓"用别人的砖,砌自己屋",绝不能生硬照搬别人的现成作品。

3. 熟练性使用

初学演讲者最容易犯的错误就是背材料,生怕漏掉一个好词,结果反而导致卡壳、失败。英国著名前首相丘吉尔在初学演讲时就曾因背演讲稿惨败过。要想很自然地使用收集来的材料,就必须把这些材料融进自己的脑海,变成自己的东西,用自己的语言把它表述出来,千万不能死记硬背。

三、演讲提纲及演讲稿的写作

(一)演讲提纲的写作

提纲式演讲是最常见的演讲。演讲者在准备好素材之后,写出一个演讲提纲,再依据此提纲进行必要的讲前准备,就可以上台演讲了。一般来说,演讲提纲中要列举如下内容:

1. 演讲的题目

根据你演讲的主题思想,选择一个合适的题目。如有副标题也应列出来。

2. 演讲的论点

演讲的中心论点必须明确清晰地列出。一般来说,中心论点有可能就是演讲的题目。再把中心论点所包含的分论点列出,作为整篇演讲的主线索。比如你的中心论点包含三个分论点,那么你的演讲主要内容就是这三个部分。如果分论点下还有小论点则还可以逐一列出。

3.演讲材料的安排使用

演讲材料分理论材料和事实材料。事实材料主要指具体事例、数据等;理论材料包括科学原理、定律、文件精神、法律条文、权威言论等。根据论点论证的需要把相关的理论材料和事实材料用简要的语言标注在论点的下面。理论材料概括性强、有权威性,但比较抽象,事实材料生动具体,能吸引人、能活跃气氛,理论材料和事实材料要结合使用才能收到较好的演讲效果。

4.演讲的整体结构设计

提纲中还应该刻意注明如何开头,如何结尾,重点内容如何突出,如何过渡,结构层次如何安排等内容。

(二)演讲稿的写作

对于正式的演讲比赛,一般要在演讲提纲的基础上再写出详细的演讲稿。首先必须强调的是,演讲稿是用来讲的,因此必须尽量用口语化语言写作,避免书面语,除非是那些人们耳熟能详的成语警句或名人名言。演讲稿的写作一般包括标题、称呼、开场白、正文、结尾几个部分。

1.标题

标题即演讲的题目,它是演讲主题(中心思想)的集中体现。标题好比演讲的"眉目",好的标题有眉目传神的作用,能引起听众浓厚的兴趣,给人留下深刻印象。

根据演讲的主题、基本内容和风格形式,常见的演讲标题有以下几种类型:

①揭示型标题,例如:《心底无私天地宽》;

②象征型标题,例如:《科学的春天》;

③警示型标题,例如:《少壮不努力,老大徒伤悲!》;

④抒情型标题,例如:《我爱你,母亲!》;

⑤设问型标题,例如:《如何赚到人生中的第一桶金?》,等等。

2.称呼

称呼即对听众的称谓。也就是演讲者上台演讲说的第一句话,即打招呼。对听众的称谓一定要与听众的组成人员身份相符合,并且不能有遗漏。常见的校园演讲比赛一般这样称呼听众:尊敬的各位评委,各位老师,同学们,大家好!

3.开场白

开场白即演讲开场的几句话,目的在于引入主题,有时还兼带拉近关系、活跃气氛的作用。

需要说明的是,开场白的写作不一定是在正文写作之前完成,有时是在正文甚至结尾写完之后再来考虑以什么方式开场更合适。

演讲开场白的写作要努力做到别出心裁,才有可能在演讲开始时瞬间牢牢抓住听众的心。常见的演讲开场白有以下几种:

①提问式开场,这种开头方式可以吸引听众的注意力,引导听众积极思考、参与到演讲的议题中来;

②悬念式开场,在开讲时听众毫无准备的情形下突然提出一个悬念,激发听众的好奇心,使听众有急于想听下去的愿望;

③故事式开场,利用故事情节的生动性和趣味性,将听众牢牢吸引住,然后把听众注意力自然而然地引到演讲主题中来;

④开门见山式开场,一开头就直奔主题,不绕弯子,一语破题,这种开头方式有益于突出中心思想,快速到达演讲的中心环节;

⑤名言警句式开场,用听众熟悉的、内涵深刻、发人深省的名言警句,引出演讲的主题思想,这种开头起点高,启发性强,能直接把听众引入深层思考;

另外,还有一些轻松随意的开场方式,比如从演讲的缘由讲起;即景生话式开场;幽默笑话式开场;等等。

4. 正文

正文即演讲展开主题思想的部分,它是演讲稿的主体。演讲稿正文部分的写作应该注意以下几点:

①主题鲜明突出,自始至终围绕一个中心,并要反复加强中心思想,从纵、横、正、反多方面、多角度阐述、论证中心思想;

②内容丰富充实,在论证说理时,除了要有充足的理论根据外,更要有内容丰富的事实材料,一方面是因为事实胜于雄辩,另一方面可以增加听众的兴趣;

③层次分明,演讲稿是用来讲给听众听的,因此,结构和层次不能复杂,一个论点、一个故事(材料)、一段论证互相之间的衔接过渡要自然清晰,层次之间的过渡可用"第一"、"第二",或"首先"、"其次"、"最后"等词语区分;

④精心设计高潮,一篇演讲如果只有上场和下场时有掌声,那一定不能算是精彩的演讲,因此撰写演讲稿时就要考虑在主体部分设置几个思想和情感的高潮,一般可设置在讲述完一个动人的事例后,在概括出精辟结论时出现高潮,也可以通过精心安排结构层次,层层深入,环环相扣,水到渠成地推向高潮。

5. 结尾

演讲稿的结尾,是主体内容发展的必然结果。结尾或归纳、或升华、或希望、或号召,方式很多。好的结尾应收拢全篇,篇末点题;干脆利落,简洁有力,切忌画蛇添足,节外生枝。

(三)演讲稿范文

范文一

在母校八十周年校庆大会上的演讲

邵守义

各位老师、各位校友、各位来宾：

首先请允许我代表离开学校的校友向在校和已离开学校的老师致以崇高的敬意！我也代表"55·7"班的全体同学，向辛勤培育我们的班主任施忠仁老师致以崇高的敬意！

80年前的今天，我们的先辈以一颗培育英才的爱国之心，用自己的智慧、汗水和双手，在美丽的松花江畔创建了吉林一中。历史雄辩地证明：吉林一中不愧是培养人才的摇篮。80年来，在每个风云变幻的历史关头都有我们一中的师生为民族的独立、解放、自由和建设而呐喊的声音、奔波的足迹和英雄的壮举。而在这声音、足迹和壮举中，则浸透了一种竞争精神、向上精神和献身精神，这一切都是值得我们引为自豪并需要我们发扬光大的。

今天，面对我们的老师，我想说几句。教师的工作决定着学生的前途和命运，决定着一些家庭的痛苦和欢乐，决定着祖国的未来和希望。我们的前人已经一代一代地在这里耕耘过了，并且收获了累累硕果。我们每一个有责任心、有事业心的老师也只能以十倍于前人的对祖国对人民的热爱和忠诚，为祖国的四化建设培养出大批的栋梁之才。当祖国振兴之日，我们两鬓生霜之时，自己问心无愧便是人民对我们的最高奖赏。我们的幸福和光荣也在这里！

今天，面对在校学习的校友我也要说几句。你们是祖国的未来和希望。我们的前人已为祖国作出了应有的贡献，为母校争得了荣誉。你们正处在改革的大潮中，不进则退。我希望你们以天下为己任，发奋学习，增长才干，把自己培养成具有多种能力和未来社会所需要的新人。要以一颗赤子之心，用自己的全部才智，永远报效祖国和人民，报效我们可爱的母校。今后不管你在何时何地，你都应该无愧地说："我是祖国的儿女，我是吉林一中的学生！"

各位老师、各位校友、各位来宾，我们的先辈已为我们踏出了一条光辉的道路。现在，一中精神的火炬已经传到了我们这一代，光荣而艰巨的重担压在了各位肩上，让我们继承母校的光荣传统，从前人那里汲取更多的拼搏精神和献身精神，使吉林一中更加兴旺，更加绚丽多姿。让我们所有的校友团结携手，以无限的忠诚和勇气，与我们热爱的母校一起向前迈进吧！

评析:邵守义,我国新时期演讲事业的开拓者,当代著名演讲家,《演讲与口才》杂志创办人、主编。此文是一篇充满激情的校庆演讲,其最显著的特点是情与理的交融。文章以动人肺腑的拳拳之情开篇,以引人思考的凿凿之音结尾。全文以其正确的、深刻的思想和真实的、激扬的情感抓住听众、打动人心、升华感情。情与理的水乳交融,使这篇演讲词有效地展示出强大的鼓动力量,形成使人激动的最佳氛围,最终征服听众,使之奋起行动。

范文二

少点陶醉 多点反省

张亨达

同志们:

陶醉,像一个索命的幽灵,在中国大地上徘徊了上千年,它吞噬着一代又一代中国人的灵魂,是我们中华民族的一条劣根。只有挖掉这条劣根,我们的改革才能成功,我们的球籍才能不被开除。

我说陶醉是我们民族的一条劣根,这是有据可考的。大家知道,"四大发明"使我国一举成为世界瞩目的文明古国。于是,人们醉倒了,大清王朝以为中国才是大地的主人,地处中央,四周不过是猪狗般的蛮夷,就连民族英雄林则徐也说洋人的手和脚是伸不直的。殊不知中国发明的火药,却被英军用来轰开了中国的大门。无数"刀枪不入"的壮士,血染沙场、尸横遍野,也未能阻挡住中国被迫成为殖民地。更可悲的是,前人的血肉之躯,并没有唤起人们的反省。已经进入社会主义的中国人,还躺在"四大发明"的"席梦思"上做着美梦:三年困难时期想到它,十年动乱中忘不了它,经济濒临崩溃时又提到它。倘若倒在洋枪洋炮下的英灵有知,也会为今人流泪的!再有,到北京去的中国人,一经登上八达岭,就觉得扬眉吐气,似乎整个世界都在他的脚下了。于是又陶醉在修筑土城墙的黑头发、黑眼睛、黄皮肤的龙的传人的梦中了。怎知这陶醉中,那黄头发、蓝眼睛、白皮肤的"洋鬼子"已经筑起了一道"电子长城"!陶醉是自我满足的表现,它使人安于现状,不求进取。无疑,它是一杯不能畅饮的鸩酒!

在改革给中国带来一些生机和希望的时候,一些人又开始陶醉起来,上下一片喝彩声,这样好吗?恕我不敢苟同。实践是检验真理的唯一标准。我们正在摸着石头过河。改革的一些方针、政策正在实践过程中,并未得到最后验证,怎么能一味叫好、陶醉呢?少想成绩,多看问题,才能使人睡不着,才有时代的紧迫感。想想吧,为什么中国留不住中国人才,美国却拥有华人高级知识分子10万之众,为什么取得德国哲学博士学位的中国研究生归国后奔波了三个月竟然找不到工作,为什么闽东会有800位教师弃教,百余所学校被迫关门,为什么党内"美食家"日渐增多,"感情投资"禁而不止,为什么一句"海关开闸,香港可以自由去"的谣言,就可以使5万余众大陆公民背井离乡洪水般涌向沙湾,去投奔那个"自由世界"呢,为什么在当家做主的社会主义国家里,就连通货膨胀物价上涨也奈何不得呢?还有,中国外资借贷债台高筑、日货充斥市场等,这些还不足以引起我们反省吗?有什么值得我们去骄傲、去陶醉的呢?

西方人把中华民族叫做现代阿Q。对于这个"美称",难道我们不感到可恶、不感到可耻吗?战后的德国、日本,在一片废墟上崛起,靠的是什么?靠的就是民族耻辱感,在自我反省中一步步登上经济大国的宝座。可以说,我们的改革也是在自我反省中找到一条出路。刚刚有点转机,就昏昏然,陶醉起来,这不是对改革的不负责任吗?陶醉是和政治上的无知、生活上的贫穷连在一起的。我们中华民族不能再为取得一点点成绩,就永无止境地陶醉下去了。再陶醉,就只有等着挨打,就只有等着被开除球籍!

让我们团结起来,根除陶醉,增强反省,埋头苦干,为建设一个民主、自由、富强的社会主义强国而努力工作吧!

评析:这是一篇很有说服力的演讲稿,开篇提出观点,接着依次论证观点。在论证过程中,作者既从纵的方面——中国的历史和现在相延续进行论证,又从横的方面——中国和世界其他国家相对照进行论证。在论证中恰当地选用典型事例,使论证充实不流于空泛。结尾处再以号召性结论收束全文。整篇演讲结构严谨,脉络清晰,文气贯通,气势磅礴,不愧为一篇佳作。

范文三

开进米兰

拿破仑·波拿巴

士兵们!你们像山洪一样从亚平宁高原上迅速地猛冲下来。你们战胜并消灭了一切阻挡你们的敌人。

从奥地利暴政下解放出来的皮埃蒙特,表现了与法国和平友好相处的天然感情。

米兰是你们的,在全伦巴迪亚上空,到处都飘扬着共和国的旗帜。

帕尔玛公爵和莫德纳公爵能够保留政治生命,完全归功于你们的宽宏大量。

号称能够威胁你们的敌军,再也找不到更多的障碍物,可以凭借它们来抵挡你们的勇气了。波河、提契诺河和阿达河不再阻挡你们前进了。意大利这些所谓了不起的堡垒看来都是不堪一击的,你们像征服亚平宁山脉一样迅速地征服了它们。

你们取得这么多的胜利使祖国充满喜悦。你们的代表们规定了节日,以示庆祝你们的胜利,共和国所有的公社都在庆祝这个节日。你们的父亲、母亲、妻子、姊妹以及你们所有心爱的人都为你们的胜利而欢欣鼓舞,他们都以自己是你们的亲人而感到自豪。

是的,士兵们!你们做了许多事情。可是,这是不是说你们再没有什么事可做了呢?人们在谈到我们时会不会说,我们善于取得胜利,却不善于利用胜利呢?后代会不会责备我们,说我们在伦巴迪亚碰上了卡普亚呢?不过我已经看见你们在拿起武器,懦夫般的休养生活已经使你们烦恼了!你们为荣誉而花去的时光,也就是为自己的幸福而花去的时光。总而言之,让我们前进吧!目前我们还需要急行军,我们必须战胜残敌,我们要给自己戴上桂冠,对敌人给我们的侮辱必须给以报复!

让那些准备在法国挑起内战的人等着吧!让那些卑鄙地杀死我们的驻外使节和烧毁我们土伦的军舰的人等着吧!复仇的时刻到了!

但是,要叫老百姓放心。我们是一切老百姓的朋友,特别是布鲁图家族、西庇阿家族和一切我们奉为典范的大人物的后裔的忠实朋友。恢复卡皮托利小山上的古迹,在那儿恭敬地竖起一些能使古迹驰名的英雄雕像;唤醒罗马人,使他们摆脱几百年奴役造成的昏沉欲睡的状态。这些将是你们的胜利果实,这些果实将在历史上创造一个新的时代。不朽的荣誉将归于你们,因为你们改变了欧洲这一最美丽部分的面貌。

自由的、受全世界尊敬的法国人民正在给全欧洲带来光荣的和平,这种和平将补偿它在六年中所忍受的一切牺牲。那时你们回到自己的家乡,你们的同胞就会指着你们说:他是在意大利方面军服过役的!

评析: 拿破仑·波拿巴,法国政治家、军事家。法兰西共和国第一执政者,法兰西第一帝国皇帝。他的军事才能使他成为传奇式的历史人物。他深知士气的重要性,他善于以简短有力的言语,以炽热的感情激励战士们勇往直前,夺取战斗的胜利。这篇演说语言铿锵有力,极有鼓动力量,堪称军事演说之佳作,流传甚广。

四、登台演讲前的准备和演练

对于提纲式演讲一般不需太多的演练,只要对开头、结尾以及中间的一些过渡性语言、动作做一些设计即可登台演讲。而对于正式的演讲比赛,则应进行赛前的充分准备和反复演练。大致有以下准备工作要做:

(一)熟记修改演讲稿

演讲稿写完之后(最好自己写),先要反复大声朗读,不要刻意去背演讲稿,对演讲稿的思想内容应该是在反复练习之后自然而然地烂熟于心。初学演讲者上台最容易出现的问题是,因为机械地背演讲稿,没有真正将演讲的思想内容变成自己的思想,一旦因紧张忘词(甚至有可能是一个无关紧要的修饰词)之后,就出现卡壳,不知如何将思路继续下去;或者,演讲时老是在回忆下一句话是什么,而不是自然地逻辑感强地讲出下句话,这样,即使能完整流利地将整篇演讲稿背诵下来,也会让听众感觉索然无味,因为机械地背诵不可能是真情的流露。

在熟记演讲稿的同时,还要过基本语言关,保证语句通顺流利,对一些拗口的语词可做适当修改和调整,普通话应尽量标准,对读音没把握的字一定要查字典。

另外,要计算出完成演讲所需的时间,如果超过比赛规定的时间,则应缩减演讲稿,如果时间太短则要增补内容。

(二)语言艺术性设计和处理

演讲是"演"与"讲"的结合,讲的内容性固然是首要的,但演的艺术性也必不可少,尤其是对演讲比赛而言,艺术性要求会更高,甚至直接关系到比赛得分和名次。因此,在登台演讲前的准备中,要把对演讲的语言进行艺术性设计和处理作为一项至关重要的工作。

所谓对演讲的语言进行艺术性设计和处理,是指要将演讲稿中的每一句话、甚至每一个字都进行艺术设计和处理。比如,声音的轻重、大小、停顿,音调的高低,用什么样的语气语调、什么样的节奏,配合什么样的表情、动作,等等。尤其要注意表情、动作的自然协调,一定要设计出几个恰到好处的手势动作,特别是在出现高潮的部分要用态势语来加强。

一般来说,演讲比赛一定要充满激情,缺少激情难以打动人,激情不够也很难体现艺术性。因此寻找激情感觉的训练,也应该是演讲前的一个训练内容。

另外还要注意,在进行演讲语言艺术性设计和处理时要把握分寸,不要把演讲稿当成诗歌朗诵来处理。不可否认,在演讲中有时会出现诗一样的语言,但绝不能太多,否则就会给人做作矫情之感。

(三)反复演练

上台前反复演练,不断改进,直到满意为止。演练包括自己练和请他人帮忙练。

自己首先按照设计好的处理方式反复演练,可以对着镜子练,可以录音和录像,从中寻找不足加以改进。

自己练习到一定程度时,就要请老师、同学或朋友来观看你的演练,并请他们提出修改意见。要不厌其烦、反反复复地演练,直到大家都感到比较满意为止。

一般来说,能参加一次正规的演讲比赛,对初学演讲的人来说,是一次非常难得的锻炼机会,只要能认真对待,刻苦练习,无论最后能否取得好名次,都可以肯定的是,自己的演讲能力一定会有一个明显的提高。

第六讲　演讲过程

演讲是一项集思想性和艺术性为一体的现场信息交流活动,演讲者作为活动主体掌控着整个过程。一般演讲的过程可分为三个主要环节,开头、主体和结尾,这三个部分缺一不可,并且每个环节都有其特点和技巧,都关乎演讲的成败或效果。因此,有必要专门就这三个环节一一进行研究和探讨,以期对初学演讲者提高演讲能力有所帮助。

一、演讲开头处理

(一)演讲开头的重要性

俗话说,万事开头难,好的开始是成功的一半。演讲的开头也不例外。演讲开头的重要性,可以从听众和演讲者自身两个角度体现出来。

1. 从听众角度看

演讲者开头的表现,直接决定着听众对他(她)的第一印象。而人与人之间交际的第一印象是非常重要的,几秒钟的时间就有可能决定别人对你是否有好感、对你是否有信任、对你是否有期待。听众的好感、信任和期待对演讲者来说是成功的必要条件。

2. 从演讲者自身角度看

如果能顺利开头,则可以增强演讲者的信心,对演讲的中心主体部分内容的展开起到积极促进作用。

尤其对于初学演讲者,开头是最难的关口,也是最重要的环节。一般来说,在重要的演讲开始的时候,谁都会紧张。有经验的演讲者一般不会让人看出来,并且会在很短的时间内克服掉紧张情绪(一般是变紧张为兴奋,并有利于随后的演讲)。但对于演讲新手来说,紧张的情绪如果控制不好,开场时就是最容易出差错的时候。而由于演讲新手控制能力较差,一旦在开场时出现问题,对随后的演讲会有更大的不利影响。

(二)演讲开头三件事

1. 登台

当演讲者从座位上起来走向讲台时,演讲就开始了。从座位走向讲台的这一段路演讲者一定要走好,因为听众已经开始观察你了,你走路的姿态、快慢、步幅的大小以及你的穿戴、容貌、精神状态等,都已经进入听众的眼帘,初步印象已经有了。

2.打招呼

上台之后开口说的第一句话,就是打招呼,而一声招呼基本上就能反映出演讲者的语言能力。

常见的招呼举例:

"各位评委、各位老师、同学们,大家晚上好!"(校园演讲比赛)

"同学们,我们今天聚集在一起……"

"青年朋友们,今天我们在这里一起庆祝我们自己的节日——五四青年节!"

"同志们、朋友们、父老乡亲们!"

"主席先生,女士们、先生们,下午好!"

"主席先生,尊敬的来宾们,女士们、先生们!"

打招呼要做到热情、自然、放松,同时对听众的称呼要尽量周全,不要有遗漏。这里举一个很特别的例子,斯大林的《最高统帅令》(对空军的演讲)是这样打招呼的:

"歼击航空兵、强击航空兵、轰炸航空兵和侦察航空兵部队的飞行员、领航员、空中射击员、无线电员、工程师、技师、机械兵、军官和将军同志们!"

3.开场白

开场白是演讲者把听众的思想和情感引入演讲主题的一个引子,开场白是演讲开头的重点内容,能否成功顺利地讲好开场白,是演讲者能否在听众面前确立良好的第一印象、融洽相互关系、引起听众兴趣、顺利进入演讲主题的关键。开场白的处理有很强的艺术性。

(三)开场白的处理艺术

1.合适的才是最好的

前面第五讲已经介绍了很多种开场白的类型(在实际演讲活动中要比这些类型多得多),而该选择哪种类型的开场白,却不是件简单的事,这与你演讲的内容、场合、听众以及你自己的语言习惯和能力有很直接的关系。

比如:很重要、很紧急或很严肃的话题,可以直截了当、开门见山;一般增进思想认识观念的演讲可以用提问式开场或从演讲题目说起;要说明一个深刻道理的演讲,可以用故事式开场、名言警句式开场或提问式开场;在一般社交场合的演讲,可以从演讲的缘由说起,也可以即景生话的方式或幽默笑话式开场;在娱乐性场合的演讲,则多采用幽默式开场,不过用幽默式开场的前提是你要有这种幽默的能力,等等。

总之,开场白无定式。开场白可以体现演讲者的语言水平、交际能力、智慧程度等多方面的素质,精心设计合适的开场白,对每位演讲者来说都是十分必要的。

2. 演讲开场白举例

①开门见山式开场白。

例一:林肯在《第二次就任总统的演讲》中是这样开场的:

同胞们:

在第二次就职宣誓仪式上,我不能像第一次那样作长篇的讲话,但简明扼要声明一下,我们今后将要执行的方针,看来是合适的。

例二:恩格斯的《在马克思墓前的讲话》是这样开场的:

3月14日下午两点三刻,当代最伟大的思想家停止思想了。让他一个人留在房里总共不过两分钟,等我们再进去的时候,便发现他在安乐椅上静静地睡着了,但已经是永远地睡着了。

②提问式开场白。

例一:弗雷德里克·道格拉斯1854年7月4日在美国纽约州罗彻斯特市举行的国庆大会上发表的《谴责奴隶制的演说》,这样开场:

公民们:

请恕我问一问,今天为什么邀我在这儿发言?我,或者我所代表的奴隶们,同你们的国庆节有什么相干?《独立宣言》中阐明的政治自由和生来平等的原则难道也普降到我们的头上?因而要我来向国家的祭坛奉献上我们卑微的贡品,承认我们得到并为你们的独立带给我们的恩典而表达虔诚的谢意吗?

例二:一位批评官僚作风的演讲者这样开场:

同志们:

我想问大家一个问题,人是从哪里老起的?是脑、心、腿还是肚皮?我看有的人是从屁股老起的。某些领导不深入实际,整天泡在会海里,坐而论道,屁股可受苦了,既要负担上身的重压,又要与板凳摩擦,如此久而久之,岂不是屁股先老吗?

③故事式开场白。

例一:周光宁《救救孩子》的演讲开场白是这样的:

去年5月24日的《新民晚报》披露了这样一个事实:一个四年级的小学生,每天要带父母亲手剥光了壳的鸡蛋到学校吃。有一次,父母忘了给鸡蛋剥壳,差点憋坏了孩子,他对着鸡蛋左瞅右看,不知如何下口。结果只好原蛋带回。要问他怎么不吃蛋,回答很简单:"没有缝,我怎么吃?"

例二:演讲与口才课上,面对《责任》这个话题,有位同学这样开场:

尊敬的老师,同学们:

我先给大家讲一个真实的故事。有一个公交汽车司机在拉运乘客途中,突然心脏病发作,极度痛苦,公交车面临失控的危险,但他仍坚持着做完了三件事:一是把车慢慢靠到路边;二是用最后的力气拉起了手动刹车闸;三是打开车门,并将发动机熄火,看着乘客一个个都下去了,才无力地趴在方向盘上,再没有醒过来。

④悬念式开场白。

例一:一位教授在给学生作演讲前,从口袋里摸出一块黑糊糊的石头扬了扬说:"请各位同学注意看,这是一块非常难得的石头,在全国,只有我才有这一块。"当同学们都伸长脖子想看个究竟的时候,这位教授才说明,这块石头是他从南极探险带回来的,并开始了他的南极探险演讲。

例二:一位教师在给大学生作题为《路在脚下》的演讲时这样开场:

同学们:

有一位河南大专女生,从三万竞争者中脱颖而出成功走进微软公司的大门,想知道她是怎么成功的吗?

例三:演讲与口才课上,面对《父爱》这个话题,有位同学这样开场:

老师、同学们:

去年夏天,我遭遇了一件令我终生难忘的事(随后讲了一段他与父亲的感人故事)。

⑤幽默式开场白。

例一:胡适在一次演讲时这样开场:

我今天不是来向诸君作报告的,我是来"胡说"的,因为我姓胡。

例二:一位黑人先生面对他的白人听众这样开头:

女士们、先生们:

我来到这里,与其说是发表讲话,还不如说是给这一场合增添点颜色。

例三:1990年台湾影视艺术家凌峰先生第一次参加春节联欢晚会,当时,许多观众对他还很陌生,可是当他说完那段幽默的开场白后,一下子被观众认同,并受到了热烈欢迎。他是这样说的:

在下凌峰,我和文章(另一位台湾歌手)不同,虽然我们都获得过"金钟奖"和最佳男歌星称号,但我以长得难看而出名……一般来说,女观众对我的印象不太好,她们认为我是人比黄花瘦,脸比煤炭黑。

这段开场白给人们留下了非常坦诚、风趣幽默的良好印象。不久,在"金话筒之夜"文艺晚会上,又见他满脸含笑,对观众说:

很高兴又见到了你们,很不幸又见到了我。

观众报以热烈的掌声。至此,凌峰的名字就家喻户晓了。

⑥即景生话式开场白。

例一:当主持人在盛赞了你一番并介绍你上台讲话时,你可以这样接着说:

主持人刚才对我的赞美,好像是我妈妈说过的话。

例二:当你前面一个演讲者的内容跟你的主题有某种联系时,你可以这样开始你的演讲:

听了刚才×××的讲话,我很受感动,它引起了我对×××问题的思考。

例三:某位演讲者参加一个社交活动,上台后这样开场:

我刚才发现在座的一位先生非常面熟,好像我的一位朋友,走近一看,又不是,但我想这没关系,我们在此已经相识了,今后不就是朋友了吗?我今天要讲的就是关于朋友的一个话题。

即景生话的方式还有很多。比如,代表你所属的团体向听众致以问候,谈会场布置,说天气,说此时此刻的心情,等等。

(四)开场注意事项

1. 上台要显自信

从座位站起走向讲台那一刻,就要提醒自己演讲已经开始了。

大步、快速、昂首挺胸、面带微笑、目光坚定地走上讲台,是自信的表现。上台之后不要急于开口(过早开口是慌张的表现),站稳之后,与听众有个短暂的眼神交流再开口打招呼。如果是人多的会场,等待的时间还要稍长一点,等会场趋于安静时再开口。

2. 热情、周到打招呼

打招呼要热情、兴奋、高声、大声地向全体听众打招呼致意,表示你很高兴见到大家,也很乐意发表演讲,这既体现对听众的尊重,也表示对自己将要发表演讲的自信。

打招呼要热情,但也要注意自然,不要过火、做作。

打招呼要周到,即要跟所有在场的人打招呼,称呼时不能有任何类别的人遗漏。

3. 开场白要简短

开场白的作用虽然不少(比如活跃气氛、拉近关系等),但最主要的目的是为了引入主题,因此开场白不宜长,并且尽量不说或少说与主题无关的话。

4. 不要开头就致歉

有不少当众说话者喜欢用这样的话开场:

"我实在不会演讲……"(不会演讲就别讲!)

"很抱歉,我没准备好……"(没准备好你干吗上讲台?)

"我没什么可以说的……"(没什么可说的你还要说?)

"我今天感冒了,嗓子不好……"(你想为自己讲不好找借口?)

一开始就说这类致歉的话是一种很不自信的表现,也是很不负责任的表现,这会使自己的形象大打折扣。

5. 没把握不要用幽默式开场

幽默式开场可以显示演讲者的智慧和自信，也可以融洽关系、缩短距离、制造活跃的氛围，但幽默式开场不是人人都能用好的。现实中我们经常看到这样尴尬的景象：一个当众说笑话的人，讲完笑话后让人感觉"怎么这笑话从他嘴里说出来这么别扭？"其实，说笑话是一种技巧性非常高的语言艺术，不仅要有内在的幽默性格，还要有相当高的语言表演能力。因此，对于不善于开玩笑、语言表现力不高的人，一般不要用幽默式的开场白，否则会适得其反，大杀风景。

二、演讲主体处理

（一）正文处理的基本要求

1. 紧扣主题，语不离宗

演讲的主体正文部分，是充分说明、展开主题思想的部分。初学演讲者最容易犯两种极端的毛病：一是主题思想展不开，由于掌握的素材不够丰富，加之语言的引申扩展能力不够，三言两语就无话可说了；二是搜集的素材与主题思想不吻合，加上语言控制能力不够，致使"开口千言、离题万里"。而第二种毛病的危害远大于第一种毛病。第一种毛病随着演讲的经验积累会逐渐消失，甚至有可能成为一种优势（言简意赅的演讲是很难得的）。而第二种毛病是很难改掉的，特别是如果自己对这个问题没有充分的认识，甚至有可能会愈演愈烈。因此，在对演讲正文进行准备和处理的时候，要时刻提醒自己，这个材料、这段话是有必要的吗，如果不必要就坚决舍去。

2. 条理清楚，层次分明

演讲的中心论点往往是由几个分论点组成，或者说演讲的主体部分一般是由几个分段落组成，每一段落都有一定的思想内容，要达到一定的目的和效果，并且段落层次之间是有逻辑关系的。演讲时一定要让听众听出这种逻辑关系，使各个段落紧密联系成为一个统一的说明中心论点（或主题思想）的整体。演讲语言是口头语言，不像书面语那样段落层次一目了然，因此，演讲中要注意使用层次过渡语言，比如"第一"、"第二"、"首先"、"其次"、"最后"、"另外"、"需要补充一点"、"特别要强调的是"等此类过渡语词。

3. 有张有弛，跌宕起伏

演讲正文部分为了充分说理或详细叙述，往往需要较长的语言来论证或描述，因此容易造成平淡，甚至令听者感到疲劳。因此，在正文的材料处理上和语言的处理上要做到张弛有度、起伏跌宕。具体说，就是在说明问题时既要有概括性的抽象理论，又要有具体生动的事例；善于使用类语言和态势语言，使听众始终处于兴趣盎然的状态。

4. 造成几个高潮

演讲比赛中如果你的演讲全过程只得到两次礼貌性的掌声,即上台一次、下台一次,那你的演讲成绩一定不会很好,也就是说这不是一次精彩的演讲。

要在演讲正文部分想办法设置几个高潮。演讲的高潮是演讲者的思想与情感达到高点并能与听众产生强烈共鸣的时刻。高潮的到来要有一个过程,需要演讲者在思想上一步一步引导、在情感上一步一步感染,最后在某一个关键点上引起共振,迸发出火花,然后猛烈燃烧起来!需要强调的是,高潮的到来一定要有好的内容做基础,光凭语气语调上的高潮,会让人感到突兀和做作;而善于利用语言艺术将思想和情感推向高潮也是演讲者必须要具备的语言能力。

在演讲之前,演讲者必须对正文中的几个高潮点做到心中有数,到达此点时要用语言技巧充分造势,并留足听众鼓掌的时间。演讲中如果能频繁出现听众发自内心的掌声,并且能在最后结尾达到最高潮,同时获得长时间的掌声,那就意味着你的演讲大获成功。

(二) 如何持续吸引听众的注意力

有了好的开头,如果不能持续地吸引听众,演讲主体部分就没有了效果,而让听众接受正文内容却是演讲的主要目的所在。由于演讲主体部分内容较多,听众容易产生疲劳感,进而分散注意力,因此,演讲者要想方设法持续地吸引住听众的注意力,以达到演讲的目的和效果。持续吸引听众注意力的方法有:

1. 始终使自己处于兴奋状态

一个缺少激情的演讲人很难抓住听众的心,只有首先让自己激动起来,才可能激动起别人。演讲中激起人的感情,比引导别人思考所取得的效果更显著,用热情感动听众,听众会自然而然接受感动,进而接受你的观点。

使自己兴奋起来的方法:变上场前的紧张为兴奋,上场前可以自己鼓励自己,并可以学拳击运动员上场前的样子,挥挥拳头,喊两嗓子。

2. 多用生动具体的事例说明问题

演讲材料分理论材料和事实材料两种。理论材料比较概括和抽象,讲多了听众容易疲劳,对有些问题的解决理论材料不可少,但不能多用,在感觉听众有些疲劳时一定要适时地用生动具体的事例来提起兴趣,这样才有可能长时间地吸引住听众。

3. 说话语气语调要富于变化

说话有吸引力的人一定是善于运用类语言的人。在正文部分,如果演讲者的语言缺乏色彩感,语气、语调没有什么变化,平铺直叙地讲,则听众很容易走神,甚至犯困。因此,在演讲的正文部分演讲者在注重内容的生动具体的同时,应该要特别加强语言的艺术性运用,节奏要有快慢变化,声音要有抑扬顿挫。

4. 以真情实感面对听众

要真正吸引住听众,演讲者必须从心灵上将听众牢牢抓住。好的演讲是演讲者与听众真诚的内心交流,如果听众感觉你有半句假话,那你就是再怎么巧舌如簧,也是白费工夫。因此,要以真情实感面对听众发表演讲,才能真正从内心深处感动听众、说服听众,才能长时间地吸引住听众。

(三)展开主题思想的方法

在演讲的主体部分,演讲者的主要目的就是要把主题思想进行扩展和升华。演讲者通过生动的事实和缜密的论理,有逻辑地展开主题思想,让听众在事实和说理面前信服、感动,达到接受真理和感动,并欲付诸实践的效果。演讲实践中常用的展开主题思想的方法有以下几种。

1. 由点及面的扩展

即由某个典型事例推及与其同类的全部或部分事物的性质以扩展主题的方法。从逻辑上说是归纳法。

例:傅缨的演讲《铭记国耻,把握今天》中的一段话:

吉鸿昌高挂写有"我是中国人"标语的木牌,走在一片蓝眼睛、黄头发的洋人群中。正是这千百万个赤子,才撑起了我们民族的脊梁、祖国的希望;正是他们,在自己的"今天",用满腔的热血,冒着敌人的炮火,谱写了无愧于时代的《义勇军进行曲》,才使得我们今天的共和国国歌响彻神州,那么气势磅礴,那么雄壮嘹亮;正是他们,才使得我们今天的炎黄子孙一次又一次地登上世界最高领奖台,并使那音量越来越大,那旋律越来越强!

演讲者以吉鸿昌的那次著名的爱国行为做基点,然后联想到千千万万个爱国者的精神,用"正是这千百万个赤子""正是他们"的提示语,通过三层铺排推进,概括出一代代爱国者的崇高情怀,使单一的事例所体现的思想意义得到扩展和升华。演讲时就能燃起听众爱国的情感之火,产生一定的感召力。

2. 由表及里的深化

即由对一些表面现象的叙述,深化为内在思想或深层含义的表达方法。从逻辑上说是抽象法。

例:孙中山先生在一次演讲中讲道:

南洋爪哇有一个财产超过千万的华侨富翁。一次他外出访友,因未带夜间通行证怕被荷兰巡捕查获,只得花钱请一个日本妓女送自己回家。

日本妓女虽然很穷,但是她的祖国很强盛,所以她的地位高,行动也自由。这个中国人虽然很富,但他的祖国却不强盛,所以他的地位还不如日本的一个妓女。"如果国家灭亡了,我们到处都要受气,不但自己受气,子子孙孙都要受气啊!"

孙中山先生在这里对一个典型材料进行了由表及里的剖析,揭示出国家贫弱人民必受欺凌,"落后就要挨打"的道理,扩展升华了演讲的主题,唤起了听众强烈的爱国之心和强国之心。

3. 由此及彼的引申

即以某一典型事件或自然现象做触发点和媒介来加以引申,联系到另一类相关事物和现象,以此来扩展演讲的主题。从逻辑上说是类比法。

例:一位在中国某医学院任职的美籍教师对他的大一新生演讲时,先讲了一则小故事:

在暴风雨后的一个早晨,一个男人在海边散步,沙滩上有许多被昨夜暴风雨卷上岸的小鱼被困在浅水洼里。忽然,他看到一个小男孩正在捡起水洼里的小鱼,并且用力把它们扔回大海。这个男人说道:"孩子,这水洼里有几百几千条小鱼,你救不过来的。""我知道。"小男孩头也不抬地回答。"哦?那你为什么还在扔?谁在乎呢?"小男孩边扔小鱼边回答:"这条小鱼在乎!这条,还有这条……"

教师讲完了这则小故事,满怀深情地说道:今天,你们在这里开始大学生活。你们每一个人都将在这里学会如何去拯救生命。虽然你们救不了全世界的人,救不了全中国的人,甚至救不了一个省一个市的人,但是,你还是可以救一些人,你们可以减轻他们的痛苦。因为你们的存在,他们的生活从此有所不同——你们可以使他们的生活变得更加美好。这是你们能够并且一定会做得到的。

这位美籍教师在演讲中对一个富有哲理意味的小故事进行了由此及彼的引申,形象地阐发了医学院学生应树立的高尚的职业道德,扩展升华了演讲的主题,使演讲具有一种隽永的感召力。

4. 由陈及新的点化

即套用仿拟一些过去的材料,从中挖掘出具有现实意义的深刻内涵。这也是一种常用的扩展主题的方法。

例:在弘扬爱国主义的主题演讲比赛上,一位演讲者讲述了盼望台湾回归、祖国统一的内容,最后他是这样扩展主题的:

有一位老知识分子病重期间叮嘱自己的子女:"祖国完成统一日,家祭毋忘告乃翁。"这句话比陆游的名句又有了新的内涵。它代表着多少老知识分子的心愿,代表着多少中国人的心愿啊!同志们,朋友们,我们盼望着这一天的到来!这一天一定能到来!(注:陆游名句"王师北定中原日,家祭毋忘告乃翁。"即到了北宋军队夺取中原的那一天,不要忘记把这好消息告诉你的父亲。)

在这里,演讲者对这则典型材料中改过的陆游名句进行了由陈及新的点化,赋予其更深刻的现实意义,把演讲所体现的爱国主义思想感情推向了高潮。

5. 由境及情的交融

即对现实生活中发生的典型事件进行渲染,创设出一种紧扣题旨的境况,并由此触景生情、情景交融,达到扩展主题的效果。

例:胡云龙的演讲《我们的后代喝什么》中的一段话:

德国的亨格尔小姐与同伴来到神往已久的长江三峡游览。一路上,她俩饱览了长江两岸醉人的风光,也深深领略了"中国人"肆意破坏环境的无情。在中国游客眼中,长江竟然无异于一个天然的废物场,滚滚东流的长江"毫无怨言"地包揽了中国游客抛弃的一切:果皮、废纸、饭盒、塑料……作为外国游客,她俩怎么也不忍心这样做,在无法找到垃圾桶的情况下,她俩只好将旅程中的废弃物用塑料袋一一装好,下船前彬彬有礼地请乘务员代为处理。不料,乘务员竟嗤之以鼻,毫不犹豫地把垃圾袋投入长江的怀抱。看到这里,我不由地要问一句:《长江之歌》中描述的"用纯洁的清流浇灌花的国土"和"用健美的臂膀挽起高山大海"的长江,能够挽起它所养育的人们对它一次次无情摧残的重压吗……水对我们人类有恩有情,我们绝不能做出忘恩负义、恩将仇报的蠢事,也不能将我们自己酿成的苦酒逼着我们的后代喝下去,更不能做出杀鸡取卵、贻害子孙的傻事。这是责任!

在这里演讲者通过外国游客在长江三峡的见闻和遭遇,形象地渲染出国人环保意识差的生活图景,由此抒发感慨,引发议论,做到了由境及情,情景交融,情理相生,很好地扩展了演讲的主题。

6. 由抑及扬的反衬

演讲中的高潮常常是升华主题的关键之处,而恰当地运用由抑及扬的反衬技巧,能使集中高潮的情与理的表现更有效果,从而使演讲的主题得到升华。

例:卢国华的演讲《愿君敢为天下先》的高潮部分是这样的:

也许有人说,年轻气盛,不知天高地厚,改革的潮是那么好弄的吗?弄得好,该你走运,福星高照;弄得不好,该你倒霉,身败名裂……我们如果徘徊观望,如果急流勇退,如果不求有功但求无过,如果事不关己高高挂起,如果害怕枪打出头鸟,信奉"人言可畏"的法则,那么,就会被历史所淘汰,被时代所抛弃,被生活所嘲弄。我们只有去无畏拼搏,去大胆开拓,去承担风险,去顽强竞争!

在这里,演讲者逆水推舟,以退为进,先设立一个与结论相反的前提,极力地"抑",再用否定性结论为结论的"扬"蓄势,最后才水到渠成地"扬"起来,这样由抑及扬的反衬,把演讲推向了高潮,使主题得到了升华。

总之,如何扩展升华主题是演讲艺术的一种重要技巧,用好这种技巧,不仅可以使演讲掀起一次次波澜跌宕的高潮,而且还可以使演讲者与听众之间形成时起时伏的和谐呼应、感情共振,增强演讲的感召力、鼓动性和艺术魅力。

三、演讲结尾处理

俗话说"编筐编篓,难在收口","头难起、尾难落"。好的结束语应该既是收锁又是高峰;既水到渠成又戛然而止;既铿锵有力又余音缭绕;既别开生面、不落俗套又自然得体。

(一)演讲结尾的重要性——好的结尾与好的开头同样重要

好的开头目的是要激起听众的兴趣和欲望,而好的结尾则是要让你的演讲被听众牢记并起到支配听众的思想和行为的作用,可以说结尾比开头更难,更需要有艺术性。另外,根据人们的认识习惯,最后的结论往往被认为是最重要、最正确的,所以特别受重视;而在演讲比赛中,结束语的好坏往往是决定分数和名次的关键(就像所有的对技巧性要求很高的比赛项目一样,例如体操、跳水等)。

(二)结束演讲的常用方法

1. 呼吁式结束语

用一些感情激昂、动人心弦的语言对听众的理智和情感进行呼唤,并指明具体的行动方向。

例:在美国独立战争前夕,美国杰出的演说家和政治家帕特里克·亨利的一篇著名演讲《不自由,毋宁死!》的结束语:

"回避现实是毫无用处的。先生们高喊和平! 和平!! 但和平安在? 实际上,战争已经开始,从北方刮来的大风都会将武器的铿锵回响送进我们的耳鼓。我们的同胞已身在疆场了,我们为什么还要站在这里袖手旁观呢? 先生们希望的是什么? 想要达到什么目的? 生命就那么可贵? 和平就那么甜美? 甚至不惜以戴锁链、受奴役的代价来换取吗? 全能的上帝啊,阻止这一切吧! 在这场斗争中,我不知道别人会如何行事;至于我,不自由,毋宁死!"

在校园演讲比赛中,最常见的呼吁式结束语的模式是:

"同学们:让我们……起来,为了……而努力吧!(或者奋斗吧! 等)"

2. 总结式结束语

这种结尾用总结、归纳的语言,对演讲内容和思想观点作一个高度概括性的总结,以起到突出中心、强化主题、首尾呼应、加强记忆的作用。

3. 哲理、名言、诗歌式结束语

这类结束语用精练、优美的语言,对演讲的主题思想作最后发人深省、令人回味或充满美感的升华,可以给观众留下深刻和美好的记忆。

4. 致谢式结束语

演讲作为双向的信息交流活动,是需要听众积极配合的,因此演讲结束时对听众的配合致谢是理所应当的。最后的致谢既能体现演讲者的文明和风度,也可以起到告诉听众演讲已经完毕的作用。

5. 祝贺式结束语

祝贺式结尾一般用于庆典演讲较多,发自内心真诚的祝贺,是增进情感,制造喜庆、祥和气氛的重要手段,用这种方式结束演讲对于渲染喜庆、热烈氛围大有帮助。

6. 幽默式结束语

即用幽默、风趣的语言结束演讲。除了某些较为庄重的演讲场合外,用幽默方式结束演讲可为演讲添加欢声笑语,使演讲更富有趣味,令人在笑声中深思,并给听众留下一个愉快、智慧的印象。

除此之外,结束演讲的方式还有很多,并无固定模式,演讲者应该根据内容、场合、自身能力以及现场的实际情况选择合适的结束演讲的方式。

(三)演讲结束语的四个原则

(1)收拢全篇,揭示题旨;

(2)表达新颖,不落俗套;

(3)铿锵有力,富于鼓动;

(4)简洁明快,耐人寻味。

(四)演讲结束语四忌

1. 忌虎头蛇尾、草草收兵

演讲的结尾要有一定的高度,要尽量将全文的内容升华到新的层次,既能照应开头,总结全篇,又要突出重点,深化主旨,要给听众留下完整而深刻的印象。有的演讲者在演讲中,一开始东拉西扯,海阔天空,不着边际,临近结尾时,不作强调,不作必要的概括,就匆匆忙忙结束,草率收兵,使演讲失掉了应有的光彩。这种结尾是应该避免的。

2. 忌画蛇添足、节外生枝

演讲结尾要出人意料,耐人寻味,而绝不应平庸无奇,画蛇添足。要讲究内容的含蓄、深沉,使人觉得余音绕梁,不绝于耳。演讲结尾该断时,必须断,切忌节外生枝。有些演讲者,该讲的话明明讲完了,听众听上去似乎已经结尾了,但演讲者却又喋喋不休,拖拖拉拉,没完没了地讲下去。比如讲:"前面我说的几点是非常重要的,在此我还想强调一下,再啰唆几句。"这样的话语就是典型的节外生枝。这势必会造成听众心理上的疲劳和精神上的困倦,让听众产生不满甚至反感。

3. 忌冗长拖拉,漫无边际

演讲的结尾要像豹尾一样,干净有力,短小精悍,简洁明快,新颖别致。要以巨大的感染力,使听众情绪激动起来,振奋起来。最忌拖拉啰唆,漫无边际。演讲者有话则短,无话则免。有的演讲者一上台,不管有事没事,一开口就要讲几十分钟,甚至个把小时,没完没了,好像说话的时间越长越能体现自己的级别、水平和存在,而事实上,人人都反感说大话、说长话、说空话、说假话的人。

4. 忌故做谦虚、废话连篇

有的演讲者开始说得不错,但一旦要结尾时就落入俗套,尽说些故意做作的、令人生厌的客套话,其结果,就像使听众吃了一粒发霉的花生,把满口的香味全破坏了。比如:"今天我来到这里,本来是不准备发言的,但主持人一定要我说,我就恭敬不如从命。由于时间关系,本人水平有限,加上没有准备,对情况也不了解,所以就泛泛而谈,随便说说。以上几点不成熟的意见仅供参考,谈得不对的请批评,说得不好的请指正。"这种结尾就是典型的陈旧、庸俗、故作谦虚、废话连篇的套话。是演讲结尾之大忌。

第七讲　演讲训练

演讲是一门实践艺术,演讲能力的提高只有通过经常性的多方面的反复训练,才能逐渐见效。本讲的训练内容原则上不要集中在一个连续的学习时段,而应该把它们分散穿插在其他各讲内容的教学中间(比如每次授课,第一节课是理论教学,第二节课即可进行实践训练教学)。这样既能保证理论教学任务的完成,又能提高学生的学习兴趣,锻炼学生的实际演讲能力。

一、上台说话训练

1. 训练目的

锻炼学生的心理素质,培养自信心理。初学演讲者,要过的第一关就是要敢于站在众人面前说话。通过此项训练,让不习惯当众说话的人学会当众自然流利地表达。

2. 训练方式

全班同学逐一按顺序登台讲话。

3. 训练话题:自我介绍

自我介绍包括的内容可以很多,姓名、年龄、来历、经历、家庭、性格、爱好、优点、不足等。社交中自我介绍的目的在于让对方认识、了解你,特别是认识你的优点和特长,让别人感到你是个值得交往,甚至是可以做朋友的人。

4. 训练要求

如果是初次上台,作为学生对自己要求不要太高,只要能站在台上把自己的主要情况说明白,能让台下的同学听清楚就算成功。

如果是有一定当众说话经验的同学,则可以对自己的要求高一点,尽量多方面地介绍自己的优点和特长,还可以用生动具体的事例来增加听众对你介绍内容的可信度。

二、自选话题说话训练

1. 训练目的

锻炼当众叙事说话、表达思想和情感的能力。努力使用态势语和类语言以提高语言的表现力。

2. 训练方式

全班同学逐一按顺序登台讲话。

3. 训练话题

每个同学提前准备好自己的话题,不限定范围,以自己熟悉擅长的话题为佳。

4. 训练要求

此项训练要求能完整表述一件事情、一个人物或一种思想观念,并要求要有情感色彩,时间在3~5分钟左右。

三、指定内容的演讲训练

1. 训练目的

培养学生的演讲感觉,从经典的演讲词或现代优秀演讲范例中感受到演讲的魅力,并通过模仿练习较好地感受和学习演讲。

2. 训练方式

在训练内容中提供的演讲词范例中,每位同学自选一篇或其中一段,熟记之后登台演讲。

3. 训练要求

要求能够把握原作演讲者人物心理特征和身份特征,要有身临其境感,要把原作的思想和情感"讲"出来和"演"出来。

4. 训练参考内容

范例一

不自由,毋宁死
——在弗吉尼亚州议会上的演讲
帕特里克·亨利

议长先生:

我比任何人更钦佩刚刚在议会上发言的先生们的爱国精神和才能。但是,对同一事物的看法往往因人而异。因此,尽管我的观点与他们截然不同,我还是要毫无保留地、自由地予以阐述,并且希望不要因此而被视做对先生们的不敬。现在不是讲客气的时候。摆在会议代表们面前的问题关系到国家的存亡。我认为,这是关系到享受自由还是蒙受奴役的大问题,而且正由于它事关重大,我们的辩论就必须做到各抒己见。只有这样,我们才有可能弄清事实真相,才能不辜负上帝和祖国赋予我们的重任。在这种时刻,如果怕冒犯别人而闭口不言,我认为就是叛国,就是对比世间所有国君更为神圣的上帝的不忠。

议长先生,对希望抱有幻觉是人的天性。我们易于闭起眼睛不愿正视痛苦的现实,并倾听海妖惑人的歌声,让她把我们化做禽兽。在为自由而进行艰苦卓绝的斗争中,这难道是有理智的人的作为吗?难道我们愿意成为对获得自由这样休戚相关的事视而不见、充耳不闻的人吗?就我来说,无论在精神上有多么痛苦,我仍然愿意了解全部事实真相和最坏的事态,并为之做好充分准备。

我只有一盏指路明灯,那就是经验之灯。除了过去的经验,我没有什么别的方法可以判断未来。而依据过去的经验,我倒希望知道,10年来英国政府的所作所为,凭什么足以使各位先生有理由满怀希望,并欣然用来安慰自己和议会?难道就是最近接受我们请愿时的那种狡诈的微笑吗?不要相信这种微笑,先生,事实已经证明它是你脚边的陷阱。不要被人家的亲吻出卖吧!请你们自问,接受我们请愿时的和气亲善和遍布我们海陆疆域的大规模备战如何能够相称?难道出于对我们的爱护与和解,有必要动用战舰和军队吗?难道我们流露过绝不和解的愿望,以致为了赢回我们的爱,而必须诉诸武力吗?我们不要再欺骗自己了,先生,这些都是战争和征服的工具,是国王采取的最后争执手段。我要请问先生们,这些战争部署如果不是为了迫使我们就范,那又意味着什么?哪位先生能够指出有其他动机?难道在世界的这一角,还有别的敌人值得大不列颠如此兴师动众,集结起庞大的海陆武装吗?不,先生,没有任何敌人了。一切都是针对我们的,而不是别人。他们是派来给我们套紧那条由英国政府长期以来铸造的锁链的。我们应该如何进行抵抗呢?还靠辩论吗?先生,我们已经辩论了10年了。难道还有什么新的御敌之策吗?没有了。我们已经从各方面经过了考虑,但一切都是枉然。难道我们还要苦苦哀告,卑词乞求吗?难道我们还有什么更好的策略没有使用过吗?先生,我请求您,千万不要再自欺欺人了。为了阻止这场即将来临的风暴,一切该做的都已经做了。我们请愿过,我们抗议过,我们哀求过;我们曾拜倒在英王御座前,恳求他制止国会和内阁的残暴行径。可是,我们的请愿受到蔑视,我们的抗议反而招致更多的镇压和侮辱,我们的哀求被置之不理,我们被轻蔑地从御座边一脚踢开了。事到如今,我们怎么还能沉迷于虚无缥缈的和平希望之中呢?没有任何希望的余地了。假如我们想获得自由,并维护我们长期以来为之献身的崇高权利,假如我们不愿彻底放弃我们多年来的斗争,不获全胜,绝不收兵。那么,我们就必须战斗!我再重复一遍,我们必须战斗!我们只有诉诸武力,只有求助于战争之神。

议长先生,他们说我们太弱小了,无法抵御如此强大的敌人。但是我们何时才能强大起来?是下周,还是明年?难道要等到我们被彻底解除武装,家家户户都驻扎英国士兵的时候?难道我们犹豫迟疑、无所作为就能积聚起力量吗?难道我们高枕而卧,抱着虚幻的希望,待到敌人捆住了我们的手脚,就能找到有效的御敌之策了吗？先生们，只要我们能妥善地利用自然之神赐予我们的力量，我们就不弱小。一旦300万人民为了神圣的自由事业，在自己的国土上武装起来，那么任何敌人都无法战胜我们。此外，我们并非孤军作战，公正的上帝主宰着各国的命运，他将号召朋友们为我们而战。先生们，战争的胜利并非只属于强者。它将属于那些机警、主动和勇敢的人们。何况我们已经别无选择。即使我们没有骨气，想退出战斗，也为时已晚。退路已经切断，除非甘受屈辱和奴役。囚禁我们的枷锁已经铸成，叮当的镣铐声已经在波士顿草原上回响。战争已经无可避免——让它来吧！我重复一遍，先生，让它来吧！

企图使事态得到缓和是徒劳的。各位先生可以高喊：和平！和平！但根本不存在和平。战斗实际上已经打响，从北方刮来的风暴将把武器的铿锵回响传到我们耳中。我们的弟兄已经奔赴战场！我们为什么还要站在这里袖手旁观呢？先生们想要做什么？他们会得到什么？难道生命就这么可贵，和平就这么甜蜜，竟值得以镣铐和奴役作为代价？全能的上帝啊，制止他们这样做吧！我不知道别人会如何行事；至于我，不自由，毋宁死！

评析：帕特里克·亨利（Patrick Henry，1736—1799），苏格兰裔美国人。他生于弗吉尼亚，是弗吉尼亚殖民地最成功的律师之一，以机敏和演说技巧而著称。

《不自由，毋宁死》这篇脍炙人口的演说在美国革命文献史上占有特殊地位。其时，北美殖民地正面临历史性抉择——要么拿起武器，争取独立；要么妥协让步，甘受奴役。亨利以敏锐的政治家眼光，饱满的爱国激情，以铁的事实驳斥了主和派的种种谬误，阐述了武装斗争的必要性和可能性。从此，"不自由，毋宁死"的口号激励了千百万北美人为自由独立而战，这篇演说也成为世界演说名篇。

范例二

<h3 style="text-align:center">我有一个梦想</h3>
——在"自由进军"集会上的演说
马丁·路德·金

我很高兴，今天能和大家一起参加这次示威游行。它必将作为美国有史以来为争取自由所举行的最伟大的示威游行而名垂千秋。

100年前，一位伟大的美国人——我们现在正站立在他的灵魂的安息处——签署了《解放宣言》。这条重要法令的颁发，在一直忍受着不义与暴虐的火焰烧灼的千百万黑人奴隶的心中，竖起一座光明与希望的灯塔。《宣言》似令人欢愉的黎明，即将结束种族奴役的漫漫长夜。

但从那时至今,已经有 100 年历史了,可黑人仍无自由可言。100 年后的今天,黑人的生活仍旧悲惨地为隔离的桎梏和歧视的链锁所捆缚。100 年后的今天,在浩瀚的物质财富海洋之中,黑人仍旧在贫困的孤岛上生活。100 年后的今天,黑人仍旧在美国社会的一隅受苦受难,并且发现自己竟然是自己所在国土上的流放者。因此,我们今天来到这里,把这种不体面的身份戏剧性地表演一下。

就某种意义而言,我们是来首都兑现期票的。当我们共和国的"建筑师"们撰写《宪法》和《独立宣言》中的富丽堂皇的篇章时,他们是在写一张"期票",每个美国人都是这张期票的合法继承人。这张期票是一允诺,即所有的美国人——非但白人,还有黑人都保证拥有不容剥夺的生活的权利、享受自由的权利和追求幸福的权利。

但是现在,很显然,就有色公民而论,美国却一直拒付这张期票。美国没有承担如期兑现这张期票的神圣义务。黑人满怀期望地得到的竟是一张空头期票,这张期票被签上"资金不足"的字样。然而我们绝不相信,正义的银行会破产。我们绝不相信,在美国,储存机遇的巨大金库竟会"资金不足"!

所以,我们来兑现这张期票来了,来兑现一张将给予我们堪称最高财富——自由和正义的保障的——期票。

我们来到这个尊为神圣的地点,其又一目的是提醒美国政府,现在是最为紧迫的时刻。现在既不是享用缓和激动情绪的奢侈品的时刻,也不是服用渐进主义麻醉剂的时刻。现在是从黑暗荒凉的深渊中崛起,向阳光普照的种族平等的道路奋进的时刻。现在是把以种族歧视的流沙为基础的美国重建在兄弟情谊般的坚石之上的时刻。现在是为上帝的子孙实现平等的时刻!

如果再继续无视时机的紧迫,就将导致我们国家的不幸。不实现自由与平等,黑人的完全合法的不满情绪就不会平息;令人心旷神怡的金秋就不会降临;炎炎酷暑就不会消逝。1963 年不是尾声,仅是序曲。

如果美国政府继续一意孤行,就会使那些幻想黑人只要发泄一下不满情绪就会满足的人猛醒。在未授予黑人以公民权之前,美国既不会安宁,也不会平静。反叛的飓风将会不断地撼动这个国家的根基,直到迎来光辉灿烂的正义的黎明。

可是我必须向站在通往正义之宫的温暖入口处的人们进一言,我们在争取合法地位的进程中,绝不能轻举妄动。我们绝不能为了满足对自由的渴望,就啜饮敌意和仇恨。我们必须永远在自尊和教规的最高水平上继续我们的抗争。我们必须不断地升华到用精神的力量来迎接暴力的高尚顶峰。

已经吞没了黑人共同体的新的敌对状态令人不解,但它绝不应该导致我们对所有白人的不信任——因为有许多白人兄弟参加了今天这个集会。这就告诉我们,他们已经逐渐认识到他们自己的命运与我们的自由是休戚相关的。

我们不能独自前进。而当我们前进的时候,我们必须宣誓永远向前,义无反顾。有些人向我们这些热衷于获得公民权的人发问"你们何时才会满足?"答案是明确的:只要黑人还是警察的骇人听闻的恐怖手段和野蛮行为的牺牲品,我们就不会满足的。只要我们因旅途劳顿而疲惫不堪,想在路旁的游客旅馆里歇息,或在市内的旅馆投宿而不被允许,我们就不会满足的。只要黑人的基本活动范围还是局限于从一个较小的黑人区到一个稍大的黑人区,我们就不会满足的。只要我们的孩子还是被标写着"只限白人"的牌匾剥夺人格和自尊,我们就不会满足的。只要密西西比的黑人不能参加选举,而纽约黑人的选票还无实际意义,我们就不会满足的,不会的,不会的!除非平等泻如飞瀑,除非正义涌如湍流,我们是不会满足的。

我并非没有留意到,你们之中有些人是从巨大的痛苦与磨难中来到这里的。有些人来自狭小的牢房,还有些人来自那对自由的要求竟会招致迫害的风暴接二连三的打击,竟会招致警察兽行般地反复摧残的地区。而你们却一直富于创造性地、坚韧地忍耐着。那么,就怀着一定能获得拯救的信念坚持下去吧!

回到密西西比去吧!回到阿拉巴马去吧!回到南卡罗来纳去吧!回到佐治亚去吧!回到路易丝安纳去吧!既然知道这种境况能够而且必定改变,那么就回到我们北方城市中的陋巷和贫民窟去吧!我们绝不可以在绝望的深渊中纵乐。

今天,我对大家说,我的朋友们,纵使我们面临着今天与明天的种种艰难困苦,我仍然有个梦想,这是一个深深植根于美国之梦的梦想。我梦想着,有那么一天,我们这个民族将会奋起反抗,并且一直坚持实现它的信条的真谛——"我们认为所有的人生来平等是不言自明的真理"。

我梦想着,有那么一天,甚至现在仍为不平等的灼热和压迫的高温所炙烤着的密西西比,也能变为自由与平等的绿洲。

我梦想着,有那么一天,我的四个孩子,能够生活在一个不是以他们的肤色,而是以他们的品性来判断他们的价值的国度里。

我梦想着,有那么一天,就在邪恶的种族主义者仍然对黑人活动横加干涉的阿拉巴马州,就在其统治者拒不取消种族歧视政策的阿拉巴马州,黑人儿童将能够与白人儿童如兄弟姊妹一般携起手来。

我梦想着,有那么一天,沟壑填平,山岭削平,崎岖地带铲为平川,坎坷地段夷为平地,上帝的灵光大放光彩,芸芸众生共睹光华!

这就是我们的希望!这是我返回南方时所怀的信念!怀着这个信念,我们就能从绝望的群山中辟出颗希望的宝石。怀着这个信念,我们就能变我们祖国的嘈杂喧嚣为一曲优美和谐的兄弟交响乐。有了这个信念,我们就能一同工作,一同祈祷,一同斗争,一同入狱,一同维护自由,因为我们知道,我们终有一天会获得自由。

在自由到来的那一天,上帝的所有儿女们将以新的含义高唱这支歌:"我的祖国,美丽的自由之乡,我为您歌唱。您是父辈逝去的地方,您是最初移民的骄傲,让自由之声响彻每个山冈。"

如果美国要成为一个伟大的国家,这个梦想必须实现。让自由之声从新罕布什尔州的巍峨峰巅响起来!让自由之声从纽约州的崇山峻岭响起来!让自由之声从宾夕法尼亚州阿勒格尼山的顶峰响起!让自由之声从科罗拉多州冰雪覆盖的落基山响起来!让自由之声从加利福尼亚州蜿蜒的群峰响起来!不仅如此,还要让自由之声从佐治亚州的石岭响起来!让自由之声从田纳西州的了望山响起来!让自由之声从密西西比州的每一座丘陵响起来!让自由之声从每一片山坡响起来。

当我们让自由之声响起来,让自由之声从每一个大小村庄、每一个州和每一个城市响起来时,我们将能够加速这一天的到来,那时,上帝的所有儿女,黑人和白人,犹太人和非犹太人,新教徒和天主教徒,都将手携手,合唱一首古老的黑人灵歌:"终于自由啦!终于自由啦!感谢全能的上帝,我们终于自由啦!"

评析:马丁·路德·金(1929—1968),美国黑人律师,著名黑人运动领袖,出色的演说家,被誉为"黑人之音",美国《展示》杂志将他列为近百年世界最具有说服力的演说家之一。其政治主张核心是非暴力主义,一生致力于黑人争取平等权利的运动。1964年荣获诺贝尔和平奖。1968年4月14日被种族主义者刺杀身亡。

1963年8月28日,美国25万群众聚集在林肯纪念堂前,举行了美国历史上最伟大的一次民权集会。马丁·路德·金是这次运动的领导人,在会上,他发表了这篇著名的演说。

全文以号召黑人群众为实现自由与平等,为争取公民权而共同斗争为中心议题,以美国《宪法》和《解放宣言》为依据,猛烈抨击了种族歧视政策。通篇感情激昂,文字优美,文采斐然,气势恢弘。尤其是"我梦想着,有那么一天……"五个排比段使全文更添感情色彩,这深深植根于美国现实土壤中的理想,具体、亲切、令人向往,淋漓尽致地表达了千百万黑人对自由平等、消除种族歧视的渴望。丰富的想象、美好的憧憬,使听众在遐想之后,更增添了为种族平等而斗争的力量。

范例三

打倒战争

克拉拉·蔡特金

劳动人民的妇女们!你们的丈夫在哪儿?你们的儿子在何处?

8个月以来他们就在战场上了。他们——青年人,父母的依靠和希望,年富力强的男人,头发灰白的男子,家庭的养育者们,失去了工作,失去了家庭。他们都穿着各种颜色的军服,蹲在战壕里,奉命毁灭勤勉的劳动所建设起来的东西。

第七讲 演讲训练

已经有几百万人埋葬在万人冢里,成千上万的人躺在野战医院里,有躯体受伤的、四肢残缺的,有眼睛瞎了的,脑筋变坏的,内心充满了恐惧或者精疲力竭卧床不起的。

被焚毁的城市和村庄、被破坏的桥梁、被摧毁的树林和炸烂了的田园,这就是他们的活动留下的痕迹。

无产阶级的妇女们!有人对你们说,你们的丈夫和儿子出去打仗是为了保卫你们羸弱的妇女,保卫你们的孩子和你们的家园。

实际情况怎样呢?在羸弱的妇女的肩上,压着加倍的重荷。你们毫无保障地承担着悲惨和痛苦。你们的孩子忍饥受冻,房东威胁着你们要收回房子,你们的锅灶是冷的、空的。

人们对你们谈过贵与贱之间的伟大友爱,谈到贫与富之间的国内和平。那么国内和平就表现在资本家压低你们的工资,商人和丧尽天良的投机商抬高物价,房东要把你们赶上街头。国家一毛不拔,资产阶级的慈善家煮了给乞丐喝的汤,劝你们节约。

给你们带来如此可怕灾难的战争的目的究竟是什么?

有人说:这是幸福,是保卫祖国。

祖国的幸福是什么?

战争使千百万人成为死尸、残废、失业者,成为乞丐、寡妇和孤儿,这难道就是千百万人的幸福吗?

谁危害着祖国的安全呢?难道是那些在我国边界之外,穿着另一种军服的人吗?他们也跟你们的丈夫一样,不愿意打仗,也不知道他们为什么要杀害他们的兄弟。不!危害祖国的是这样一些人,他们从广大群众的痛苦中积累财富,把他们的统治建立在压迫的基础上。

战争对谁有利?

只对每个国家里的一小撮人有利。

对制造枪炮、装甲钢板和鱼雷艇的工厂主,对造船厂老板和军需品供应商有利。他们为了利润,在各国人民中间煽动民族仇恨,引起战争。

战争的目的并不是要保卫祖国,而是要扩大国家的领土。资本主义制度所以要这样做,是因为没有人剥削人、人压迫人的现象它就不能存在。

到现在为止,你们为了你们的亲人而忍耐着,现在必须为你们的丈夫,为你们的儿子行动起来了!

你们要在统一的意志、一致的行动里团结起来!

各国劳动人民是兄弟般的人民。只有人民的统一意志才能阻止屠杀。

打倒战争!向社会主义前进!

评析：克拉拉·蔡特金，国际社会主义妇女运动领袖之一。生于德国萨克森。1878年加入德国社会民主党。1889年积极参与第二国际的筹备工作，当选为书记之一，后来成为"左派"领导人物。

这篇演说是揭露帝国主义战争给妇女带来深重灾难的名篇。演说者把战争灾难展现在妇女眼前，无情地揭穿了"保卫祖国就是幸福"的谎言，号召妇女为了丈夫，为了儿子，行动起来，反对战争。演说者能站在劳动妇女的立场上，用恳切的言辞打动她们的心灵，唤起她们的反抗，具有极强的感染力和号召力。

范例四

<h3 style="text-align:center">为了我们的父亲</h3>

沈 萍

同学们，你们见过青年画家罗中立的油画《我的父亲》吗？如果见过，还记得这位动人的中国老年农民的形象吗？让我们再看一看这张油画，再看一看我们的父亲吧！这是一张忠厚善良、朴实慈祥的老人的脸，在那一道道深深的皱纹中，仿佛隐藏了一生的艰辛，眼睛有些昏花，但却安详，没有悲哀和怨恨，有的却是无限的欣慰和期望。你看，他这双勤劳的大手，青筋罗布，骨节隆起，虽然粗糙得像干枯的树皮，但却很有力量。他把自己一生的精力和满腔心血都交付给了我们祖祖辈辈劳作生息的土地，交付给了正在成长发育的儿女子孙。他已经到了安度余生的晚年，却仍然头顶烈日，在田里耕作，用他仅有的精力，换来背后的满场金谷。他勤劳一生，创造了生活的一切，编织着美好的未来。

面对这样一位父亲，怜悯、同情、崇敬、热爱，万般思绪，一下子在我心头翻滚起来。特别是父亲那双欣慰、期望的眼睛，深深地印在我的心上。他为什么在历尽人间忧患之后，却感到无限的欣慰呢？在为时不多的晚年，他还热烈地期待着什么呢？

在去年夏天的一个中午，我去书店。那天天气非常热，我身上穿着清凉的夏装，走在林荫路上，我忽然看见马路上一位老人推着一车钢筋，正在艰难地行走着。重载使老人不得不把自己的腰深深弯下，太阳烤着老人紫红色的脊背。老人的脸上、背上淌着汗水，在他前面，路是慢上坡，老人咬紧牙，非常吃力地推着车。我赶忙跑过去，帮着老人把车子推上坡。老人抹了把汗水，喘息着向我道谢。当他看到我胸前佩戴的校徽时，眼睛一亮，露出了赞许、期望的目光。他满脸笑容，欣慰地说："孩子，好好念吧！我也有一个孩子，和你一样上大学。"看着满车的钢筋，老人弯曲的脊梁、满脸的汗水和欣慰的笑容，听着老人这亲切的嘱咐，我的眼泪一下子涌了出来。

此刻，他的孩子也许正在舒适的宿舍里午休；也许正在清凉的大学教室里读

第七讲 演讲训练

书;也许也和我一样,正走在林荫路上。但是,我不知道他是否想到这位在酷日下推车的父亲。苍老的父亲顶着烈日推车,却让自己的子女坐在清凉的大学教室里学习,这是为什么呢?我想答案就在父亲那欣慰的笑容和期待的目光里。他的期望就是让我们用现代科学知识武装起来,走出一条与他们完全不同的崭新的生活道路。这是老一辈的希望,不也是祖国和人民的希望吗?

大家都知道,在我们国家里,如今培养一个大学生需要五个农民一年的劳动。可是,当我们戴上校徽的时候,当我们领取人民的助学金的时候,有谁想到我们的父亲,又有谁想到了工人、农民?想想吧!同学们,是人民用汗水养育了我们!实现四化、振兴中华,这是人民对我们的期望,也是时代赋予我们的光荣使命,更是我们每个大学生的职责。

同学们,我们应该牢记父辈的欣慰笑容和期待的目光。当我们埋怨祖国的贫穷和落后,羡慕舒适安逸的生活的时候,当我们逃避学习的艰苦,随便浪费大好时光的时候,当我们为个人的得失和苦恼迷失前进的方向和道路的时候,父辈期望的目光将像皮鞭一样,狠狠地鞭挞我们的无知和糊涂、懒惰和轻浮、私欲的污染和灵魂的癌变。让我们在鞭挞中清醒,在鞭挞中立志,在鞭挞中不懈地追求和勇敢地登攀吧!父辈欣慰的笑容和期望的目光,应该像光芒四射的明灯,永远照耀在我们的心头。在它的照耀下,我们不仅会看到青春的可贵和美好,更能看到生活的快乐和幸福;在它的照耀下,我们不仅会看到前进的道路和方向,更能看到自己的使命和责任;在它的照耀下,我们更加清楚地看到自己、认识自己、掌握自己,使自己像父辈那样做事业的战士和开拓者。

革命先烈李大钊说:"无限的'过去'都以'现在'为归宿,无限的'未来'都以'现在'为渊源。'过去'、'未来'的中间全仗有'现在',以成其连续,以成其永远,以成其无始无终的大实在。"这话说得多好啊!革命先烈和我们的父辈英勇奋斗,苦而无怨,为的是我们年轻一代。实现四化,振兴中华靠的是我们年轻一代。我们是承前启后的一代,我们是继往开来的一代。革命先烈和我们的父辈用筋骨和鲜血凝成的精神财富,要在我们这一代人身上,化做永不枯竭的前进力量。

好好学习吧,同学们!

为了祖国,

为了人民,

为了我们的父亲。

评析:本文曾获大学生演讲赛一等奖。本文立意高远,角度新颖;内容深刻,分析透彻;感情真挚,以情动人;语言凝练,富有文采。从父亲谈起,然后生发开去,联想到千千万万个工人、农民——我们民族的父亲。从油画开始,引入正题,新颖独特。通过感人的分析,不仅赞美了我们民族的脊梁——以父亲为代表的人民,而且告诫新一代大学生应该不负众望,为父亲、为人民而努力学习,用双手建设起父亲梦想的乐园。这样大大加强了演讲的思想容量和逻辑力量。另外,本文语言有如散文诗一般的音乐美,演讲起来既优美又动人。

范例五

生活,让我懂得感恩父母

(网络佚名作品)

尊敬的老师,亲爱的同学们:大家好!

今天,我演讲的题目是:生活,让我懂得感恩父母。

无论你身处何地,有两个人,他们始终占据着你心中最柔软的地方,他们愿意用自己的一生去爱你;有一种爱,她让你肆意索取、享用,却不求你任何回报……他们是谁?他们就是我们的父母。

我出生在一个幸福的家庭,在蜜罐中长大,所以,我感觉不到父母之爱的特别,甚至有时还会抱怨父母。但当我耳闻目睹了一些事,让我的心灵触动了,震撼了。

2008年5月12日,汶川发生了大地震,有一位母亲,救援人员在废墟中发现她时,她已经死了,是被压死的。透过间隙可以看见她死亡的姿势:双膝跪着,整个上身前伏着,双手用力支撑着身体。在她身下躺着一个3~4个月大的孩子,因为有母亲身体的保护,毫无损伤,抱出来时还安静地睡着……医务人员解开包布,准备给婴儿做检查时,发现里面有一部手机,手机屏幕上留着一条短信:"亲爱的宝贝,如果你能活着,一定要记住:妈妈爱你!"看惯了生死离别的医生,此时此刻也忍不住落下了眼泪……这是一种多么伟大的母爱啊!她永远把孩子摆在第一位,为了孩子,愿意付出一切,包括生命!

在我们的一生中,父母的关心和爱护是最博大最无私的,父母的养育之恩,是永远也说不完,道不尽的:吮着母亲的乳汁离开襁褓;揪着父母的心迈出了人生的第一步;在甜甜的儿歌中酣然入睡;在无微不至的关怀中茁壮成长;在父母多少个不眠之夜中熬过病痛;从父母粗糙的手上接过学费……这许许多多比天高,比地厚的恩情,我们体会到了多少?报答过多少呢?

有个男孩,从小与母亲相依为命,母亲得了严重的风湿病,但为了孩子能安心学习,始终隐瞒着病情,不住院治疗,每天起早贪黑地摆地摊挣钱。终有一天,母亲撑不住倒下了。为了母亲的医疗费,这孩子瞒着母亲放弃了上省重点高中的机会,选择了学费低的市重点高中,而且还利用课余时间去工地当搬运工。甚至偷偷地为母亲献血,输血量从200cc增加到400cc,到如今已为母亲输过8次血。滴水之恩,当涌泉相报。何况父母为我们付出的不是"滴水",而是"汪洋大海"。为什么这男孩会想方设法报答母亲,因为他记住感恩。

是的,感恩是不能忘记的,常怀对父母的感恩之心,因为他们为我们整天奋力地工作;常怀对父母的感恩之心,因为他们为我们没有一丝的空闲;常怀对父母的感恩之心,因为他们为我们奉献了青春;常怀感恩之心,因为他们为我们付出了所有的心血。小时候,我总是把父母的关心呵护当做是天经地义的,因为我不了解,也不知道父母的辛苦,现在我长大了,我知道怀着一颗感恩的心去体谅父母,应该担当起照顾、孝敬父母的责任。

同学们,让我们学会感恩父母吧!用一颗感恩的心去对待父母,用一颗真诚的心去与父母沟通,不要再一味地索求父母的付出。岁月悠悠,永远不变的是,父母对我们的爱和我们对父母的爱。感恩父母,用我们的一生去爱我们的父母吧!

谢谢大家!

范例六

青春的使命

(网络佚名作品)

同学们:

青春是什么?难道是携子之手、浪漫而温馨地漫步于桃红柳绿之中吗?难道是把头发染成五颜六色、在大街上旁若无人地大跳千奇百怪的街舞吗?难道是无休止地泡吧、疯狂地蹦迪吗?有些人一直在成长的十字路口徘徊。但是,我要问:难道青春仅仅就只剩下这些了吗?青春可以是远大的志向和崇高的理想;青春还可以是面对峰回路转,披荆斩棘,举步探索的毅力。

时光的老人又一次送来了五月,迎来了又一个"五四"青年节。在这又一个阳光灿烂、安宁祥和的日子里,我不禁想起了那些曾为中华民族的民主、科学、独立而抛头颅洒热血的青年们,是他们,在民族遭受屈辱的时刻挺身而出,以力挽狂澜之势救黎民于苦难。在斗争中,青年们敢于直面惨淡的人生,敢于正视淋漓的鲜血,他们以燃烧的激情和鲜血凝聚成精神的火炬,点燃了未来。这种青春是多么绚丽夺目呀,这种使命是多么震撼人心啊!

青春是美好的,没有使命感的青春便是贫血的青春。青年是祖国的未来,是民族的希望。在任何一个时代,青年都是社会上最富有朝气、最富有创造性、最富有生命力的群体。我们要怎样才能实践自己肩负的历史使命、怎么样才能使自己的青春光彩照人呢?

放眼看吧,在我们社会主义现代化建设的征途中,涌现出许多新时代青年的楷模。从伟大的共产主义战士雷锋到以服务祖国需要为乐的王杰,从自学成才的张海迪到科技创新的秦文贵……他们在平凡的岗位上,用五四精神诠释了青春的使命!演绎了一幕幕惊天动地的现实话剧!谱写了一曲曲壮丽雄浑的青春赞歌!

作为新世纪的青年人,我们要树立远大的理想。人的一生只能享受一次青春,当一个人在年轻时就把自己的人生与人民的事业紧紧相连,他所创造的就是永恒的青春。我们要坚持勤奋学习,立志成才。21世纪,信息交流日益广泛,知识更新大大加快。形势逼人自强、催人奋进。我们要跟上时代步伐,要更好地为现代化建设贡献力量,就必须学习、学习、再学习,打下坚实的知识功底。在学习中,还要善于创新,善于实践,善于把所学的知识运用到改造主观世界和客观世界的活动中去,不断进步。同时我们应树立正确的世界观、人生观、价值观,努力培养良好的品德,提高综合素质,完善人格品质,做有益于祖国和人民的人。

国家的繁荣富强,人民的富裕安康,社会主义制度的巩固和发展需要几代人的共同努力。艰苦能磨炼人,创业能造就人,青年一代的我们,只有做到艰苦奋斗,才能顺应时代发展的潮流,才能真正地做到把个人的前途和命运与国家、民族的前途和命运紧密相连,为祖国奉献青春!这是当代青年最嘹亮的口号,我真心地希望,这不仅仅是口号,更是我们青年一代的旗帜!

生命对每个人只有一次,而青春则是这仅有的一次生命中最易逝的一段。我坚信:流星虽然短暂,但在它划过夜空的一刹那,已经点燃了最美的青春。让我们肩负起历史的使命,让身体里流淌的血液迸发出激情!让我们都做夜空下那颗闪亮的星星!

少年强则国强,少年独立则国之独立。振兴国家,匹夫有责,同学们:赶快行动起来,为我们美好的明天——努力学习吧!

范例七

我们只有这辈子

(网络佚名作品)

各位朋友:大家好!

许多人都在期盼将来,许多人都在憧憬后世。甚至还有人迷惑于生生世世、世世代代。但残酷的现实是:我们只有这辈子。

最无忧无虑的是孩子们,他们本该好好玩就是了,但他们偏不,天天盼长大,想独立,想说了算。殊不知长大以后,有那么多艰难,有那么多责任,哪有心情再玩。

端着铁饭碗、守着大锅饭的人们,也一度悠闲自得,他们只要做好本职工作就行了,可他们也不,他们不钻研技术,不经心业务,晚来早走混日子,街长巷短侃大山。下岗、离职才发现,身无一技之长,后悔当时为什么不珍惜时光多学点东西。

我们学生也算幸福一族,有人教学,有人供养,我们只要学好功课就是了。"书中自有黄金屋,书中自有颜如玉。"可是却有不少学生不那么安分,或者旷课,或者逃学,或者谈恋爱,或者盼着早早工作。结果是学业不成,事业也不成,即便拿到一个毕业证,因为能力不足,也成了废纸。早知毕业证也会变成待岗证,学习怎么也该努力一些。

那些在岗的总经理、董事长以及各级政府部门的领导们,堪称是最优越的一族。他们有责,更有权,还能忙里偷闲。他们的工资含金量也不一般,一抵二,一抵三,甚至一抵一百。他们只要认真负责,为这个群体多谋利益,为自己的事业添砖加瓦也就是了。但颇有一些在位的人不以为然,他们花天酒地,飞扬跋扈、滥用职权,甚至贪污腐败。等到双规了,蹲班房了又后悔,当初怎么就不能兢兢业业,勤政廉政地做好一方工作。

至于一些闲云野鹤类的人物,或抱着各种宗教信仰的人们,他们更多地在为转世和轮回下工夫,以致能把今世看淡了。

人们的不安分,人们水涨船高似的欲望,无底洞般的奢望,使人们常常忽略了眼前最值得珍惜的一切。其中有学习的机会,工作的机遇,亲情友情中的缘分等。许多人都在想,等下辈子我一定要好好学习,勤奋工作,把事情做得完美和成熟一些。但可惜的是,到哪找下辈子?即便真的转世了,也不会再是今天的你。所以无论你、无论我、无论他,我们只有这辈子。

这辈子有多长?按目前的科学上限,不过一百五十岁。而实际上,百岁老人已很荣光。而且生命有质量,各个年龄段的光芒相差甚远。人在二十岁和在六十岁,你会以为不是一个人。无论从外表、从思维、从行为方式,反差都会很大。我们可以把最灿烂的那部分称为有效生命。去掉幼稚的年代,去掉过熟的年代,风光无限的年华也就那么一段段。

聪明人,一定是珍惜今天的人。他们会抓住现实的分分秒秒,而不是追逐遥远的虚无缥缈。该学习的,他们会虔诚学习。该工作的,他们会认真工作。该关注的亲情、友情,他们也一定会万分投入。如此,在真实可靠的这辈子,他们有耕耘,也有收获,至少不会因虚度年华而悔恨。

实际上,我们真的懒不得,等不得,荒废不得。每一分有每一分的价值,每一秒有每一秒的意义。学习、工作之余,可以玩耍、可以潇洒,但更要奋发向上。下辈子有,下下辈子还有,但那属于我们的儿孙。属于我们的,只有这辈子。

谢谢大家!

评析:范例五、六、七三篇演讲稿都是大学生们的演讲习作,文章都不太长,比较适合作为同学们课堂演讲训练的材料。

四、即兴演讲训练

(一)训练目的

训练思维的敏锐性,以及即兴演讲的能力。

(二)训练方式

教师可以事先准备好各类话题,并编上题号,学生登台后抽号,根据抽到的题号确定即兴演讲的话题,并要求学生在短暂准备后发表演讲;也可以由老师直接点某位同学上台,并根据学生的实际情况,选择合适的话题让学生作即兴演讲。

(三)训练要求

要求立意新颖,主题明确,快速成文,语言清晰、流畅。

(四)训练参考内容

1. 发散性思维训练的即兴演讲

(1)请快速说出红砖的5种以上用途。(其他同学再次抽到第一题时可将红砖用"玻璃杯"、"钢笔"、"衬衫"、"锅铲"、"牙刷"等物品取代。)

(2)选择下面一组词作即兴讲话,讲话中必须要有词组内的三个词。

A. 改革 发展 安定

B. 失败 气馁 危险

C. 动力 毅力 能力

(3)演讲语言追求新颖独创。请给下列本体想出尽可能多的喻体。

A. 他面黄肌瘦,像……

B. 车子慢得就像……

C. 澡堂里挤得就像……

D. 天热得就像……

(4)请你以"假如我是××"为题作即兴演讲。

提示:题目中的××可以是校长、老师、父母,也可以是其他人。

(5)下面是一组逆向思维题目,从中选择几题,分别准备五分钟,然后作即兴演讲练习。

① 言多未必就失语 ⑥ 就是要这山望着那山高

② 铁杵何必磨成针 ⑦ 移山莫如搬家

③ 有志未必事竟成 ⑧ 后悔来得及

④ 弄斧必到班门 ⑨ 不知足者长乐

⑤ 学海无涯巧作舟 ⑩ 怀才不遇

(6)一口气说出尽可能多的形容"笑"的词。(例:微笑、苦笑……)

2. 形象性思维训练的即兴演讲

(1)"洁白的雪花飞满天,白雪铺盖着我的校园。漫步在这小路上,脚印留下一串串。有的直,有的弯,有的深,有的浅。朋友啊,想想看,道路该怎样走。洁白如玉的大地上,该怎样留下脚印一串串。"

以上是题为《脚印》的歌词,请联系实际,作即兴演讲。

(2)请以"我想点支歌……"为题,作即兴演讲。

提示:这支歌,可以点给爸爸、妈妈、老师、同学……演讲内容和语言表达都要充满感情。

(3)请你设想一下,同学们在毕业多年之后再相聚的情景,发挥你的想象力,以"二十年后再相聚"为题,作即兴演讲。

(4)新年即将来临,为了慰劳辛苦了一年的员工们,公司在某酒店摆了几桌酒席。你作为公司的总经理,你的祝酒词是……

(5)感人的歌声留给人的记忆是长远的,无论哪一首激动人心的歌,最初在哪里听过,那里的情景就会深深留在记忆中。环境、天气、人物、色彩,甚至连听歌时的感触,都会烙印在记忆的深处,像在记忆里摄下声音的影片一样。请以"留在我心中的歌"为题,结合自己的生活实际作即兴演讲。

(6)以"小草的赞歌"为题作即兴演讲。

3. 逻辑性思维训练的即兴演讲

(1)俗话说,有钱能使鬼推磨。在这里,金钱似乎是万能的。但是,也有人说,钱可以买到房子,却买不到家;钱可以买到珠宝,却买不到美;钱可以买到药物,却买不到健康……对此,你有何想法?请自拟题目演讲。

(2)请你谈谈自己对现在社会上一些"金钱万能"、"一切向钱看"的风气的看法。

(3)美国著名企业家安德鲁·卡耐基在其著作《成功之路》中有这样一则小故事:

一英国鞋厂推销员与一日本鞋厂的推销员同时到达太平洋某岛国推销产品。他们抵达后不久,都向自己的上司拍了电报。前者的电文是:"此地人均不穿鞋,故产品无前途,本人即回。"后者的电文是:"此地人均光脚,亦无穿鞋历史,产品潜力极大,拟常驻此地。"

请就此题材,谈你的看法。

(4)"勿以恶小而为之,勿以善小而不为"这话很有道理,请你以此为题,结合生活实际,作即兴演讲。

(5)有人说:"革命战士一块砖,哪里需要哪里搬",又有人说:"不想当元帅的士兵不是好士兵",你认为这两种观点哪个对哪个错?或者认为两者都对,或两者都错?为什么?

(6)曾有某杂志进行过一次问卷调查,题目是"谁是你最崇拜的男子汉"。答卷统计结果中学生最崇拜的前10位男子汉依次是:周恩来、爸爸、毛泽东、郭富城、自己、秦始皇、诸葛亮、黎明、李嘉诚、鲁迅。

你的看法呢?请你准备10分钟,以"我心目中的男子汉"为题作即兴演讲。

4.综合性训练的即兴演讲

(1)运用散点连缀法,分别将下列词语连缀起来,赋予它们深刻而新颖的主题。
①小草 大树 土地 阳光
②时间 书籍 生活质量 工作
③历史 现实 过去 未来

(2)"有父子二人,居山村,营果园。父病后,子不勤工作,园渐荒芜。一日,父病危,谓子曰:园中有金。言迄而逝。子翻地求金,无所得。甚怅然。而是年秋,园中葡萄、苹果之树皆大丰收。子始悟父言之理。"

以上是一篇文言文小说,请你把它扩展成一篇故事,然后用普通话讲给同学们听。

(3)一棵老树上攀绕着紫藤,茂盛极了。忽然,一阵狂风吹来,老树被刮倒了。不多久,紫藤也蔫了、死了。

读了这个材料,你受到了什么启发?请谈谈自己的感想。

(4)下面是一组需要展开联想的题目,请你选择几个,分别准备五分钟,然后作即兴演讲:
①由时钟想到的
②夕阳红
③粉笔的品格
④望星空
⑤根的联想
⑥我爱蜜蜂

(5)请分别以下述某则"物语"为生发点,结合生活中的某些现象,谈谈自己的感想。

鸟:笼子即便是金的,也不如没有的好。

虾:哈哈!你们怎么都倒着走哇?

蚕:埋葬自己的,往往正是自己。

冰:是我改变了水柔弱的形象。

锁:在强盗眼里,我是不存在的。

上帝：不是我创造了人，而是人创造了我。

彩虹：我七色的光彩，来自那最普通的阳光。

竹笋：越成长，便越要虚心。

铅笔：错了怕什么？有橡皮呢！

骆驼：眼中的沙漠算不了什么，重要的是心中要有绿洲。

燕子：只有经过艰苦的跋涉，春天才会永在身边。

兔子：唉！我熬红了双眼也没想出对付豺狼的办法来。

柳枝：就是把我倒着插，我照样能长成大树。

昙花：人们都说我很美，是因为我的生命很短暂吗？

百灵：学习百鸟的歌声，谱写自己的旋律。

窗户：我的原则是该开的时候开，该关的时候关。

镜子：只有看得起我的人，我心里才会装着他。

荆棘：玫瑰不也有刺吗？

玉米花：若没有了压力，我才懒得开花呢！

放大镜：在我眼里，芝麻便是西瓜。

凸透镜：把力量凝聚在一点，便能获得成功。

啄木鸟：真挚的爱，往往是残酷的爱。

含羞草：什么时候才能勇敢地向人们证明自己的美丽呢？

(6)相传佛祖释迦牟尼曾经用这样的问题考问他的弟子："一滴水怎样才能不干？"弟子冥思苦想，谁也回答不上来。是呀，一滴水太微不足道了，一阵风就能把它吹干，一撮土就能把它吸干，怎么会不干呢？最后，佛祖告诉弟子："把它放到江、河、海洋里去。"

根据上述材料，谈谈你的认识。

第三篇 口才

第八讲　社交口才

社交,即社会交往,是指社会中人与人的交际往来,是人们运用一定的交际工具传递信息、交流思想,以达到某种目的的社会活动。

社交是人的社会性本质的重要体现,是社会人的生存方式。人与他人的交往是人作为社会人的生存需要,人若没有社会交往就失去了作为人的社会性本质,人若缺少社交就会失去很多成才和成功的机会。

美国著名的人际关系学大师戴尔·卡耐基说:"一个人事业上的成功,只有15%是由于他的专业技术,另外的85%要依靠人际关系、处世技巧。"而口语才能是社交的主要工具,掌握社交口语的基本原则和实用技巧,对于即将走向社会的大学生们是非常必要的。

一、现代社会交往的特点和原则

现代社会,经济和社会环境的快速变化使得人与人之间的交往日益频繁和广泛,社交活动对我们每一个人来说都显得更加重要,因为我们只有不断地与各类人员进行交往和信息沟通,才能不断地丰富自己、发展自己,才有可能在激烈的社会竞争中谋得自己的一席之地。认清现代社会交往的特点,遵循现代社会交往的基本原则,是熟练掌握和运用社交口语实用技巧的前提。

(一)现代社会交往的特点

1. 注重实际

社交是人与人之间一种有目的的社会活动,社交的目的性是多方面的,传递信息、沟通情感、建言献策、统一协调、树立组织或个人形象、提升组织或个人品质、建立人脉关系、请求他人为自己目前或未来的某项实际事务提供帮助和方便,等等。而现代社会中人际交往的目的越来越趋于注重实际,也就是说越来越注重某项具体事务的达成,而忽视了对情感友谊、提升品质等内在需求的满足。因此,经常有人会抱怨,说现代社会是个薄情寡义的社会,连亲戚朋友之间的交往都显得那么庸俗和市侩。

2. 追求高效

现代人特别注重时间效益,"时间就是金钱,效率就是生命"的观念已经深入人心。现代社会的快节奏、多变化，必然要求人际交往的高效率，否则就难以在激烈的竞争中立于不败。因此现代社交，主张实质性接触，强调当机立断，避免无益接触，反对犹豫不决。

3. 讲究技巧

现代社会人们交往的目的性明显增强，在注重实际、追求高效的同时，也越来越讲究交往的技巧。为了达到社交的目的，人们经常要依据社会学、心理学、公共关系学等相关知识，学习掌握人际交往的各种方法和技巧，研究对方的社会地位、家庭背景、优势需求、人格特征、行为偏好等相关信息，采取灵活多样、针对性强的交往手段，以增强社交的功效性。比如，现在人们在交往中特别强调要"见什么人说什么话"、要会"察言观色"、要"投其所好"等。恰到好处的交际方式和交际技巧往往能起到事半功倍的交际效果。

4. 交际面广

现代社会是一个高度社会化、全球化的社会，社会的各个地域、各个阶层、各种职业人们之间的交往日益频繁，尤其是现代通信技术和互联网的广泛应用，使得人们可以瞬间联络远在天边的人，甚至可以同时与许多人进行信息交流。因此，现代人社交的广度和频度都大大增加，"广交天下朋友"是一件很容易的事。

5. 缺乏深度

由于现代人社交广泛，并且交际的功利性明显，因此必然缺乏社交的深度。人们现在很难交到知根知底知心的朋友，很多事业上的合作伙伴只能凭一面之交就得确定，否则就有可能错过商机，因此现代人社交的风险也大大增加，许多行骗者正是利用现代社会交往缺乏深度而人们又急功近利的特点行骗。

(二) 现代社会交往的基本原则

1. 互利原则

现代社会交往的互利原则，是指社会交往的双方应能互惠互利，在交往中相互之间可以从对方获得精神上的满足和物质上的利益。

社交中的互利原则，提醒我们在社交过程中要特别关注对方的需求和利益（我们之所以愿意与他人交往，肯定是因为这对我们自己是有某种益处的，这一点我们自己不难认识），交往中不能只图索取，不想付出，更不能做损人利己的事。我们在交往过程中应经常考虑自己能在哪些方面对对方有利，如果我们总是获得的多、而能给予对方的少，或者根本无法给对方提供某种帮助，而只能给对方增添负担，那么就应该主动淡化相互之间的关系甚至终止交往。

值得指出的是，社交的这种互惠互利经常会有不同步性、不等量性和不同质性等特点。

不同步性，是指交往双方的互惠互利不是同时的，今天你给予了对方帮助，别人会记在心里,他日别人会同样或以另一种方式报答你。另外,我们还应该学会从帮助别人这件事本身获得精神上的提升感和满足感。比如帮助那些急需帮助的陌生人我们是不图回报的。

不等量性,是指社交双方的互惠互利经常是不会等量的,知恩图报往往是要加倍答谢,所谓"滴水之恩当涌泉相报"。如果社交双方都能以这种态度相互交往,日久则必成至交好友。

不同质性,是指社交双方的互惠互利往往不是交换同样的东西。比如你送给朋友一件你精心挑选的礼物,朋友惊喜的一句"哇!太谢谢你了!"你可能认为已经得到回报了。有时精神上的满足比物质上的满足更让人愉悦。当人们给予他人物质上的帮助时,有时更看重的是精神上的回报。

2. 平等原则

平等原则从一般意义上说,是指公民依法享有同等的政治、法律、人格等方面的权利,应受到同样的尊重。现代社会交往的平等原则,则是指人们在相互交往的过程中应该平等待人,不能因社会地位、经济状况、职业、知识、经历、年龄、性别、身体健康等方面的差异而有所区别,即所谓要一视同仁。

社交中之所以要强调平等原则,是因为现实生活中人与人之间的的确确存在很多方面和很大程度上的不平等,现实交往中我们不能回避这种不平等,即我们必须要与各种各样的人打交道,并且在交往的过程中要尽量缩小这种客观上的不平等。比如,一个成年人与小朋友打交道时,就应该尽量用小孩子的语气语调,照顾到小孩子的智力水准和语言能力进行交谈;再比如,当你要帮助某位落难之人时,尽量不要让人感到你是一位高高在上的施舍者,否则会伤人自尊和人格。

有这样一个故事:一位商人看到一个衣衫褴褛的铅笔推销员,顿生一股怜悯之情。他不假思索地将10元钱塞到卖铅笔的人手中,然后头也不回地走开了。走了没几步,他忽然觉得这样做不妥,于是连忙返回来,并抱歉地解释说自己忘了取笔,希望不要介意。最后,他郑重其事地说:"您和我一样,都是商人。"一年之后,在一个商贾云集、热烈隆重的社交场合,一位西装革履、风度翩翩的推销商迎上这位商人,不无感激地自我介绍道:"您可能早已忘记我了,而我也不知道您的名字,但我永远不会忘记您。您就是那位重新给了我自尊和自信的人。我以前一直觉得自己是个推销铅笔的乞丐,直到您亲口对我说,我和您一样都是商人为止。"

在人际交往中要坚持平等的原则,是很难、要很用心的。如果说与处境、状况比你差的人交往,要善于体谅他人的自尊,要有技巧,而当你与处境、状况比你好的人打交道时那就更难了,更需要有技巧。"不卑不亢"说起来简单,但在社交中真正要做到不卑不亢、尊谦适度是非常难的。当人们遇见社会地位、经济实力比自己高很多的人时,很容易出现两种极端表现:一是过分谦卑,甚至出卖自尊和人格,以求别人的提携和关照；二是故意想方设法贬低对方，甚至莫名地傲慢，以提升自己的尊严。这两种表现都是因为缺乏自尊和自信，或者说是不知道该如何尊重自己和尊重他人，也是缺乏社交能力的表现。这两种极端表现都不可能达到初衷，过分谦卑让人瞧不起，盲目傲慢更显自卑。

3. 信用原则

现代社会交往的信用原则，是指人际交往要履行诺言以取得别人的信任。要遵守信用原则必须做到：守时守约、诚实待人和不轻易许诺。

守时守约，是社交信用原则的基本要求。包括守约和守时两个方面。守约是指对交际双方事先约好的事项，如果没有特别理由不要轻易毁约。比如借别人的东西要还，定好了的约会要去，说好了的事要做，等等。就拿约会来说，不能随意失约，如果确有原因不能赴约，必须提前足够的时间通知对方取消约会，而且理由还必须充分，一般不能以另一个新约会为由取消前一个约会，除非新约会的重要性远远大于原约会，并且要让对方认同这种重要性上的区别。守时其实是守约的另一个方面的表现，是指在履行约定时遵守其中的时间约定，比如按时赴约、按时完成任务、按期履行合同或诺言，等等。再以约会为例，守时不应是指准点到达，一般约会应提前10分钟左右到达比较合适，而重要约会可以提前15~20分钟到达，以示重视。比如教师、学生上课，提前10分钟进教室比较合适，而重要商业性谈判提前20分钟进入谈判现场也是有必要的。对于一些特别的约会则不宜提前太多时间，比如赴宴和相亲等约会。

诚实待人，是社交信用原则的另一种体现。讲求信用目的是为了取得他人的信任，而欺骗与谎言是信任的大敌。为人诚实，即使处事不周，也容易得到别人的谅解。做老实人、说老实话、办老实事，是赢得信任的最好办法。

不轻易许诺，是指人际交往中对自己没有把握的事不要大包大揽，不要为了虚荣和面子承担自己力所不能及的事物，这也是诚实待人的要求。乐于助人本是优良品质，有些人为人热情、仗义，喜欢帮助别人排忧解难，但帮助别人要考虑自己的能力，多使用"我试试看"、"我尽力而为，你也想想其他办法"等给自己留有余地的话语。而一旦作了肯定性的承诺，就必须全力以赴实现诺言，否则当别人把全部的希望都寄托在你的身上，而你又无法实现诺言时，就有可能给人留下不讲信用的印象。经常图嘴头快活，逞一时之能和虚荣的人，轻易许诺必然一再失信于人，当大家都说他是个说话不算数的人时，此人的信誉和人品就非常成问题了。

4. 宽容原则

现代社会交往的宽容原则，是指社交中要想结交到好朋友，就必须宽宏大量，容忍别人有缺点、犯错误。宽容，是人际交往中的较高境界，也是成就大事业者必备的品质。

社交的宽容原则在社交实践中具体可以表现为:要善于理解、体谅他人;处事要做到大事清楚、小事糊涂;要严于律己、宽以待人。

善于理解、体谅他人。人无完人,谁都有缺点,谁都会犯错误,当别人因缺点或犯错误(当然是非原则性的错误)危害了你的利益,如果你能设身处地、换位思考,并表示理解和原谅时,可以想象,别人会愧疚倍增,并心存感激,如果原来是一般关系的人,有可能成为朋友,如果原来是朋友,他会更加珍惜你这位朋友。其实,朋友之间如果为一点小事就翻脸,是非常不明智的事,要知道交朋友是有成本的,即使是从经济学的角度看,也应该可以看到理解和体谅的价值。

大事清楚、小事糊涂。人际交往中人们一般不愿意与那种过于精明、斤斤计较的人打交道,道理很简单,怕被人算计而吃亏。因此,真正聪明的人是那种看似糊涂,其实很清楚的人,也就是那种在小事上糊涂,在大事上清楚的人,正所谓"大智若愚"的人。这样的人,往往朋友很多,别人似乎都在欺负他,占他的便宜,他却一点也不在意,甚至乐于吃亏。有必要说明的是,小事糊涂并不是装出来的糊涂,真正有大智慧的人,在小事上是的确糊涂的,因为他根本不把那些小事放在心上,只有在小事上糊涂的人,才有可能在大事上清楚。一个拥有大智慧的人才最有可能成就大事业。而一个斤斤计较、耍小聪明的人,是不太可能拥有大智慧的,生活中也很难有真正的朋友。现实中有很多这样的人,即在小事上清楚,而在大事上反而糊涂。

严于律己、宽以待人。宽容是指对别人宽厚、容忍,而对自己则应严格约束。人只有严于律己,才能更显宽以待人的厚道。严于律己是宽容原则的另一种特别的表现形式。对自己要求严格,即做人以高标准要求自己,对于自己的缺点和错误,即使别人能理解和原谅,自己也不能容忍和放纵,而应该及时改正和道歉。而对于别人的批评和建议更应该由衷地欢迎和感谢,而不是虚假应付,更不能心怀不满、记恨于人。因此,要真正做到宽容,就要学会严于律己,而做到了严于律己,宽以待人才有社交上的实际意义。

5. 发展原则

现代社会交往的发展原则,是指人们在社会交往中应该以发展的眼光看待人和事。这一方面是因为人是会变化发展的,另一方面社会环境也是在变化发展的,而事物之间又是普遍联系和作用着的。

一个人也许今天看来无足轻重、与其交往不会给你带来直接的益处,但只要他人品高尚,有潜力,就值得与之交朋友,哪怕付出多于回报;反之,如果一个人现在很有钱财或权势,但其人品低下,即使目前与之交往可能回报多于付出,你也应该停止与其交往,以免占小便宜吃大亏。一件看似不起眼的小事,你把它认真处理妥当了,也许日后会给你换来巨大的利益;反之,如果你不能看到事物之间的相互关联性,对某件你以为是无关紧要的小事漫不经心、处理不当,也许却会因此造成巨大的损失。

现代社会中,人与人之间以及事物之间的相互关系错综复杂,变化多端,社交当中,对人对事都必须持有一种动态的、发展的观点,要注意培养超前意识,锻炼观察能力和预见能力,这样才可能在竞争激烈的现代社会,建立良好的社会人脉资源,为事业成功奠定基础。

二、社交口语的基本要求

(一)口语的特征和作用

人类语言有两种基本形态:口语和书面语(文字语言)。口语是书面语的基础和源泉。先有口语,后有书面文字语言。

口语是作用于听觉器官的人与人之间应用最广泛、最基本的交际工具。

1. 口语的特征

口语表达的综合性:口语表达是一种综合性的信息传播系统,其中包括语言(内容)、声调、姿态、听众、环境等因素,是一个需要各种因素综合协调才能达到传播信息目的的系统。

语言、思维运动的同步性:口语表达中,语言和思维几乎是同步的(严格说应该还是思维在前),而书面语则明显滞后于思维。口语表达一般是在边想边说和边说边想中完成的。如果说话者的口语比思维稍有明显落后,就会让听众等得心急,恨不能帮他说出来,因为听众早已知道他下一句话是什么;而如果说话者口语速度过快,甚至没经过大脑就已经从口中蹦出来了,那就可能会是随口乱说。

口语表达的简散性:口语表达具有简略性和松散性。口语表达在语句结构上不如书面语规范、完整,并且由于大多数情况下是边想边说,因此在段落层次上更是具有松散随意性。

口语传播的易逝性:俗话说"口说无凭,立字为据",指的就是口语不如书面语易于保存。虽然法律上口头协议也是合法协议,但人们还是要"立字为据",因为口头语言既易消逝又易被篡改。

口语表达过程的灵活性:口语的表达过程受听者、环境的影响很大。说话者可以根据听话者的反应随时调整说话的内容和方式;环境的好坏,也直接影响说话的效果。

2. 口语的作用

作为人际交往的主要手段,口头语言是人们事业成功的关键、生活幸福的保障。口语的作用具体表现为传递信息、交流情感和美感作用三个方面。

传递信息作用:社交中口语的主要作用是传递信息。能否正确有效地传递信息,直接关系到人际沟通和协作的效果,而人与人之间如果缺乏良好的沟通和协作,则会直接降低工作和生活的质量。

交流情感作用:社交中的口头语言,不仅可以传递信息,也可以用来交流情感。与书面语言相比较,在交流情感方面,口语更加快捷、直白。良好的情感交流,是增进人际关系、结交事业伙伴和生活朋友的基础。因此,优良的社交口语能力是人们事业成功的关键和幸福人生的保障。

美感作用:语言是人类艺术门类中的最高艺术,尤其是口语的艺术性和技巧性,远远高于诸如弹钢琴之类的艺术门类。口语的美感作用,既表达了事物的美,也表现了口语表达者自身的美。用语言表达客观事物的美,需要语言艺术和技巧,比如导游将山河之美用恰如其分的优美语言向游客进行介绍和讲解,会大大增强山水风景的美感。而对有口语艺术的表达者来说,其优美动听的口语,不仅能增强听众的感官对美的体验,更能反映出口语表达者的内在精神美。社交中,人们往往会把通过听觉感受到语言美认做说话者内在美的直接体现,而把通过眼睛看到的语言表达者的姿态、形象之美认做外在美。因此提升口语表达能力和表现艺术,是提高修养的重要途径。

(二)社交口语的基本要求

1. 言之有礼

社交口语中最基本的要求就是讲究文明和礼貌,要做到文明用语、彬彬有礼。

社交中多使用文明、礼貌、友善的语言,会让人感到亲切和温暖,比如日常交往中应多使用诸如"请"、"您"、"您好"、"对不起"、"借光"、"打扰了"、"谢谢"等文明礼貌用语。社交中经常使用这些语言,还会给人留下素质高、修养好的印象。

相比较而言,南方人在社交中文明礼貌用语没有北方人用得多和用得好。比如,南方人在社交口语中不太会使用"您",甚至有的南方人发不准"您(nín)"这个音,而"您"作为"你"的敬称,是在与人打交道中用得最多的一个称呼,不会使用"您",难免会让人觉得缺少礼貌,甚至会让人觉得缺乏教养。其实,这是因为不了解南方人语言习惯产生的一个误会。因此南方人应该有意识地加强文明礼貌语言的使用和训练。

2. 言之有的

说话要有目的、要有中心、要有内容,要做到因人而异。

现代人的社交,目的性很强,注重社交的成效。因此社交中的交谈一定是有目的性的,围绕某个中心、有实质内容的思想交流。否则就是浪费时间。

社交中的交谈虽然也不乏打发时间的闲聊,但即使是闲聊,也应该做到有目的、有中心、有内容,并从中获益。这是现代人应该有的休闲生活方式。

社交口语还应该做到因人而异,即根据社交的对象有目的地说话。说对方感兴趣的话,说对方愿意听的话,用适合对方的方式说话,让对方理解、接受和感动。

3. 言之有益

社交交谈中,选择的话题应该健康有益。

健康有益的话题可以促进思想交流、融洽人际关系。社交中应尽量避免说有损人际关系、有损尊严和人格的话,少说低级趣味、消极颓废的话。

社交的场合有时是公开场合,有时是私下场合。在公开场合更应该注意语言的格调以及语言的后果,公开社交场合由于参与者众多,各人心思难以揣摩,如果不管不顾地发泄自己的不满情绪,危害甚多。而在私下场合,即小范围甚至就是两人之间的交谈,如果是知己之间的交流,可以畅所欲言,发发牢骚也未尝不可,但值得注意的是,经常发牢骚或经常说别人坏话是一件不利于身心健康的事,因此也应该尽量避免。

4. 言之有物

社交中最令人厌恶的是占用大家的时间尽说些套话、空话、大话和假话。

说有内容的实在话,不仅仅是个说话风格问题,更是个道德品质的问题。现实中有不少经常在台上发表讲话的干部,养成了官场上的不良习气,开口便是套话、空话、大话,甚至是假话。即使在一般社交场合,甚至在朋友、家人面前也难改这种不良习气。但由于这种人往往大权在握,即使别人内心不满,也还会对其恭维有加,因此越发助长了这种不良习气。经常说话者,应该时刻把"言之有物"作为自律的一条,以免污染社交语言环境。

5. 言之有理

言之有理,即说话要有道理,是指社交口语要符合逻辑规范,即在社交中,说话的概念要明确,判断要准确,推理要符合逻辑,要避免和反对诡辩。社交口语虽然与书面语相比具有简略性和松散性,但这并不意味着口语就可以不讲究道理和逻辑性。

要做到言之有理,首先在口语表达上必须做到概念明确。即在社交口语交流中,大家所使用的概念始终要具有同一性,不能混淆或偷换概念,否则就会导致思维混乱和荒谬的结果。不过由于偷换概念会导致荒谬的结果,生活中也有人以此来制造笑料。例如,一位演讲口才课教师对旅游专业的学生讲口才的重要性时说:"祖国山河美不美,全靠导游一张嘴,你们要下苦功练好口才,你们可是靠嘴吃饭的哟!"一位调皮的学生插话道:"谁不是靠嘴吃饭呢?难道用鼻子、用眼睛吃饭?"引来同学们的一阵哄笑,老师接着说:"这位同学很会开玩笑,是个当导游的料。大家之所以觉得好笑,是因为我说你们是靠嘴'吃饭',它是指导游要靠嘴巴说话来谋生,这里'吃饭'是谋生的意思,而这位同学所说的'吃饭'就是一般日常语义上的张嘴吃饭,这两个'吃饭'的意思不一样,这是典型的偷换概念,所以大家觉得挺好笑。"

要做到言之有理,在口语表达上还要做到判断准确。判断是思维的基本形式,说话中使用判断语句必须遵守逻辑思维规律,要防止出现属性误判、模棱两可、自相矛盾、量项不当等错误。例如大家熟知的"自相矛盾"的寓言故事:有个卖盾和矛的楚国人,先夸他的盾说:"我的盾坚固无比,任何锋利的东西都穿不透它。"接着又夸耀自己的矛说:"我的矛锋利极了,什么坚固的东西都能刺穿。"有人问他:"用您的矛来刺您的盾,结果会怎么样呢?"那人便答不上话来了。刺不破的盾和什么都刺得破的矛,是不可能同时存在的。一个人在同一判断中,对同一问题,是不能做出截然相反的判断来的。这就是因判断上的错误导致的自相矛盾。

要做到言之有理,还要使话语中的每一个判断、得出的每一个结论都符合逻辑,即要能符合逻辑规则地从一个判断推导出另一个判断。例如,有位新教师上课时发现有两三个学生在睡觉,很不高兴地批评道:"你们这个班有人上课在睡觉,太不像话了,看看,这就是大学生的形象!"这位新教师的话语是没有道理的,从"有人上课在睡觉"这个判断是不能推导出"这就是大学生的形象"这个结论的。他犯的是以偏概全的逻辑错误。

6. 言之有度

言之有度,是指说话要有分寸、要适度。这是社交口语中最具技巧性和艺术性的要求。社交中,说什么话,对什么人说,怎么说,说多少,说到什么程度,都大有讲究。说话如果不到位或过了头,都会达不到目的,甚至事与愿违、适得其反。比如,说话注意文明礼貌是应该的,但如果过分礼貌,会让人感觉见外;说话不谦虚当然不好,但如果谦虚过头,会让人感觉虚伪;与人交流低声低气不够热情不好,但过分高腔调的热情话语,也会让人肉麻、不舒服;说话有幽默感是优点,但开多了玩笑会让人感觉油滑,而不分场合胡乱开玩笑则有失体统。

社交中要做到言之有度,还应注意以下几个方面:

首先,要看对象说话。有些话对这个人合适,对另一个人就不合适。比如,对一个偏瘦的人说"你穿这件衣服显得比较丰满"是句好听的话,而如果是个偏胖的人,特别是偏胖的女人,这句话就很不中听了。

不用或少用"夸张"之词。日常生活中,偶尔用点夸张之词无可厚非,但如果在社交场合经常使用不切实际的夸张之词,特别是经常用于吹嘘与自己相关的人和事,则会给人留下不实在、爱吹牛的不好印象。

说话适可而止。说话时要顾及听话人的感受,好话歹话都要适可而止。比如,批评人的话说多了不仅达不到教育的目的,甚至可能造成逆反心理;而大人关心小孩子的话语多了,也会引起孩子的不耐烦。

表述己见不自以为是。社交交谈中总会有思想观点的交流和碰撞,人们在表述自己的观点和意见时往往很容易表现出自以为是的神情,而不能理解,或者确切地说是不愿意理解他人的观点。过分自以为是的人给人以武断、专横和狂妄自大的印象。

表示谢意不言过其实。受惠于人应当对别人表示感谢,这是理所当然的,但是表达谢意也要有个度,过度的致谢往往会引起他人的不快。这种不快一方面是因为别人会嫌你啰唆,另一方面,如果是因为一件举手之劳的小事,对你的益处也并非多大,而你却对别人千恩万谢,别人会想:难道我是那种从不做好事的人吗?值得你这么千恩万谢的吗?

接受批评不妄自菲薄。社交中虚心接受别人的批评是应该的,但不能一遇见批评就马上把自己贬得一钱不值。我们经常说对待批评要有则改之、无则加勉,能正确对待批评是心理成熟的表现。有些人经不起表扬,也经不起批评,一受表扬就不知道自己姓什么、有几斤几两;而一受批评,马上又垂头丧气,无比自卑。这是对自己缺乏正确的认识,心理不健全的表现。

引起争辩不盛气凌人。社交当中因思想观点的不同引起争辩是常有的事,争辩双方都想争赢也是正常的,但是要赢得正当、赢在理直,而不是强压硬争。争辩中最忌讳的就是还没论证就下结论,特别是开口就说"你错了",让对方感觉你是一个不讲道理、以势压人、缺乏修养的人。

三、社交口语的实用技巧

(一)招呼

招呼,也叫打招呼,是人们见面时表示致意的基本礼节。主要用来表达交际双方关系的认定,也可以作为交谈的起始与铺垫。招呼分为称呼式、寒暄式和随意式三大类。

1. 称呼式招呼

称呼式招呼又可以分尊称、泛称和特称三大类。

(1)尊称。尊称包括人称敬称、亲情敬称、职业敬称和职务敬称等。

①人称敬称。常用的人称敬称有:您、大人、阁下、老(张老)、君(李君)、兄(王兄)、姐(李姐)等。

②亲情敬称。除真正的亲属外,对非血缘关系的人,为贴近关系,在非正式场合可使用亲情敬称。

常用的亲情敬称有:叔叔、阿姨、大妈、大伯、大爷、奶奶、大哥、大姐等。

注意对大妈、爷爷、奶奶等不要叫错了,因为人在从青年向中年过渡,或中年向老年过渡阶段,是很不情愿地完成这种过渡的,当他或她还没有准备好做"大妈"、"爷爷"或"奶奶"时,突然听到别人这样称呼他(她)会很不高兴的,尤其对于女性更要小心,宁可错叫小(错叫小时,一句"您看上去很年轻"会更让对方高兴),也不要错叫老(如果对方来一句"我有那么老吗",那你可就是得罪人了)。

③职业敬称。常用的职业敬称有:老师、医生、导演(或简称"王导"、"李导")、律师、警官、会计、老板(商人)等,前面能冠上姓更显关系密切。当今"老师"这个称呼有点泛化,人们现在常常把某个领域有点成就或有点经验的人都称为"老师"。

④职务敬称。常用的职务敬称有:教授、医师、主任(科室主任或主任医师)、护士长、厂长、经理、总(总经理、总工程师、总会计师等)、董(董事长或董事)、工(工程师)、处长(处)、科长(科)等,前面能冠上姓更好。

主任医师是医生的最高职称,一般称王主任或李主任,会更中听。医院里科室主任(外科主任、内科主任、放射科主任等)都是专业权威,一般都是由有主任医师职称的人担任,而有主任医师职称的人不一定有能力担任科室主任。如果主任医师同时还是医学院的教授,那么称呼教授更好些。

在企业界,称呼"姓+总"的,可以是总经理,也可以是总会计师或总工程师等。另外,"总"这个称谓现在用得很广,一般只要知道对方是商界有点身份的人士,都会称之为"王总"或"李总"等,即使是一个杂货店的小老板,也经常被称呼为"姓+总"。

(2)泛称包括通称和性别称呼两种:

①通称。常用的通称有:"师傅"、"同学"、"战友"、"朋友"、"同志"等。

这里的称呼"师傅"来自于对技艺学问上的"师傅"的称谓(即"一日为师终生为父"意义上的师傅),而一般社交中,当对方的年龄较大,而对其身份又不是太明确时,可以称呼为师傅。

在一般社交场合,对跟自己平辈的人可称呼为"朋友",显得很友好、热情;而"同志"这个称呼现在主要在共产党内或政府机关等比较正式的场合下使用,一般社交场合现在人们很少使用"同志"这个称谓。注意"同志"还有另一种含义,即同性恋。

②性别称呼。常用的性别称呼有:"先生"、"女士"、"太太"、"小姐"、"美女"、"帅哥"、"兄弟"、"小伙子"、"小姑娘"等。

值得注意的是,过去"小姐"作为对未婚女子的敬称,是很受青睐的一种称谓,但现在"小姐"被赋予了另外一种含义,即把妓女称为小姐。因此在一般的社交场合,使用"小姐"这个称呼要特别小心,尤其当她越像那种职业的人(也许她并不是,但很担心别人认为她是),你就越要小心避免使用"小姐"这个称谓,否则她会认为你是在骂她。当然,在很正式的社交场合,对那种白领女士,"小姐"依然是很好的称呼。

"美女"、"帅哥"是近些年来从网络语言中兴起的对年轻女孩和男孩的一种时髦的通称,而"兄弟"、"小伙子"、"小姑娘"等似乎已经过时了。

(3)特称包括姓称、名称、昵称和别称(绰号)。

①姓称。即以姓相称,并在姓前面加上"老"、"小"。比如"老王"(对年纪较大、经验较丰富者这样称呼,表示尊重和熟悉)、"小李"(对年轻人这样称呼表示亲切)等。

②名称。即以全名(姓和名)或仅以名相称。比如"李晓东"、"张翠花"、"晓东"、"翠花"。全名相称一般在正式场合用得较多,而仅以名相称一般用在非正式场合,显得比较亲密。不过现在官场上,官员们也比较时兴仅用名相称,以显示关系亲密,但后面必须要加上"同志"或职务称谓。比如邓小平被称为"小平同志";朱学东处长,被称为"学东处长"。

③昵称和别称(绰号)。情人之间,为表示亲密昵爱,仅用名字中的一个字称呼对方,比如:"花"(张翠花)、"东"(李晓东)等。

而好朋友之间会用对方的某个特别之处称呼,以表示关系亲密,比如"大头"、"卷毛"等。值得注意的是,别称(绰号或外号)不能带有侮辱性,比如用他人的生理缺陷起外号就是不道德的行为。

生活和工作中人们对别人怎么称呼自己是十分在意和敏感的,称呼得当,能使人心情愉悦,并使双方心理上相容,反之则会让人反感。

在打称呼式招呼时应注意两点:

第一,称呼要看场合。正式场合和非正式场合是要有区别的。比如,叔侄同在一个公司,叔叔是经理,在非正式场合,侄子可称呼叔叔为"叔叔",而在正式场合则应该称"经理"。

第二,尽量用褒称和敬称,不用贬称。比如对一个男性老年人,可称为:老人家、老同志、老师傅、老先生、老大爷;而老头子、老东西、老不死的则是不恭敬的、侮辱性的称呼。南方人要学会用"您"称呼他人。

2. 寒暄式招呼

寒暄是社会交往中双方见面时以天气冷暖、生活琐事及相互问候等为内容的应酬话。以寒暄的方式打招呼一般用于熟人之间较多。常用的寒暄类型有问候型、攀认型、敬慕型、抒情型等。

(1)问候型。

常用的问候型寒暄有:"您好"、"早上好"、"吃过了吗"、"上哪去"、"近来好吗"、"最近工作忙吗"、"这几天真热呀"等。注意,对寒暄问候语回答不要太认真。

(2)攀认型。

常用的攀认型寒暄有:"听口音你是……"、"我们好像在哪儿见过"、"我们还是同乡(或校友)呢"、"贵姓?"、"我们五百年前是一家(同姓)呢"等。

(3)敬慕型。

常用的敬慕型寒暄有:"久仰、久仰"、"久闻大名,如雷贯耳"、"幸会、幸会"、"很荣幸见到您"等。

(4)抒情型。

常用的抒情型寒暄有:"见到您真高兴!""啊,我们又见面了!"等。

注意见面寒暄只是一种礼节,不可赘言不止,更不可"查户口"式追问。

3.随意式招呼

社交生活中还有许多随意式的招呼方式,比如:"喂!"、"嗨!"、微笑、点头、招手、按自行车铃、按汽车喇叭等。其中点头、微笑用得最多,有时还会随口说声"您好"或"早上好"等之类的问候语。

现实生活中随意式招呼应用最广。见到熟人,点个头、笑一笑,很简单、很自然的事,但在生活中却有很多人嫌麻烦,就装作没看见,或低头走过,这样会给人造成一些误解。另外,现在开汽车的人越来越多,按喇叭打招呼也比较常见,比如,进出大门时对行礼的保安按声喇叭表示回礼,对主动停车让路的车主按声喇叭表示感谢,等等,当然还要注意在市区禁止按喇叭处避免按喇叭。

(二)介绍

介绍包括介绍他人和自我介绍两类。

1.介绍他人

介绍他人,是指作为熟知双方情况的中间人,将有交际需求的双方介绍给对方,或将其介绍给众人。介绍他人的内容包括姓名、职务、特长、来历等情况。

介绍他人时有以下顺序上的礼节:

(1)按性别不同进行介绍时:对地位、年龄差不多的一男一女,一般先将男士介绍给女士,再将女士介绍给男士;若是将这两人介绍给众人,则是先将女士介绍给众人,再介绍男士。这里奉行的是女士优先的原则。

(2)按辈分、职位、地位不同进行介绍时:先将低辈分、低职位、低地位者介绍给高辈分、高职位、高地位者;再将高辈分、高职位、高地位者介绍给众人。

介绍他人时要做到:

诚恳热情,面带微笑;

口齿清楚,落落大方;

内容简明,评价恰当;

注意礼节,方法灵活。

2.自我介绍

自我介绍就是将自己的情况介绍给对方,使对方了解自己。自我介绍时应该在介绍自己必要的基本信息的同时,着重将自己的特长、优点展示出来,要让人觉得你是一个有价值的人。

自我介绍的要求：

(1)根据场合繁简适度。自我介绍的内容可以包括：姓名、年龄、籍贯、职业、职务、工作单位、家庭情况、住址、毕业学校、所学专业、获得的证书及奖励情况、主要经历、特长、兴趣爱好,等等。自我介绍内容要根据场合情况取舍,一般毕业求职时的自我介绍要尽量详细。

(2)姓名介绍要清楚,尽量加深印象。无论何种场合,姓名介绍都是必不可少的。介绍名字时要告诉对方是什么字,怎么写。比如说："我姓胡,古月胡"；"我姓吴,口天吴"；"我叫张晓英,弯弓张,拂晓的晓,英雄的英"；"我叫朱小涛,朱德的朱,邓小平的小,胡锦涛的涛"。把名人的名字与自己的名字对应起来,容易加深别人的印象,也有诙谐幽默之感。

(3)要把握分寸。自我介绍里往往包括自我评价的内容。自我介绍时要尽量做到：

自信——要使人感觉你有吸引力,愿意接近你。

自识——有自知之明,正视自己的缺点。

自谦——留有余地,不说"太满"的话。自信但不能有"狂妄"感。

能幽默、风趣一点更佳。一般拿自己的短处(但不是原则性或有伤自尊的短处)自嘲较合适。比如对于男人而言,皮肤黑、近视、有些粗心等就不是什么原则性的短处。

3.名片介绍

名片介绍是自我介绍的一种延伸。在自我介绍完之后,有时还要使用名片以便别人记下你的信息。名片上一般印有自己的姓名、单位、职务、住址、电话、邮箱等信息。尤其对于商人,名片还具有广告作用。

名片介绍时要注意礼节：

送递名片的方法：送名片时,目光要注视对方,用双手递给对方(正、顺面朝向对方),同时说"请多关照"或"请指教"。

接名片时,应恭敬地双手接过,最好将对方的职位、头衔读出来,并夸赞一番,看后应郑重地放好。

(三)聊天

聊天也叫闲聊、闲谈,就是谈天、说地、说事、说人。其实聊天时人们更多的是聊人。聊天既是一种社交方式,也是一种休闲方式。

1.聊天的作用与好处

(1)聊天有利于交流信息和情感。在工作之余人们在一起聊聊天,谈谈工作中、生活上的所见所闻,可以互通信息,交流思想和经验,可以起到相互学习的作

用,对日后的工作和生活可能带来益处。

聊天可以增进相互了解和友谊。知心朋友的前提是相互之间的知根知底,若一个人在聊天之中把自己的隐私都跟你聊出来了的话,那他(她)就是把你当成好朋友了,而作为回报,你也会将你的秘密告诉他(她),如此来往,你们就成知心朋友了。

(2)聊天有利于身心健康。紧张的工作之余聊聊天,可以放松心情、调节情绪,能起到很好的休息作用。另外,当人处于郁闷或者其他不良情绪之中时,与别人聊一聊、诉诉苦,非常有利于不良情绪的排解。人生当中能有几个聊得来的朋友,是莫大的幸福。

2. 聊天注意事项

(1)寻找大家共同的话题。聊天能够聊得有益,能够聊得下去,前提是大家都愿意聊,大家都对所聊的话题感兴趣。因此,聊天时要尽量聊大家都感兴趣的共同话题。两个人聊天时,说话者要注意对方是否愿意听,要随时将话题转移到对方感兴趣的话题上去的能力;而在多人聊天时,说话者更要关注话题的普适性。

一般来说,人们在聊天时大多喜欢聊自己的事或自己家人的事,自觉性比较差的人会不停地说自己或自己家人的事,而不顾别人的感受,这种人看似很会聊,其实很讨人嫌,而比较聪明的聊天者,则会适时地将话题引向别人,甚至能照顾到在场的每一个人。

(2)注意倾听。卡耐基曾说过,认真倾听是对他人的最高恭维。真正的聊天高手并不是那种只会滔滔不绝地说话的人,而是那种既会说别人感兴趣的话,更会认真听别人说话的人。倾听能力的高低是一个人情商高低的一个重要标志,而情商的高低对于现代人事业成功的作用远大于智商。

在聊天中注意倾听要做到:

克服自我中心,不要总是谈论自己;

克服自以为是,不要总想占主导地位;

尊重对方,不要随意打断对方的话,在对方说完前不要急于发表观点;

身体前倾,目光专注热忱地看着对方,表示对谈话感兴趣,并以点头动作和丰富的面部表情回应说话者;

适时提问,让说话者更有热情地说下去。

(3)因人而异。聊天最重要的法宝就是要关注对方的需要。因此聊天要因人而异,跟不同的人聊不同的话题,正所谓"对秀才谈书、对屠夫谈猪"。

另外,对个性不同或心情不同的人,聊天的方式也不同。与喜欢说的人聊天,就做一个忠实的倾听者(如果你也是个喜欢说的人,就要学会克制自己);与一个喜欢听的人聊天,你就主动多说一些;如果遇上的是个既不喜欢说也不喜欢听的人

(比如别人此时心情不好),那就最好识相一点,别去找他(她)聊天。

(4)学会赞美。人人都爱听赞美的话,恰到好处的赞美,有利于沟通情感、建立友谊。赞美是送给别人不用花钱的礼物,但有时却远比花钱买来的礼物更珍贵。但胡乱赞美、不合时宜的赞美,往往又会适得其反,遭人反感甚至厌恶。

恰到好处的赞美应该是"雪中送炭",而不是"锦上添花"。对一个青春貌美的女孩,你赞美她长得真漂亮,她会高兴,但如果你能发现她还有比貌美更优秀的品质,比如善良、有思想内涵、有品位等,并加以赞扬,她会更加高兴,并会对你另眼相看。特别是对那些经常遭人抱怨的职业人员以及平时不太招人喜欢的人,你若能发现他们的优点并加以赞扬,他们会很感激你,这会比送他们物质礼物更让他们高兴。

恰到好处的赞美应该要考虑到其他人的感受。当你当众赞美一个人时,你应该看看周围都有些什么人。如果你赞美的是一个位高权重或有钱有势的人,要当心别人认为你是在拍马屁;如果在周围有人不喜欢你所赞美的人,那你就会因为赞美这个而得罪了那个。

恰到好处的赞美应该是适度的赞美。有些人不懂得赞美的益处和力量,或出于狭隘心理不愿意赞美别人,这种人当然不讨人喜欢;但是也有人喜欢滥用赞美,见谁都胡吹乱捧,以为赞美是多多益善,反正是不花钱的礼物随便送人,其实这样的赞美因为太泛滥,别人不会珍惜,甚至会反感,更糟糕的是会得罪周围其他的人。

(5)少说、不说别人的坏话。聊天其实主要是聊人,也就是说话题主要在人的身上。聊人难免会聊张家长李家短。但聊天中应尽量少说、不说别人的坏话。试想当一个人经常在你面前说这个不好、说那个很坏,你一定会想他(她)肯定也会在别人面前这样说我。这种人一定会落个爱嚼舌头的坏名声。

另外,当你跟一个人说别人坏话,很难保证这个人不会传给别人,这样会使人际关系受损。

值得思考的是,当一个人跟你说别人的坏话时,你该如何应对?如果直接批评他(她)不应该说别人的坏话,那你一下子就得罪他(她)了;如果曲意逢迎,也跟着他(她)说别人的坏话,又有失良心。对此,首先应知道被这个人说坏话的人是个什么样的人。如果你觉得那个人并不是那么坏,你可以装作没听见,或者不置可否、一笑了之;如果是因为误解导致他(她)说那个人的坏话,你可以试图帮助消除这个误解;如果那个人确实很坏,不妨跟着说几句,甚至可以骂几句。

(6)避免争吵。聊天中难免出现观点不同和意见分歧。除非双方刻意想锻炼口才,则可以将之变成辩论,一般情况下应该避免争论,更不要发生伤和气的争吵。

聊天时往往能够显现一个人的见识、智慧和才能。尤其是在多人聊天的情形下,当出现观点不同时,争论是难免的,人都有自尊心理,都希望别人能认同自己的见解,特别是年轻人争强好胜,聊天时如果分寸把握不好就容易从争论升级为争吵,甚至伤和气,这就非常不值得了。其实真正的强者应该是内心的强大,连表面的口头亏都不能吃,甚至不惜以损害友谊为代价争胜负的人,是外强中干的渺小之人。

(四)电话语言技巧

电话作为通信工具目前已经完全普及,人们借助电话可以随时与不在身边的人说话、联络。有些人每天在电话里联系的人数和说话的量已经赶上甚至超过面对面联系的人数和说话的量。电话交际已成为人际交往的重要组成部分。电话有座机和手机之分,电话语言技巧有打电话语言技巧和接电话语言技巧之分。电话语言的程序包括:打招呼、确认身份、谈事情、结束语(致谢、道别)。

1. 打招呼

电话中打招呼比较简单,一般是接通电话后先"喂"一声,接着说"您好!",也可以就说"喂"或"您好"。如果是打对方手机或接电话时通过来电显示知道对方是谁,就说"×××(名字或敬称),您好!"比如"胡老师,您好!"或者说"您好!是胡老师吗?"

大部分人这第一声招呼"喂",原本主要目的是试电话的声音以及确定是否接通,在通信技术不发达的年代是有必要的,但现在大部分人还是习惯性地先"喂"一声。作为招呼的"喂",一般应该柔和,发第二声(阳平声 wéi)比较合适(意在询问是哪位),而如果是因信号不好需要再次招呼,则一般发第四声(去声 wèi)较合适(意在表明:我听不清,你听到了吗?)。服务性行业比较规范的招呼是直接说"您好!"

2. 确认身份

招呼过后,紧接着是身份的确认,一般是主动打电话者先自报家门,然后再确认对方身份,或寻找要通话的人。例如,"您好!我是×××(单位名称及自己的名字),请问您是×××吗?"或者,"你好!我是×××,请问×××在吗?能请他(她)接个电话吗?"

对于接电话者,当对方报出自己的名字时,如果是熟人,应该立即提高语调热情问候:"噢,您好,您好!"表示很高兴接到对方的电话。

接电话者,一般可以在对方没有先自报家门的情况下,询问对方是谁。比如说:"喂,您好!哪位?"但打电话者不能在还没有通报自己是谁的情况下先问对方是谁。比如,你若打给对方,听声音感觉接电话者不是你要找的人,便说:"喂,你是谁?"得到的回复一定是"你是谁哟?"

3. 谈事情

电话谈事情一般是打电话者主动谈事情,而且是事前已经想好了怎么说这件事。电话里谈事情一般要言简意赅,跟平时面对面谈话要有所区别,特别是如果你要说的事不那么简单,要费些时间,必须先问对方是否方便听你说,在得到许可后再详细说。

电话里谈的事大多属于通知、询问、报告之类的小事或简单的事,一般重大事项不宜在电话里谈,而应该面对面谈,除非实在是路途太远不方便。

4. 结束语

事情谈完了,受惠者应该道谢,回答一般是"不客气"或"不用谢",然后互致"拜拜!"

电话交谈中,如果有的时候其中一人特别喜欢说,并且是说个不停,那么要结束交谈就要有点技巧。想停止交谈者要善于用"好,就这样了"的话语来结束交谈,以免浪费时间和电话费。如果连这样的话都不能结束交谈的话,那你只能撒个小谎了,比如说"对不起,有人敲门了,不好意思,我得挂电话了"。

另外,打电话还应注意几点事项:

第一,打电话的时间选择要合适。应该尽量不要在早7点之前、晚10点以后,以及吃饭时间、午休时间给别人打电话,除非有紧要的事,一般不宜打电话。

第二,打电话时要注意控制好语气、语调和情绪。由于打电话时互相之间看不见,完全用有声语言交流,因此对方会很在意你说话的语气、语调和情绪,并以此来判断你对他的态度。打电话时要表现热情应该略提高些声调,轻声低语会给人不友好或不乐意之感。一般来说,主动打电话的人自然会比较热情(因为大多是有求于人),而对于接电话者,如果一接电话就以很低沉的声音回应,就会让人觉得你不情愿接这个电话,尤其是如果对方已经报出了姓名,你依然低声低调地说话,那就比较糟糕了。还有,当你的情绪不好时,一般别主动打电话(除非是找好朋友诉苦),而此时如果有电话打来,就一定要控制住自己的情绪,否则会引起误会。

第三,虽说打电话时看不见态势语,但态势语是会直接影响有声语言的,你面带微笑打电话和你板着面孔打电话,语气和语调是完全不同的。因此,有经验的销售员给客户打电话时也会十分注意态势语的运用,比如给客户打电话时,要刻意站着、面带微笑,甚至在家里也要故意穿戴整齐后再打电话。

第四,不要边吃东西边打电话。一方面口里有东西会影响语言的清晰度;另一方面吃东西的声音会传到对方的耳朵里,很不文雅。因此,吃着东西不要主动打电话,万一你在吃东西时来了电话,要赶紧咽下口中的食物,再接电话,并且在说话中不要再往口中送食物。

(五)说服的技巧

说服,即说服人,就是通过语言交流,让别人接受你的思想观念和建议的过程。

日常生活中我们时常需要说服别人,比如,解决矛盾需要说服、思想教育需要说服、传播知识需要说服、治疗疾病需要说服、经济谈判需要说服、推销产品需要说服,等等,有时请人帮一个小忙都需要说服。不会说服别人的人处处是障碍。

说服人最大的障碍是被说服者的心理障碍。如果一个人与你的观点不同,而你想要说服他(她),即意味着要他(她)放弃其原先的思想观念,转而接受你的观念,如果没有十分充足的理由,他(她)是很难转变观念的,因为这意味着要其承认其过去的观念是错误的。如果再加上一些其他不利因素的影响,要想说服他人就更难了。因此,说服人是件难度非常大、非常需要技巧的事。

说服人至少需要有以下几点技巧:

1. 建立信任

建立信任是说服人最起码的前提。如果对方对你不信任,别说你想改变对方原有的观念,即使他(她)原来的观点与你的观点相同,他(她)都有可能拒绝你。因为他不信任你,就有可能怀疑你的动机,甚至会产生逆反心理。他(她)会这样想:你说这个好,我原本也认为这个好,但现在既然你说这个好,那我反倒要怀疑了。

因此,在我们做说服工作之前,必须要掂量一下自己是否能让被说服者信任。如果已经建立了信任感,就可以直接进行说服工作;如果还缺乏信任,那么在你做说服之前,一定要想办法先建立起信任,然后再进行说服;如果一开始对方就对你有成见,完全不信任你,那你一定要明智地放弃说服,否则,会适得其反,你越说情况越糟糕。

2. 双赢原则

要说服别人做某事,首先要肯定这件事对你自己是有利的,不要隐瞒这一点,否则会失去信任。但在承认对自己有利的同时,要告诉对方对他也是有利的,并且这种益处是实实在在的。

双赢原则强调的是合作与互利,在进行说服时应强调双方利益的获得是双方共同合作的结果,你需要他,他也需要你,双方都需要付出努力方能达到双赢的目标。

3. 消除对方的顾虑

任何事物都有两面性,有利就必然有弊。当你在明示利益用以说服时,对方很可能会指出可能的弊害,那你必须要有消除弊害的方法,以消除对方的后顾之忧。即使不能完全消除弊端,也一定要保证利大于弊,这样的说服才会有效。

4. 引导对方说"是"

心理学研究表明,当人在说"是"时心理处于接纳、开放状态,反之在说"不"时则处于抗拒、封闭状态。很显然,当人的心理处于接纳、开放状态时易于被说服。因此,在做说服工作之前,先引导对方说几个"是",有利于说服。

比如，某经理想说服下属接受一项很有挑战性的任务，一开始这样说："今天天气真不错，你说是吗？小李？"小李答道："是。"经理继续说："小李呀，你来咱们公司已经三年了吧？"小李答："是。"经理又说："你上个月的销售额是你们小组第一吧？"小李继续答："是。"经理开始说服："小李，我有一个难题想跟你一起研究一下……"

5. 提出有力证据

做说服工作讲道理固然重要，但更重要的是要拿出让对方信服的有力证据。证据有很多种类，有专家权威的结论，有客观事物材料，有真人真事的佐证等。其中真人真事的证明力度最强。

在引用真人真事作为证据进行说服时，首先要保证引用的真人真事具有典型性和可类比性，要与被说服人的境况有相当程度上的相同或相似，不能牵强附会，硬拉关系，否则就没有说服力。

另外，用人物事例说服人时，要注意正反两方面材料的运用。正面材料证据主要是指过去有人按与你所建议的相同方式或类似方式行事所获得的巨大益处；而反面材料证据主要是指过去有人没有按此方式行事所遭受的巨大危害（或不幸）。其中，反面材料的说服作用往往比正面材料更大。因为，人的行为首先是要避害，其次才会逐利。这就是为什么许多不法商人（尤其是医药骗子）在宣传其产品时除了要列举大量虚构的正面证据同时，还要特别虚构一些骇人听闻的反面事例。当然，当人们见多了这种骗人把戏之后，也就不为所动了。

6. 选择合适的时间和地点

大家都知道，相同的话语在不同的场合作用和效果可能会大不相同。说服更是如此。

什么时候说服效果最好，要具体问题具体分析。比如，你要去某政府机关求人办事，按说在上班时间都可以，但事实上在不同的时段去可能效果完全不一样。假如你很急切地在刚上班时就找到要说服的人帮你办事，如果你的事比较难办，并且你与此人的关系一般，那就很可能遭拒绝，因为此时他刚上班，昨天留下来的事以及今天要处理的事有一大堆等着他来处理，你这时又给他出难题，他很自然会以最简单易行的方式进行处理，即拒绝。反之，你如果在上午10点左右去，情形就可能大不相同，此时他可能已经处理完当务之急的工作事务，这样，他接受你的说服，帮你解决问题的可能性就会大大提高。而在11点左右去办事时要特别注意，如果你不准备请他吃饭，那最好在11点之前去，避免在办完事之后（此时可能已经到了吃午饭的时间）出现尴尬，请他吃饭不合适，而不请他吃饭又有失礼节（由此可能导致前功尽弃）；如果你准备请他吃饭，而且他有可能接受邀请，那你就应该在11点之后去，办完事之后，请他吃顿饭以表谢意，或者即使还没办完事，只要他能接受邀请,那事情也就八九不离十了。

说服的地点选择对说服的效果影响也很大。比如谈判性质的说服最好能选择在自己熟悉的环境内进行比较有利。在熟悉的环境里人会有安全感,心理上会占有优势,谈判时坚守性较强;反之,在陌生的环境里谈判,就比较容易做出让步。所有聪明的商家,往往会把合作伙伴请到自己的领地进行接洽、商谈,宁愿多出一些接待费用。如果做不到在自己熟悉的环境里谈判,就尽量争取在一个中立的、大家都不熟悉的环境里谈。

7. 修饰仪表

穿衣打扮对说服的作用也是从心理上体现出来的。

一方面,人际交往中,以貌取人、以穿戴判断人还是相当普遍的。当你的衣冠不整,仪表修饰不合适,有可能在对方心里产生不利影响,比如轻视或不信任,对你的说服将会造成障碍。

另一方面,良好的仪表、得体的穿戴,会给自己增加自信,有利于说服。

(六)拒绝的语言技巧

拒绝是说服的对立方面。从说服者的角度看,遭到对方拒绝是失败,但从被说服者的角度看,合情合理地拒绝对方则是一种胜利。人际交往过程中,如果不会说"不"会有很多的麻烦。比如,因碍于情面答应了一件不应该做、甚至违反原则的事,那你将陷入非常为难的境地。如果不去做,是失信于人,有违做人的原则;如果勉为其难地去做,自己良心上也过不去。因此,生活当中当说"不"时就说"不"。

当然,说"不"一般多少都会引起对方的不快,如何做到既拒绝了不合理的请求,同时又把对方的不快降低到最低水平,甚至拒绝之后对方还会感激你,这就是拒绝语言的技巧,即委婉拒绝的方式。

1. 诱导对方自我否定

在拒绝别人时,不直接说不行,而是采用诱导的方式使对方陷入自我否定,而这种诱导如果是以一种幽默的方式进行效果会更好。

我们来看一则真实的故事。罗斯福就任美国总统之前,曾在海军任职,有一次一位朋友向他打听海军在加勒比海一个小岛上建立潜艇基地的计划。罗斯福向周围看了一眼压低声音说:"你能保守秘密吗?"对方答道:"当然能。"罗斯福随即笑着说:"我也能。"他的朋友明白了罗斯福的意思,就不再打听了。

这种拒绝像是一个小玩笑,在幽默风趣中让对方接受自己的拒绝,同时也让对方有一个台阶下,不至于让对方在心理上和情感上无法接受。

2. 旁借名义表示拒绝

这种拒绝就是找个借口拒绝,实际上就是撒个小谎。比如,有朋友要你陪她逛街,而你不想去,就可以说:"不好意思,我今天有事,改个时间陪你去吧,或者你找小王陪你去,怎样?"

必须注意的是,借口虽然只是为委婉拒绝而编出来的理由,但一定要说得过去,要是一个能够让对方接受的理由。比如上面的事例,如果你不想陪朋友逛街,而你这样拒绝:"对不起,我今天要跟小王逛街。"而事实上如果你根本没有跟小王逛街,那这种借口就很容易被戳穿;而如果你真的是跟小王逛街了,那你就更得罪人了,这跟说"我不喜欢你"没什么两样。

另外,作为被拒绝者,要知道借口只是为了不让被拒绝者难堪而编出来的理由,自己心知肚明就可以了,不必追究,否则大家都会难堪。比如你邀对方一起逛街,对方说"不好意思,我今天有事",你就没有必要追问"你有什么事?"

3. 先肯定后否定

拒绝别人就是在否定别人的一个建议,如果别人的建议是善意的,而你却直截了当地拒绝,就会让别人有"好心当成驴肝肺"之感。这时若采取先肯定再否定的方式拒绝就会让人好受一些。

比如,我们经常会接到推荐手机接收某项特别信息服务(比如,天气预报、新闻、股票推荐等)的电话,并告知可以让你免费试用一个月,如果不喜欢,可以用很简单的方式取消此项服务(对方当然希望你不取消,或者忘记取消,那么从下个月开始,你的手机就增加了一项固定收费)。要拒绝这种建议,可以这样回答:"谢谢您,您推荐的这项服务真是不错,只是我是一个喜欢清静的人,不喜欢经常有短信打扰,请您不要给我增加这项服务。"

4. 拒绝之时表示理解和遗憾

当某人向你表达某种意愿或请求,你不想接受,委婉拒绝的方法是表示完全能够理解对方的心愿,但出于某种原因你不能接受,并表示很遗憾。

比如某位异性向你表达爱慕之心,而你并不喜欢对方,比较委婉的拒绝是这样的:"谢谢你看得起我,很遗憾,我已经有男(或者女)朋友了。"

5. 设身处地,阐明后果

当说服者是要你干一件违反原则的事情时,最好不要直接指责对方并拒绝,而是让他站在你的角度设身处地分析一下,如果这样做了会造成严重后果,那么对方自然就会放弃了。

比如,考试之前,某位同学跟你商量如何作弊,或者要求你给他传纸条,你可以这样拒绝:"如果我给你传答案的纸条,有可能被监考老师发现,那我可就完了,你也会受到处分。"

6. 表示拒绝,留有希望

拒绝总是会伤人心的,有的时候为了不至于让对方太失望,在拒绝之时留一点余地或者说是留一点希望,对方心理上可能会好受一些。

比如,在工作单位里,有位异性同事跟你说:"下班后有空吗? 一起吃顿饭好吗?"你知道对方可能的用意,你想拒绝但又怕太伤对方的面子,这样拒绝比较好:"太谢谢你了,只是我今天没有口福,我已经答应父母回家吃饭了,下次吧。"如果对方过几天又发出同样的邀请,你又可以这样回答:"哎呀,太遗憾了,我已经答应下班后去我姨妈家了,下次吧,下次吧。"其实只要有这么一两次,别人就已经知道你的意思了。

7. 拒绝后再另想办法帮忙

有的时候在拒绝别人的同时,如果能另想一个更好的方法帮助他,他将不仅不会怪你,可能还会感谢你。

比如,某人为解决某个问题请求你去找你的一个熟人帮忙,如果你感觉凭你与这位熟人的关系很难办成这件事,你就应该实言相告,并告诉他:"某某跟他的关系非常好,你可以去找这个人,求他出面帮你。"

三国演义中,刘备很看重徐庶的才能,希望他能留下来帮他,但徐庶因为母亲的原因不能答应刘备,临走之时向刘备推荐了诸葛亮。过后刘备不仅没有怪罪徐庶,反而很感谢他推荐了诸葛亮。

第九讲　求职口才

一、求职准备

求职,对不同的人有不尽相同的意义,它不是某种盲目的行动。对于大学毕业生来说,要选择一个适合自己专长的职业,首先要清楚所选职业是否适合自己,是否能发挥自己的特长,能否使自己成就一番事业。只有清楚了这些问题后,再选择有关的职业和岗位并做求职准备,这才是正确的选择。

(一)求职的材料准备

在择业竞争中,决定胜败的因素很多,其中求职前充分的材料准备是非常重要的一步。求职材料是毕业生综合实力、综合素质最具说服力的证明。

求职前要准备的求职材料大体包括:

1. 求职信和个人简历

求职信是非常重要的求职材料,一般要求同时附有简历。求职信主要是用来表达个人的愿望与要求,而简历则是用来简要而有重点地说明自己的情况,让用人单位能够了解自己;求职信主要用来引起对方的兴趣,是"自我推销"的广告,而简历则是这个广告中的"产品介绍"。求职信和简历设计各不相同,首要原则是实事求是,求职信和简历中的任何字句都可能成为面试中的话题。

求职信是对自己大学生活的一个全面总结,既要全面反映自身的基本情况,又要反映自己的特长、爱好;要突出自己的优点、成绩,也要说明自己对用人单位提供职位感兴趣的原因,还要表达自己努力工作的决心。内容应全面但简洁,突出重点,善于扬长避短,切忌长篇累牍、废话连篇。另外,格式也要相应规范。求职信是书信形式的一种,必须符合书信的基本格式,一般有开头、正文、结尾、署名、日期等内容,300字之内较为适宜。具体来说,有以下几部分:

(1)开头。主要是收信人的称呼和问候语。对收信人的称呼要尊敬、亲切、准确,这是求职信成功的第一步。比如:对收信人的职务不清楚,可以称呼为"尊敬的主管"或"尊敬的领导",对职务清楚的可以直接写"尊敬的×局长"等称呼。问候语一定要合适得当,要让用人单位对求职信的内容产生兴趣而不是反感。

(2)正文。正文是求职信的最重要的部分。主要包括以下内容:①介绍个人的基本情况和用人信息来源。具体包括:姓名、性别、年龄、政治面貌、就读学校及专业等,做到详略得当。如是网上投递,则要说明用人信息来源,做到师出有名(对方也会收到信息反馈)。②说明胜任某项工作的条件(你的价值)。这是核心部分,主要说明你的专业技能、能力经验、潜能特长等,要与工作要求相符。③表达面谈的愿望并致谢。

(3)结尾。这是求职信的结束语,可以用一些礼貌用语表达自己的期望和祝福,并诚恳表达盼望收到回复的意思。

(4)落款。主要是署名与日期,署名要与开头称呼相对应,日期则要用年月日的格式。

写求职信的几个注意事项:

(1)称谓必须准确合适。

(2)字体相对要大,内容要简短,三五个小段落就足够,一页之内完成。

(3)求职信属于非正式信函,要建立融洽的氛围,要用热情洋溢、精力充沛、令人振奋的语言感染对方。

(4)不是所有求职信都必须严格按照以上内容来写,可以在格式允许的情况下进行灵活变通,让求职信更有吸引力和感染力。

个人简历从要求上讲,也以简单明了为好,最好以表格形式呈现。主要内容应有:本人自然情况,包括姓名、性别、出生年月、民族、政治面貌、籍贯、毕业学校、系别、主修专业、辅修专业、学历、学位、外语水平、计算机水平、毕业时间、身体状况、特长等;主要经历(可从高中写起);从事的社会工作、组织的活动、担任的职务;社会实践和生产实习;受奖励情况及取得的成绩等。表格上方要贴上一张一寸近照。别期望同一份简历复印或抄写若干份后就能有不同的功用。求职者最好是针对不同的工作、不同的单位而准备不同的简历,目的就是使自己看起来非常适合这个工作或这个单位。不少有经验的求职者同时准备了多份专供应聘不同职业和单位使用的简历。

2. 学校就业推荐表或推荐信

就业推荐表是学校为毕业生特制的求职材料,一般由学生所在院系填写推荐意见,因为是组织对你的全面评价,招聘单位一般是比较重视的。就业推荐表有三部分内容:学生本人的情况介绍,毕业生老师及所在学院意见,学校就业主管部门意见。网上录入,填写时态度应端正。每人五份,学生应慎发。一般投送复印件。

3. 学习成绩单

这是反映毕业生大学学习成绩的证明,应由各院系教学部门填写、盖章。

4. 各种证书

如外语、计算机等级证书,各种荣誉证书,获奖学金以及各类竞赛的证书或驾照等。

5. 推荐、引荐信

如果你是通过老师或亲友介绍去某个单位,最好带上一封推荐信、引荐信。

6. 招聘单位的相关资料

通过各种途径,对招聘单位的情况进行尽可能详尽的了解,最好整理成资料卡片,以备临时查阅。如果你能够在面试中熟练地提及你从报纸等相关资料上看到的关于该单位的情况,那你将会给主考官留下不错的印象。

7. 其他材料

主要有:参加社会实践、毕业实习的鉴定材料、有关科研成果证明及在报刊发表的文章等。

(二)求职的心理准备

在市场经济的大潮中,要想找到称心如意的工作,往往要通过求职面试这一道关口。不管竞争多么激烈,也不管你本人是否乐意去面试,你必须尽力而为,因为这是求职成功极为重要的途径。

1. 克服不良心态

能否在求职面试前或过程中克服不良心态,是成功面试的重要条件。下面列举的几种应试心态肯定导致求职的失败。

第一,自视甚高的心态。这种求职者常把个人估计过高,自认为学历、能力,甚至长相都不错,用人单位肯定人见人爱,自然顺利通过。但是,他一旦坐在聘用单位诸考官面前,听到他们的一连串提问、追问、反问,就一下子慌了起来。特别是谈及个人的业务专长时,那种自以为了不起的神态让人反感,而触及个人的弱点问题时,却又遮遮掩掩,吞吞吐吐,让对方感到其人不够成熟很难担起重任。用人单位对这种自视甚高不愁嫁不出去的应聘者,往往不买账——你去找别的单位得了,我们庙小容不下大神仙。

第二,无所谓的心态。这类求职者把面试当成一个"撞大运"的机会,行不行,走着瞧,也许大家一下子看中我了呢,也许那单位正缺我这号人呢。于是在面试时,表现出一种大大咧咧、满不在乎的神态,回答任何问题都不够正经,马马虎虎,既不认真推销自己,把个人应聘的优越条件讲全、讲透,也不认真了解对方的需求,好让自己适应对方的口味。这种无所谓、碰运气的侥幸心态,很难使应聘获得成功。

第三,自惭形秽的心态。这类求职者还没有"上战场"就感到自己不行,害怕得不得了。特别是在多人面试场合,看到别人学历、能力比自己高,自己心理就一下子垮了下来,等叫到自己面试时,只见手发抖、心发慌、头发涨,心想:我完了⋯⋯这就是我们所说的"面试恐惧症"。

怎样克服这种恐惧症呢?下面给大家提供一些办法:

（1）正视缺陷，一分为二地看待自己。世界上没有天生完善的人，任何求职者都有缺陷（弱点）。据说我们人类大约有 1 万多种不同的技能，平均每个求职者大概有几百种技能，这已经算是很多的了。不过，这意味着每个求职者还缺乏另外近万项技能。所以，每个人都有不同方面、不同程度的缺陷。我们求职面对的是：我的缺陷、弱项是什么，面试暴露了多少，自己又是以什么高姿态对待这些不足之处。让我们一起看看，都有哪些典型的缺陷（弱点）。

①性别缺陷——我是女的（人家可能欢迎男士），或我是男的（人家可能欢迎女士）。

②背景缺陷——包括：

年龄缺陷：年龄太大或过于年轻（"嫩了一点"）；

学历缺陷：我是大专（人家要大学本科），我是本科（人家要硕士生）等；

身体缺陷：如有智力或身体残疾；

家庭缺陷：上班地点离家太远，婚后需要带孩子，家中有生病的老人，本市无固定住所，等等；

语言缺陷：不懂普通话（需要接待国内人士），不懂外语（需要接待国外人士）。

③技能缺陷——专业不对口，技能不对口，不懂电脑，等等。

④经验缺陷——参加工作时间太短，只坐过办公室没有跑外的经验，当过工人没有站柜台的经验，只在小公司干过，等等。

上面这些缺陷（弱点）你自己究竟有多少？如果你能用一分为二的观点对待，就能得出这样的结论：第一，相比之下，我的缺陷（弱点）还是不多的。第二，不是缺陷（弱点），就是我的所长。怕什么，我有缺陷，你也不是完人，我何惧之有？

（2）选择用人单位，大胆推销自己。不要认为用人单位根本不会要你。其实，用人单位只有两种考虑：一种是因为介意你的缺陷（弱点）而不录用你；一种是不在乎你的缺陷（弱点），只要你符合招聘条件，适合那份工作，便会录用你。那么，你可以选择第二种用人单位去应聘。其实你也可以到第一种用人单位试一试，作为锻炼自己的机会。面对明知不大可能被录用也不要有挫折感。因为许多人都有面试失败的经验，问题是要有跌倒再爬起来的勇气与毅力。

2. 具备良好的心态

求职者一旦具备了良好心态，就会在面试时精神饱满、意气风发，充满自信，讲起话来语意肯定、语气恳切，操纵言辞得心应手，讲起话来侃侃而谈，从而为成功应聘打下良好的基础。

（1）积极进取的心态。有积极进取心态的求职者，总是把每个面试机会看成是千载难逢的好机遇，可遇而不可求，是新的成功在向自己招手。能在面试前认真做准备，打电话，查资料去摸底，对每一个可能被问到的问题的细节都仔细思考一番，在面试时就可望有正常的或超常的发挥。有这种积极心态的人,不怕负面消息的干扰。找工作其实是找机会,而机遇又从来不是唾手可得的。有的机遇往往是稍纵即逝,你不去捕捉,定会失去良机。

(2)双向选择的心态。你去求职应聘参加面试,不是命运操控在对方手里。命运还是在自家手上。的确,从用人单位来看,你是在接受审查,看你的条件是否符合招聘的要求。不过,换个角度来看,那家用人单位和主试人同时也在被你审查,看看他们给的条件能不能吸引你。双向选择嘛,你考查我,我还考查你呢!有了这种心态,你在精神上就占了上风(但不可趾高气扬),以沉着、稳健的气势面对主考官那一连串的问题,自然能表现出一种不卑不亢的态度。再有,面试时别高估了对方答应的条件,特别是对方表示接纳你的意思时,不要高兴得冲昏了头脑。若心想我先上班再说,不行我再跳槽不迟,这可就不太严肃了。还是要按捺住情绪,以沉稳的语气说话。也可以看情况采用"轻处理"法,即表示:"我很高兴参加这次面试。回去以后我再考虑一下,尽快答复您什么时候来报到(或签约)。"这种表现会给用人单位留下一个良好的印象。

(3)输得起的心态。面试时如果有不怕挫折、不怕失败,输得起的心态,那就会大大增强面试的信心,讲起话来有板有眼、理直气壮地介绍自己,就是遇到比自己强的竞争者,你也不会自惭形秽,而是抱着一种"一山还比一山高"、"我也要成为他那样的人"的积极心态来对待。总之,经不起挫折,输不起的人才是真正的失败者。有了这种输得起的思想准备,你就会一试再试,终会找到比较称心的工作。

(三)求职的仪容准备

一个人能否为别人所接受,关键在于他自己在别人心目中的形象如何。对于求职者来说,个人形象的好坏在很大程度上影响面试的成败。而塑造良好的个人形象,至少要注意以下几个方面。

1. 装束仪表要得体

英国前首相丘吉尔曾经说过:"衣着是最好的名片。"衣着对于求职成功与否起着十分关键的作用。主考官往往会通过仪表来判断求职者的身份、学识、个性等,并形成一种特殊的心理定式和情绪定式称为"第一印象",心理学中称为"首因效应"。这个"第一印象"在无形中左右着主考官的判断。大部分主考官会对穿着各种不同服装的面试者有不同的看法,进而影响他的决策。因此,求职者最好能借着服饰来美化自己的体格、外观和个性。求职面试时,尽管没有必要穿高档的服装,但服装的质地要精良,穿着要整洁大方。如果面对的考官们穿着西服革履,而你却穿着太随意,就与对方无法建立平等关系。在你还没开口说话之前,心底就会信心不足,同时留给主考官的印象会大打折扣。除衣着要求外,对发型和化妆也有要求。发型以庄重、简洁、典雅、大方为宜。头发必须保持健康、干净、清爽、整齐。化妆应当选择淡妆,不过分引人注目。妆面不能出现残妆。在求职时,假如妆容衣着有残损,不仅会直接损害自身的形象,更重要的是,会在考官者的眼中留下缺乏条理、邋里邋遢的形象。

女性求职者参加面试时,不宜化浓妆、穿着时髦,切忌衣着"透"、"露"。

2. 行为举止要得体

举止体现着一个人的修养和风度。面试时,考官也在检验求职者是否具备了作为一个"社会人"的基本素养。因此,应聘时,首先要注意的一点就是,不要结伴而行。独自去面试,展示的是你的独立性和自信心,会给考官留下好的印象。面试时,举止要大方、得体,不慌张。注意站、坐、走的正确行为举止。进入考场后,与考官要保持一定的距离。不适当的距离会使考官感到不舒服。尤其是一些服务行业的面试,比如:航空服务面试,站得离考官太近,你的肤色、妆容上的小缺点会一目了然。站得离考官太远,显得有距离感。所以,一定要把握好站立的位置。不过,也有应聘人多的情况,招聘单位一般会预先布置好面试室,把应试者坐的位置或站立的位置都定好了,这就不存在需要调整位置的问题。当求职者进入面试室后,一定不要随意将椅子挪来挪去。有的人为了向考官表现亲密感,总是把椅子往前挪,其实,这有可能会影响你的面试,因为这是一种失礼行为。在面试时,有的求职者不拘小节,傲慢不羁,表现出一副无所谓的样子,或许你的学历高,或许你有经验和能力,或许这是你展示独特个性的一种方式,但给考官的印象有可能适得其反。这恰恰体现的是你的礼仪缺失,是不可取的,你有可能会因此失去一次机会。

二、求职面试语言要求

1. 文明礼貌

面试的基本形式是谈话。尊敬用语在面试中有着重要的意义,这表明了应试者对面试人员的态度,是不能忽略的。这里有几点值得注意:首先要注意称呼。称呼是沟通人际关系的信号和桥梁,也是表达情感的手段。因此,对别人怎样称呼应该十分慎重。称谓得当能使对方产生相容心理,感情就较融洽;称呼不当就会造成对方的不满或反感。因此要称呼得体。其次,要注意用语文明,用语礼貌,这样可以保持人与人之间正常的交往,同时它在一定程度上反映了一个人的精神面貌和品德修养。通常我们在称呼中最常用的尊敬用语有"您"、"老师"、"先生"、"女士"、"小姐"、"同志"等,礼貌用语则有"您好"、"您请问"、"您请说"、"对不起,我插一句"、"如果您方便的话,请……"等。最好不要用"喂"、"哎"等语气词与人打招呼。在面试中,无论你有多大的本事,都必须要谦虚、热情,绝不能傲慢自大、自以为是、夸夸其谈。谈话中切勿带有训斥或轻蔑的口气,更不要口出狂言。

2. 简明扼要

面谈时间有限,要使主考人员在短暂的时间内了解你、欣赏你,就不可漫无边际或事无巨细地"大侃特侃"。简明扼要的语言表达,就是以最少的语言传递最多的信息,突出重点地宣传、推销自己。这不仅能反映求职者的口语表达能力,也可体现出求职者的思维能力及对事物的认识水平。要注意以下问题:

(1)不要啰唆重复。有些人讲话滔滔不绝,其实是絮絮叨叨,繁复冗长,这是一种令人生厌的恶习,应加以避免。语言表达应言简意赅,举例精要,措辞精练,思路清晰、不说套话、空话与口头禅。

(2)紧扣提问回答。这就首先要求理解提问的含义和实质,然后紧扣问题进行回答。否则就会虽口若悬河,但离题万里,所答非所问,令主考人员不知所云,这也是面试问答的大忌。

(3)回答问题开门见山。第一句话就说出自己的主要观点,不要先着力于为主要观点多作铺垫。否则,当你还未来得及说出自己的观点,对方就可能又提出新的问题。这样一来,上个问题的回答你就不及格了。

3. 个性突出

(1)打破传统:"沟通"而非"问答"。在面试中,很多考生都形成了一种固定的答题模式,进门说考官好,坐下前说谢谢,开始答题时说考生开始答题,甚至思考时间到了也得说一句:考生思考完毕。考生们千篇一律,十分刻意。当然我们并不是说在考场上懂礼仪不好,但是过分的刻意则会让考官产生不舒服的感觉,觉得太过拘谨。考生不妨打破考场传统上的"一问一答"方式,而是将整个面试当做一个和考官沟通,交流的过程,这样在心态上就会轻松很多。这一点考生可通过平时的勤加练习来帮助自己快速的进步,练习时语言上尽可能保持沟通的口吻,切忌用强势的语言表明自己的态度,尽量多用"我认为"或者"我觉得",久而久之在考场上便能应对自如,让考官赞同你的观点,产生共鸣。

(2)语言的流畅性和逻辑性。面试是通过语言让考官理解你的思想意图,达到共鸣的过程,那么首先一点就是强调语言一定要流畅。有些考生可能会认为自己平时讲话没有问题,可以不用练习。其实不然,考生一定要认识到在考场上面对考官和生活中面对熟悉的人讲话,是有本质的不同的。平常可以轻松随意地讲话,不用刻意,也谈不上紧张;但在考场上面对人数较多的考官,考生容易产生紧张情绪,进而语言听起来不是很流畅。可通过反复练习来加强语言的流畅性,可在清晨大声地朗读报纸上的文章,锻炼自己的语音语速,久而久之,就能够达到不错的效果。

其次是语言的逻辑性。我们在日常的人际交往中也能发现一个现象,如果是和一个条理非常清晰的人对话,那么交谈就会非常愉快,交流的氛围也会比较轻松,但是假如对方讲话完全没有逻辑,东一句西一句,就会让人感觉不知所云,不愿意再听下去。面试中也是同样的道理,对某一个问题进行阐述时,首先得让考官理解你的整体思路,论述的方向在哪;其次,还有一个简单方法可以体现出考生思维的缜密性,即在就一个问题提对策和方案时,用"第一"、"第二"、"第三"来开启后续的内容,这样不仅可以让考官认为你的语言有逻辑性,还可以帮助考生自己理清思绪,避免出现混乱的局面。

(3)融入事例,生动又丰富。除了保证语言的流畅性和逻辑性,论述过程中列举一些实例也能为考生增色不少。但是也有很多考生在思考时间不是很充足的情况下,举出一些不恰当的例子,让考官云里雾里,或者是调子起得太高,让人感觉很空洞。回答问题举实例时,结合自身的经历来论述是比较好的方法之一,容易让考官信服,由于是和自己有关的事情,所以讲起来也比较生动,可信度高;另外,举例子能举近的就比远的好,要是举一些自己都不是很清楚的事例,说着说着发现得胡编乱造,又无法自圆其说,最后自己都捋不清了,如何能让考官给出高的分数。所以在面试备考中,考生还要注意多关注各类新闻事件,多读评论员文章,尽可能用严谨的语言叙述问题,也可以积累各类社会事件材料,以便在答题时通过举例使整个作答内容更丰富,更容易取得高分。

4. 真诚实在

每一个人都与众不同,你不可能找到一个与你完全一样的面庞,你也不可能找到一个与你在性格、能力、气质等方面完全相同的人。同样每一个考生都有自己的应试风格,即使不同的考生使用了相同的技巧,他们的面试风格仍是不同的。

考生完全可以抛开面试技巧,拒绝"包装",以真实的面目出现在考场上。这种面试风格有时能使你从众多世故老练的考生中凸显出来,给考官留下深刻的印象。

真诚,首先要实事求是,以诚实的态度展示自己。初次见面,要少讲虚伪话,多讲真诚话,在态度上要真情实意。诚实之外,考生还要用自己率直的性情、真诚的情感表露,与考官进行情感交流。不加雕饰、朴实无华的形象有时能起到任何交际技巧起不到的作用。这正如古人所说:"物性无巨细,自适固其常。"面试应答的最高境界是态度真诚,谈吐得体。面试应答时一定要说实话,把真诚表现出来,让人信服。真诚的东西才是最有魅力的。面试应答不是演戏,不是演讲比赛,在这里,考官考查的是应聘者的真实观点、看法和水平。所以,应答时必须实话实说。

三、求职语言技巧

(一)自我介绍技巧

在求职面试时,大多数面试考官会要求应聘者做一个自我介绍,一方面以此了解应聘者的大概情况,另一方面考查应聘者的口才、应变和心理承受、逻辑思维等能力。千万不要小视这个自我介绍,它既是打动面试考官的敲门砖,也是推销自己的极好机会,因此一定要好好把握。自我介绍并不是随心所欲地进行的,一个良好的、恰到好处的自我介绍能给主考官留下深刻的印象,反之则会让你的面试一开始就一塌糊涂,所以应聘者首先应明白以下几点:

(1)自我介绍时首先应礼貌地做一个极简短的开场白,并向所有的面试人员(如果有多个面试考官的话)示意,如果面试考官正在注意别的东西,可以稍微等一下,等他注意力转过来后才开始。

(2)自我介绍的目的性要强,主题明确,切忌空泛无物。许多人往往急于介绍自己、推销自己,却因为讲话空泛无物,而引起面试考官的怀疑。你要明确,求职的目的是能获得这个职位,所以喋喋不休地去谈那些毫无意义的废话,浪费面试考官的时间是不可取的。自我介绍的目的性一定要强,最忌漫无中心,东一句西一句,让人听了不知所云。求职面试中的自我介绍宜简不宜繁。

(3)注意掌握时间。如果面试考官规定了时间,一定要注意时间的掌握,既不能超时太长,也不能过于简短。

(4)介绍的内容不宜太多地集中在诸如姓名、工作经历、时间等信息上,因为这些在你的简历表上已经有了,你应该更多地谈一些跟你所应聘职位有关的工作经历和所取得的成绩,以证明你确实有能力胜任你所应聘的工作职位。

(5)在作自我简介时,眼睛千万不要东张西望,四处游离,显得漫不经心的样子,这会给人做事随便、注意力不集中的感觉。眼睛最好要多注视面试考官,但也不能长久注视目不转睛。再就是尽量少加一些手的辅助动作,因为这毕竟不是在作讲演,保持一种得体的姿态也是很重要的。

(6)在自我介绍完之后不要忘了道声谢谢,否则往往会因此影响考官对你的印象。

当面试考官随便地问你:"谈谈你自己的情况如何?"这是面试中的第一个问题。此刻,你应把在此之前所有紧张不安的情绪稳定下来。因为对这个问题,应试者已经做了充分的准备,并且有足够的信心和勇气相信自己能回答好这个问题。

1. 面试自我介绍的内容

首先请报出自己的姓名和身份。可能应试者与面试考官打招呼时,已经将此告诉了对方,而且考官们完全可以从你的报名表、简历等材料中了解这些情况,但仍请你主动提及。这是礼貌的需要,还可以加深考官对你的印象。

其次,你可以简单地介绍一下你的学历、工作经历等个人基本情况。请提供给考官关于你个人情况的基本的、完整的信息,如:学历、工作经历、家庭概况、兴趣爱好、理想与抱负等。这部分的陈述务必简明扼要、抓住要点。例如介绍自己的学历,一般只需谈本专科以上的学历。工作单位如果多,选几个有代表性的或者你认为重要的介绍就可以了,但这些内容一定要和面试及应考职位有关系。要保证叙述的线索清晰,一个结构混乱、内容过长的开场白,会给考官们留下杂乱无章、个性不清晰的印象,并且让考官倦怠,削弱对继续进行的面试的兴趣和注意力。

应试者还要注意这部分内容应与个人简历、报名材料上的有关内容相一致,不要有出入。在介绍这些内容时,应避免书面语言的严整与拘束,而使用灵活的口头语进行组织。这些个人基本情况的介绍没有对或错的问题——都属于中性问题,但如果因此而大意就不妥了。

接下来由这部分个人基本情况自然地过渡到一两个自己本科或工作期间圆满完成的事件,以这一两个例子来形象地、明晰地说明自己的经验与能力。例如,在学校担任学生干部时成功组织的活动;或者如何投入社会实践中,利用自己的专长为社会公众服务;或者自己在专业上取得的重要成绩以及出色的学术成就。

接下来要着重结合你的职业理想说明你应聘这一职位的原因,这一点相当重要。你可以谈你对应考单位或职务的认识了解,说明你选择这个单位或职务的强烈愿望。原先有工作单位的应试者应解释清楚自己放弃原来的工作而做出新的职业选择的原因。你还可以谈如果你被录取,那么你将怎样尽职尽责地工作,并不断根据需要完善和发展自己。当然这些都应密切联系你的价值观与职业观。不过,如果你将自己描述为不食人间烟火的、不计较个人利益的"圣人",那么考官们对你的求职动机的信任,就要大打折扣了。

这里我们介绍了一条清晰的线索,便于你组织你的自我介绍。为了保证结构明确,有条有理,你可以多用短句子以便于口语表述,并且在段与段之间使用过渡句子,口语也要注意思路、叙述语言的流畅,尽量避免颠三倒四,同一句话反复说,同时不要用过于随便地表述。

2. 面试自我介绍的时间

一般情况下,自我介绍应该是 3~5 分钟较适宜。时间分配上,可根据情况灵活掌握。一般地,第一部分可以用约两分钟,第二部分可以用约一分钟,第三部分用 1~2 分钟。好的时间分配能突出重点,让人印象深刻,而这就取决于你面试准备工作做得好坏了。如果你事先分析了自我介绍的主要内容,并分配了所需时间,抓住这三五分钟,你就能中肯、得体地介绍你自己。而有些应试者不了解自我介绍的重要性,只是简短地介绍一下自己的姓名、身份,其后补充一些有关自己的学历、工作经历等情况,大约半分钟左右就结束了自我介绍,然后望着考官,等待下面的提问。也有的应试者想把面试的全部内容都压缩在这几分钟里。要知道面试考官会在下面的面试中间向你提有关问题的,你应该给自己也给他人留下这个机会。

3. 面试自我介绍的要点

第一,自我介绍应以面试的测评为导向。

自我介绍也是一种说服的手段与艺术,聪明的应试者会以公务员考录的要求与测试重点组织自我介绍的内容。你不仅仅要告诉考官们你是多么优秀的人,更要告诉考官,你如何地适合这个工作岗位。而与面试无关的内容,即使是你引以为荣的优点和长处,你也要忍痛舍弃,以突出重点。

第二,自我介绍要有充分的信心。

谈自己、推销自己一定要有自信,要想让考官们欣赏你,你必须明确地告诉考官们你具有应考职位必需的能力与素质,而只有你对此有信心并表现出这种信心后,你才证明了自己。

应试者在谈自己的优点时的一个明智的办法是:在谈到自己的优点时,保持低调。也就是轻描淡写、语气平静,只谈事实,别用自己的主观评论。同时也要注意适可而止,重要的、关键的要讲,与面试无关的特长最好别谈。另外,谈过自己的优点后,也要谈自己的缺点,但一定要强调自己克服这些缺点的愿望和努力。

特别指出的是,不要夸大自己。一方面,从应试者的综合素养表现,考官能够大体估计应试者的能力;另一方面,如果考官进一步追问有关问题,将令"有水分"的应试者下不了台。

面试中应试者的自我介绍,可以让考官观察到简历等书面材料以外的内容,如你对自己的描述与概括能力,你对自己的综合评价以及你的精神风貌等。自信、为人等是其中的重要的潜台词,应试者务必注意。

4. 面试自我介绍的注意事项

第一,应试者应充分利用各种个人资源。除了面带微笑、目光交流、坐姿端正等表情、身体语言外,请以沉稳平静的声音、以中等语速、以清晰的吐字发音、以开朗响亮的声调给考官以愉悦的听觉享受,声音小而模糊、吞吞吐吐的人,一定是胆怯、紧张、不自信和缺乏活力与感染力的。

第二,情绪也是一个需要控制的重要方面。情绪,作为个人的重要素养,如果在自我介绍中起伏波动,就会产生负面影响。例如在介绍自己的基本情况时面无表情、语调生硬;在谈及自己的优点时眉飞色舞、兴奋不已;而在谈论自己的缺点时又无精打采、委靡不振,这必然会在考官们心中产生负面影响。

第三,有的应试者谈及自己的兴趣爱好时,说自己喜欢唱歌,便自作主张,一展歌喉,在面试考场上为考官们唱它一曲,直到被考官客气地打断后,才反应过来行为有些出格。

第四,有的应试者描述自己喜欢这样、爱好那样,如文学、艺术、旅游、摄影等,由此考官进一步询问其拍摄过什么作品,这位考生的回答却是她喜欢别人给她拍照,还说家里的几本影集都已经满了。

第五,有的应试者在介绍家庭关系时,似乎"漫不经心"地告诉考官们,自己的某位远房亲戚是应考单位的上级单位的某领导。

第六,有的应试者表示将来踏上工作岗位,将"一定要……""绝对……"等作诸如此类的保证,似乎在做就职演讲。

这些例子中很多画蛇添足似的自我介绍不但不会为你的形象增光添彩,反而会"越抹越黑"!

5. 面试自我介绍结束

对于你的自我介绍,考官既可能就其中某一点向你提出问题,也可能过渡一下,继续下面已经安排好的问题。这时考官会说:"我们十分欣赏你的能力……"或"你的自我介绍很精彩……"等,那么一声"谢谢"将是你最得体的应答。不要以为面试完了,就可以放心了,懈怠了。对主考官而言,并非不知道你紧张的神经已经放松了,但他还是会认为这样是有始无终。倘若给主考官这种印象,结果会令人忧虑。所以求职者一定要牢记"有始有终"。如果谈话效果不理想,最后的表现还可弥补一些,得到评价也可能提高。总之,在一定的时间内接受面试的人,说错话的机会不会多,反面经常在礼貌上出错。

(二) 面试应答技巧

面试的主要内容是"问"与"答"。面试主考官连连提问,求职者如果能够准备充分、对答如流,那当然是再好不过了。但在面试中,主考官往往是千方百计"设卡",费尽心思发问,以提高考试的难度,从中挑选最理想的人员。对于求职者来说,在面试中或许会遇到某些防不胜防的问题,要应付这种局面,求职者需要掌握面试的应答技巧。

1. 面试应答中的一般语言技巧

面试答辩离不开语言,因为答辩必须用语言来回答试题或考官提出的问题。答辩语言运用的好坏,直接关系到面试的成败。因此,掌握面试答辩的语言艺术,对于答辩有着十分重要的作用。谈话时若无特殊情况不可随便打断别人的讲话。即使是有某种原因,也要以适当的方式。在面试时,不可有太多的手势语或口头禅,让人看了或听了不舒服。普通话应力求标准,不可讲错字或念错字音,方言最好不用。若是外企单位,还应做好用外语面试交谈的准备。不可以自负的方式、语气说话,话不能说得太满,当然也不必太谦虚。

(1) 准确地选用词语。词语是造句的基本单位。词语选用得好,句子就会造得严谨而优美。因此,在面试答辩中要特别讲究词语的运用,词语运用得好,就会增强答辩的表达效果。

(2) 恰当地运用语句。面试答辩者在答辩中除了恰当地选用词语外,更要恰当地运用语句。因为答辩者要针对试题或者提问答辩,必须运用一系列的语句,才能切中题旨,阐明自己的思想。如果语句运用不好,那么就很难取得令人满意的答辩效果。

那么,怎样才能在面试中恰当地运用语句呢?

①根据答辩内容需要,适当选用短句。所谓短句是指用少量词语组成的句子。这种语句的特点是简单精练,言简意赅,富有力量,同时又易于使人接受。在答辩中根据内容的需要,适当地选用短句,必然能收到理想的答辩效果。

②根据答辩内容需要,交错运用长短句。面试答辩中要回答一些复杂的问题,而要回答这些复杂的问题,单纯地选择短句,难以完整地表达思想。因此,答辩者可以根据答辩内容的需要适当地选用一些长句,与短句交错使用,同样可以收到好的答辩效果。

③根据答辩内容需要,适当运用假设复句。面试答辩者往往运用假设复句阐明自己对事物的认识和表达自己的立场。前一分句提出一种假设情况,后一分句说明在这种情况下产生的结果,这种复句叫假设复句。假设复句常用的关联词语是"如果……那么"、"只要……就"、"即使……也"等。这种假设复句的特点是,两个分句之间具有制约关系,如前一分句是后一分句结果出现的条件,只要前一分句存在,后一分句的结果也会存在;后一分句的结果不存在,前一分句的条件也不存在。正是由于这种假设复句的两个分句之间存在这种制约关系,因此,这种复句既可以阐明事物之间的因果联系,也可以表达对事物某种规律性的预见,既可以提示深刻的哲理,也可以表达坚定的立场。由于假设复句具有这些作用,因而已在答辩中被广泛使用。

在答辩中使用假设复句,必须注意两个分句之间必须具有制约关系。即前一分句出现的事物情况必然是后一分句产生的结果的充分条件;后一分句的结果不可能产生,那么前一分句的情况也不可能出现。如果不具有这种制约关系,那么这个假设复句就不符合实际,如果在答辩中使用,就会削弱答辩的力量,甚至还有可能使答辩成为无效的答辩。

④根据答辩内容需要,适当地运用修辞手法。面试答辩者在答辩中所运用的是议论的表达方式,这是因为答辩这种形式决定了必须运用这种表达方式。一般来说,语言的表达方法不如叙述、描写等表达方法那样生动形象。但是为了增强答辩的表达效果,根据答辩的内容,适当地运用修辞手法,也是必要的。

(3)良好的语言习惯。求职面试同其他社会交往一样,是以语言表达思维、互相沟通的社会行为。虽然面试等应聘环节对语言没有特别的标准和要求,但社会所认可的良好的语言习惯,也是求职面试应达到的水准。虽然形成个人良好的语言习惯,绝非一蹴而就的,但了解什么是良好的语言习惯,并在应聘中有意识地加以注意,对提高应聘成功率还是有一定好处的。

良好的语言习惯不仅指不犯语法错误,表达流利,用词得当,言之有物,同样重要的还有说话方式,例如,发音清晰,语调得体,声音自然,音量适中等。说话时俚语不断,口头禅满篇,和病句、破句一样,都是语言修养不高的表现。

①发音清晰。发音清晰,咬字准确,对一般人来说不是十分困难。有些人由于发音器官的缺陷,个别音素发音不准,如果严重影响人们理解,或影响讲话整体质量的,应少用或不用含有这个音素的字或词。当然,如果有办法矫正的应该努力矫正,不要采取消极的方法。古希腊演说家德摩斯梯尼口含鹅卵石练出伶俐口齿的故事,可能会使你得到一些启示。

②语调得体。无论是哪一种语言对于各种句式都有语调规范。有些同样的句子,用不同的语调处理,可表达不同的感情,收到不同的效果。若有人说:"我刚丢了一份工作。"使用同样的反问句"是吗?"作答,可以表达吃惊、烦恼、怀疑、嘲讽等各种意思。

得体的语调应该是起伏而不夸张,自然而不做作。但是富于感情变化的抑扬顿挫总比生冷平板的语调感人。

③声音自然。用真嗓门说话,单调不高不低,不失自我,不仅听来真切自然,而且有利于缓解紧张情绪。

④音量适中。音量以保持听者能听清为宜。适当放低声音总比高嗓门顺耳有礼。喃喃低语是没有自信的表现,而嗓门太亮,既干扰环境,又有咄咄逼人之感。

⑤语速适宜。适宜的语速并不是从头到尾一成不变的速度和节奏,而是要根据内容的重要性、难易度,语调的高低及对方注意力情况调节语速和节奏。说话节奏适宜的减缓比急迫的机关枪式的节奏更容易使人接受。

除了上述几点,还要警惕一个很容易破坏语言意境的现象——过分使用语气词,口头语。例如,老是用"那么"、"就是说"、"嗯"等引起下文,或者,在英语的表达中使用太多的"well"、"and"、"you know"、"OK"及故作姿态的"yeah"等,不仅有碍于人们的连贯理解,还容易引人生厌。

最后很值得一提的是掌握母语,也就是说中国话的能力问题。许多人在学习外语时很舍得花工夫模仿所谓标准语音,却忽视了本国语的重要性,不会说像样的普通话,或者在中文的表达中夹进一串英语单词,还意识不到这是一种语言缺陷。且看外国人怎样评论这个问题。一位英国文化官员告诫我国国内一些希望在外资企业求职的青年们说:"请务须牢记,要让你们外国上司或同事的得力助手知道,作为当地人,你们所具有的关于中国、国家、人民和语言的知识,是最不可放弃的优势。"大多数人对自己的语言在习惯、语音语调方面都只有纯个人的感觉,这种感觉常发生失误。如果把自己日常生活中的语言录下来再放出来听,往往很容易找到不尽如人意之处,这是自我检查和调节的很适宜的办法。

国家人事部考录司提供的一份材料表明,面试语言获得高分的前提是:言语准确、简洁流畅、音色上佳。相反,言语不清、冗赘、杂乱、音色欠佳是面试语言的大忌。求职面试能否成功,与语言的表达能力及表达的技巧等方面也是密切相关的。在语言表达上,要注意以下方面:

其一,回答问题应条理清晰、脉络分明,给人精明强干的印象。

我们知道,一个人工作是否有计划、有组织、有步骤,其思维的条理性、逻辑性是否强,是反映其办事效率高低、工作能力大小的重要方面,而这些是可以从你的语言中反映出来的。因此,在回答问题时,应将你的答案归纳成几条几点。也许你的思维不是太敏捷,也许你需要边回答边思考,不断进行完善,你一时还不能马上反应出你将回答几条,这不要紧,你可以说"下面将从以下几个方面来回答提问"。在你阐述第一点的过程中,你可以想到其他很多相关的事情,这样你的头脑中就会出现第二点,第三点……最后,你再总结说"关于这个问题,我认为是以上几点,不知妥否"等。这样即使你回答的内容不是很明确,很规范,条理性很强,也会使主试者感觉到你的思路比较清晰、办事条理分明、作风严谨踏实,只是口头表达能力略逊罢了。

其二,措辞得当、口齿清晰、用语规范、表达准确。

参加面试,语言是大有讲究的,特别是在如今讲究商务沟通的时代,沟通方式成为面试成功的至关重要因素。在面试中尽量让应聘人员多讲话是许多考官采用的一种策略,这样就能在其中发现应聘人在书面材料中没有反映的一些情况。有趣的是,为了推销自己,在较短的时间内让招聘方多了解自己,许多应聘者在面试时也常常会采取同样的多讲话的策略。如果应聘人真的有很大的潜能或有很强的说话技巧,也未尝不可。问题是对于大多数人来讲,采取这种多讲策略是不明智的,结果吃亏的往往是应聘者自己。应聘者在面试时应该管住自己的嘴巴,如果认为已经回答完了,就不要再讲。该讲的讲,不该讲的绝不要多讲,更不要采取主动出击的办法,以免无事生非。

按照现代职业指导专家的观点,以下几点将直接影响你面试的成败。

一是对自身立场的表述清晰度。凡对自身的立场表达不清晰的人很少有面试成功的。二是提及自己公司名称的次数和频度。许多求职者竟连自己公司的全称都叫不清楚,这种求职者将只有25%的成功概率。三是对申请职位的了解程度。如果面试纯粹是为了了解某一职位的职责,那在面试时属于"无备而战",可能处处陷入被动。四是热情程度。极大地表现求职的热情,而不能简单地说:"好,明白。"五是专业术语。过多或过少地使用专业术语将不适当,可在必要时简洁地引用一些专业术语。六是提问。适当地提一些问题或是具体地就某一问题与主考官展开讨论将对面试带来极大的帮助。七是回答问题。俗话说:"言多必失。"面试应答同样如此。有一位求职者在考官问"你有什么缺点?"时,按事先准备好的答案作了回答,考官听了之后却没有吱声。求职者一看这情况以为是自己答得不好,又怕冷场,于是又讲了一个缺点,可是考官一直静静地听着还是不说话。就这样,求职者一个又一个地讲了不少。这样应聘的结果,不用面试结束也能知道了。

2. 面试应答中的特殊语言技巧

(1) 扬长避短,变不利为有利。人无完人,如果刻意掩盖自己的缺点,尤其是那些显而易见的缺点,可能招致反感和厌恶,所以最好的办法就是与主考官坦诚面对,但在承认缺点的时候要讲究方法,在面试应答过程中要尽量扬长避短,把自己的长处同应聘的工作有机地结合起来,变不利为有利。对于"你认为自己最大的弱点是什么"这样的问题,我们要做好对策准备,如果照实回答,可能得不到工作,如果回答没有缺点又不诚实。这是考官在考评你的反应能力。因此最好的回答就是用正面的介绍抵消缺点带来的不良效果,就是扬长避短。

(2) 幽默诙谐,变严肃为活跃。一般的面试场合都比较正式、气氛都比较严肃,这样的环境让不少面试者都略显紧张、压力陡增,有些有能力的人因此面试失败。如果你善于活跃气氛,巧用幽默,就可以借助诙谐幽默的语言化解紧张的气氛。幽默是自信的表现,是善于处理人际关系的反映。可以说,哪里有幽默,哪里就有活跃的气氛;哪里有幽默,哪里就有笑声和成功的喜悦。为此,在非常严肃、紧张、决定前途的面试的时候,不妨来点幽默,不仅使自己放松,也使考官记住你,可能还会让你在面试中脱颖而出。

(3) 避实就虚,变两难为折中。折中是一门艺术,是祖先智者留下的智慧结晶,是为人处世过程中可以适当运用的生存之道。在求职面试中,主考官经常会给你出一些令你左右两难的问题。在这个时候,你能选择缄默吗?当然不能,那只会使你与工作失之交臂,你只能勇敢作答。但有勇也要有谋,左不行,右也不行,那就最好采取折中术。若面试者预设一个前提条件,那么他的回答可能十分得体,会获得好评。对于可能设有陷阱的提问,一般情况下不要直接回答,而应想一想对方的用意是什么,"机关"在哪里,然后运用预设前提的说法跳出陷阱,予以回应。所谓折中,就是采取巧妙的方法将划分左右的界限模糊掉。这就有些像网上流传的那个很让男人头疼的问题:如果妻子和你的母亲同时落水,你会选择救谁?这个问题让男人抓耳挠腮了一阵子都没有头绪,假如选择救妻子,你就背上个不孝的罪名,如果是救母亲,妻子一定要和你离婚。那么聪明的回答应该是什么?其实很简单,你可以说,我救离我最近的,因为这样我才能有机会救出人来。

(4) 讨价还价,变低薪为高薪。薪金问题是一个敏感而又不能回避的问题。每一个求职的人都会将之作为自己求职的重要条件之一。我们必须明白在求职过程中,求职者总是要面对薪金问题,也总免不了讨价还价。有经验的求职者,把讨价还价同展示自己的智慧与实力有机地结合起来,通过谈判,既争取了预期的待遇,又展示了自己的能力,可谓是一举两得。但现在也有人认为在择业过程中,最好不要问自己的薪金,否则可能引起招聘者的反感,甚至导致面试失败。实际上关键不在于该不该问薪金,而是在于什么时间、什么地点和如何问。一些求职者,尤其是毕业生,初次面对求职,由于不知道如何回答薪金问题,所以对招聘单位提出的此类问题常常回避。但在面试后期,薪金问题不可避免要谈及。所以谈薪金问题不可怕,关键是如何要价,这是难题。因为要价太高,招聘单位不一定能承担,可能还会认为你好高骛远,但要价过低,也可能给自身带来委屈和打击,招聘单位也会认为你不自信。因此在求职前,就应该想好自己对薪金标准的期望值和下限。而这是根据你对自己学历、专长、工作背景、工作经历、工作经验等一系列情况的清晰分析后确定的。你自定的薪金标准当然要符合社会现行的工资水平和大多数人的收入标准。当然,这些标准也会因招聘单位的性质、规模大小、行业的不同有不同的弹性。

薪金定位明确以后,还要学会讨价还价。如果考官问你要多少工资,你可以先征求对方的意见,只表示要求与本职务同样资历者的标准工资水平。如果考官提出的薪金标准高于或接近你的期望值,当然很好;如果低于你心中的薪金下限,就要表示要考虑一下或问个明白。不要以为考官第一次所提议的数目就一定是他们决定付给你的最终薪酬,如果觉得不满意,不妨适当表达自己的意见。求职时关于薪金的讨价还价不仅是对自身利益的捍卫,甚至还可以反映求职者的智慧、才识以及对行业的熟悉程度。一般情况下,招聘单位很少会给超过你最初提出的薪金数目。因此,谈判时应注意避免自己主动亮出底牌,而应让面试考官提出他想给的薪金,后发制人,才有回旋余地。但在谈判过程中,如果用人单位坚持让你开价,你可以根据自己的调查,给出一个大致的薪金范围,这样才有利于达成一致的意见。如果谈判出现僵局,不妨转移话题,缓解紧张的气氛。如果一些用人单位给出的薪金是无可商量的,在合乎自己意愿的前提下,可以略作考虑,再表示考虑接受下来试试。

(三)面试时的禁忌

1. 忌缺乏自信

最明显的就是问"你们要几个?"对用人单位来讲,招一个是招,招十个也是招。问题不在于招几个,而是你有没有这百分之一或十分之一或独一无二的实力和竞争力。而"你们要不要女的?"这样询问的女性,首先给自己打了"折扣",是一种缺乏自信的表现。面对已露怯意的女性,用人单位刚好"顺水推舟",予以回绝。

2. 忌急问待遇

"你们的待遇怎么样?""你们管吃住吗?电话费、车费报不报销?"有些应聘者一见面就急着问这些,不但让对方反感,而且会让对方产生"工作还没干就先提条件,何况我还没说要你呢"这样不好的想法。谈论报酬待遇是你的权利,这无可厚非,关键要看准时机。一般在双方已有初步聘用意向时,再委婉地提出来。

3. 忌不合逻辑

面试的考官问:"请你告诉我你的一次失败的经历。"若答道:"我想不起我曾经失败过。"则在逻辑上讲不通。又如考官问:"你有何优缺点?"若答道:"我可以胜任一切工作。"这也不符合实际。

4. 忌报有熟人

面试中急于套近乎,不顾场合地说"我认识你们单位的某某"、"我和某某是同学,关系很不错"等。这种话主考官听了会反感。如果你说的那个人是他的顶头上司,主考官会觉得你在以势压人;如果主考官与你所说的那个人关系不怎么好,甚至有矛盾,那么你这样说引出的结果很可能就是搬起石头砸自己的脚。

5. 忌超出范围

例如面试快要结束时,主考官问求职者:"请问你有什么问题要问我吗?"这位求职者欠了欠身子问"请问你们公司的规模有多大?中外方的比例各是多少?请问你们董事会成员里中外方各有几位?你们未来5年的发展规划如何?"诸如此类的问题。这是求职者没有把自己的位置摆正,提出的问题已经超出了求职者应当提问的范围,会使主考官厌烦。主考官甚至会想:哪有这么多的问题?你是来求职的还是来调查情况的呢?

6. 忌不当反问

例如主考官问:"关于工资,你的期望值是多少?"应聘者反问:"你们打算出多少?"

这样的反问就很不礼貌,好像是在谈判,很容易引起主考官的不快和敌视。

第十讲　辩论口才

世界是矛盾的,人与人之间的思想观点差异、分歧与矛盾更是司空见惯,因为思想观点的不同产生的口头争辩随处可见:一个社会问题、一个特殊事件、一部文学作品、一场体育比赛都能引起争辩,甚至吃什么、穿什么也能引起争辩。

自1993年首届国际大专辩论会在新加坡举办以来,每两年一届的国际大专辩论会(2007年更名为国际大学群英辩论会)轮流在新加坡和北京(2010年起改在青岛)举行,期间吸引了海内外无数喜爱华语辩论者的关注,辩论赛已成为高校以及各种社会组织内一项高雅的以锻炼口才为目的的竞赛项目。

从一定意义上说,不同观点之间的争辩是一个探求真理的过程,人们通过辩论可以辨明是非,获得正确的认识。但同时,由于辩论双方都极力想证明自己观点的正确,反驳对方的观点,因此辩论又是一种充满"敌意"的口头战争。在现实争辩过程中很少有一方会心甘情愿地认输,因此,如何在辩论中战胜对手获得胜利要有很高的技巧,而在辩论过程中如何保持"风度"、不伤和气以及如何结束"战争"也是件很有艺术性的事。

一、辩论概述

(一)辩论及其特点

1. 辩论的含义

辩论又叫论辩。论,就是论说、论证,主要是确立自己观点的正确性;辩,就是辩驳,辨明是非,主要是指出对方观点的谬误性。因此,辩论就是双方在某一问题上因观点不同而引起的为自己辩护和反驳别人的一种语言交锋。

辩论分笔辩和口辩,我们这里讲的辩论指口辩。

2. 辩论的特点

(1)观点的对抗性:辩论与一般社交谈话最大的不同就在于辩论双方在思想观点上是针锋相对的。因此精彩的辩论往往火药味十足,这种语言战争也是以打败对方为目的的,因此辩论中特别强调"辩"的技巧,用以击败对方以取胜。

(2)论理的严密性:由于辩论的对抗性,因此为了避免对方的攻击,辩论论证时论理就要严密,要符合逻辑,尽量不露出破绽,否则就有可能让对方抓住攻击的

第十讲　辩论口才

把柄,陷入困境。

（3）表达的临场性：无论是何种形式的辩论都具有很强的临场发挥性,即在辩论语言的表达上具有即兴临场性。即使对于辩论赛这种赛前准备比较充分的辩论,在比赛中,大部分辩论也是要靠即兴口才才能应付的,要随时见招拆招以及窥短击虚。

（4）思维的机敏性：辩论口才是比即兴口才在能力和技巧上要求更高的口才艺术,因为辩论是一种处于外在强大压力下的说话形式。辩论不仅对辩手的语言能力、心理素质有很高的要求,而且尤其强调思维的机敏性,即机智、敏感性。在辩论过程中,辩论者必须具有敏捷的思维能力,高度的判断能力,机智的语言运用能力。在辩论的唇枪舌剑之中,语言信息的传播与反馈速度比一般会话要快得多,稍有懈怠就会被"明枪暗箭"所伤。

（5）应用上的广泛性：生活充满着矛盾,解决矛盾,明辨是非,维护真理,都离不开论辩。大到国家外交、商务谈判、法律诉讼,小到日常生活中的口角、纠纷,甚至玩笑都会用到论辩。它可以澄清认识,提高人们的思想水平,锻炼和培养人们的思维的敏捷性、语言的条理性和艺术性,进而提高口语表达能力。

（二）辩论的类型

辩论的类型可以分为三大类：赛场辩论、日常辩论和专门辩论（包括学术辩论、法庭辩论、竞选辩论、谈判辩论、决策辩论等）。

1. 赛场辩论

赛场辩论也称辩论赛,这是一种培养辩论口才,锻炼思维应变能力以及协同作战能力的团体比赛形式。

这种比赛是就某一特定的辩题,辩论双方有组织、有计划地展开激烈的辩论,并当场决出胜负。它实际上是围绕辩论的问题而展开的一种知识的竞赛,思维应变能力的竞赛,语言表达能力的竞赛,也是综合能力的竞赛。赛场辩论不像法庭辩论、谈判辩论那样有明显的对错是非之分,而是仁者见仁,智者见智。因此,赛场辩论的辩题大都是中性的,没有简单的是非倾向,这样才能辩得下去,辩得公平,而胜负主要取决于辩论的技巧以及知识运用、思维应变、语言表达等综合能力。

"国际大专辩论会（2007 年更名为国际大学群英辩论会）"作为最高级别的大学生华语辩论赛,历届均备受辩论爱好者的瞩目。来自各大专院校的辩手在这一舞台上各显神通,大力推广和发扬了辩论艺术和中文文化。

2. 日常辩论

这种辩论在社会生活中最为常见。人际交往中为琐事的争辩、经济纠纷、工作中同事之间解决问题的探讨、朋友之间的斗嘴、邻里间的争吵、交通事故协调等,都属于这种辩论。这是一种以说服对方接受自己的观点与建议为目的的即兴式辩论形式。

3. 专门辩论

专门辩论有许多门类,常见的有以下几种:

(1)学术辩论:是指科学研究工作者在学术会议上,就某个有争议的学术问题展开的辩论。在大学里面的各种学术性答辩,比如论文答辩、科研项目立项及结题答辩也属学术辩论范畴。

(2)法庭辩论:法庭辩论是指在法庭审理诉讼过程中,各方当事人及其代理人(或被告人的辩护人、公诉人),为保自方合法权益,达到预期目的或效果,在依据事实和法律的基础上,对证据和案件情况发表各自的意见,并针对对方提出的不利于己方的观点进行辩驳的过程。

法庭辩论由于涉及重大利益甚至生死攸关,故对辩论的技能技巧要求特别高,辩论的激烈程度也是最高的。

(3)竞选辩论:是指在竞选活动中,两名竞争对手针对某个社会政治或经济问题在公众面前进行辩论,以获取选民支持的活动。这种竞选辩论主要存在于西方民主制度国家,最著名的是美国总统的电视竞选辩论。

(4)谈判辩论:是指在政治或经济领域的利益集团之间为了各自自身利益就某个重大政治或经济事务进行谈判时,各自为自己的利益而与对方进行的辩论活动。主要有外交谈判辩论和商业谈判辩论。

(5)决策辩论:是指组织高层决策者们,在组织发展的重大问题的研究探讨时进行不同观点的辩论,分析辨明各种行动方案的利弊,以求获得最佳行动方案的活动。

(三)辩论的原则

由于辩论的竞争性,双方都不会轻易放弃自己的观点和意向,却又都想逼迫对方放弃,因此都会据理力争、使尽手段,难免会有出格与不妥之举。比如在日常辩论中,经常会出现争辩成争吵、辩论成诡辩的现象,从而使辩论失去了意义,甚至有损人际关系。因此,为了使辩论朝着正确的方向顺利进行,达到辩论的目的,辩论双方都必须遵循以下几个基本的原则。

1. 实事求是原则

这是辩论必须遵守的最基本原则,其要求是:尊重事实,追求真理。

(1)尊重事实。尊重事实是指在辩论中,辩论双方在阐明观点、讲道理以及反驳对方观点时要以客观事实为基本依据,要懂得"事实胜于雄辩"的道理。

其次,在使用事实材料时,要客观公正,不能根据自己观点的需要随意歪曲、篡改事实。

尊重事实,还表现在对于对方引述的事实材料,不能因为于己方不利,就无视

事实或否认事实。

(2)追求真理。辩论的目的在于辨明是非,追求真理。而真理作为经过实践检验过的正确认识,应该成为辩论双方的共识,并以此为基础追求新的真理性认识。那种对真理一概怀疑或否认的人,是不可能与之辩论是非真伪的。死活不认错,无理争三分,这种做法是与实事求是的原则相违背的,也是为高尚的人所不齿的。

2. 平等原则

在辩论中,不管辩论者的社会地位高低,各方都应当是平等的。正如罗曼·罗兰所说的:"在争论中是不分高贵卑贱,也不管称号姓氏的,重要的只是真理,在它面前人人平等。"这种平等原则主要表现在以下三个方面:

(1)人格平等。人格是法律上人人享有的作为人的基本资格和权利。没有人格上的平等,是不可能有公正、公平的辩论的。不管辩论者在政治、经济、学识、资历、道德等方面是否有差别,一旦在一起辩论,在人格上就不应有高卑贵贱之分,也不应有论资排辈之举,只有这样才会有真正的辩论。

(2)平等的辩护和反驳的权利。辩论的过程就是不断辩护和反驳的过程。一方面全力为自己观点辩护,证明其正确;另一方面竭力反驳对方观点,以证明其错误。这就需要双方都有平等的辩护和反驳的权利,如果一方失去这种权利,不能为己方观点辩护,或不能反驳对方的观点,那么这种辩论就是不公平的。现实辩论中,经常有人不停地说,或打断别人不让别人说下去,或大声盖过别人的声音,这些都是不平等的表现。

(3)真理面前人人平等。在辩论中,要以理服人,以理取胜,不能以权势、地位压人。辩论各方都有发现真理、追求真理、掌握真理、捍卫真理的平等权利。无论是身居要位手握重权之人还是平民百姓,无论是学识渊博的伟人还是才疏学浅的无名之辈,无论是德高望重的长者还是刚进入社会的"初生牛犊",在辩论中都有发现、捍卫真理的权利,都应服从真理。一些人倚仗自己的权威、学识在辩论中不讲道理,妄下结论,并且不容别人怀疑和辩解,这就违反了平等的原则。

3. 同一性原则

辩论者在辩论时思想观点应具有确定性、一贯性和明确性,从而使双方的思想观点在整个辩论中具有一致性,这是辩论得以进行的基础。因为辩论是不同思想观点之间的交流过程,是相互对立的思想观点之间的论争,只有当辩论双方的思想观点在整个辩论中始终保持同一时,彼此才有可能把握对方的思想观点,才能辨别其是否正确,从而才能进一步展开辩论。同一性原则的具体要求是:

(1)概念保持同一:在同一次辩论中,辩论者使用的概念无论使用多少次都必须保持其自身的含义,都要指同一对象,不能混淆或偷换成另外一个概念。

(2)论题保持同一:论题是整个辩论的中心,辩论者在辩论中要始终保持论题一致,不可在中途用另一个论题来代替原论题。这也是辩论顺利进行的前提之一。否则,论题变了,整个辩论的中心也就变了,那就不是原来的那场辩论,而是另一场辩论了。

(3)思想观点保持同一:辩论者表述自己的思想观点应前后一致,能自圆其说。不自我否定,也不能含糊其辞,左右摇摆不定。如果在辩论中辩论者的思想观点前后不统一,不能自圆其说,那么其观点就不可能是正确的。因为思想观点前后不一致,必然要导致矛盾,而相互矛盾的思想观点是不可同真也不可同假的。这样一来,无论是同时肯定或同时否定这两个矛盾的思想观点,都必然是错误的。

4. 充足理由原则

这一原则要求辩论者在辩论中必须为自己的观点提供充足的理由。无论何种论题,如果是正确的,一定都有现实的客观依据。俗语说:"事出有因",如果"查无实据",那你的观点就错了。世界上没有一种事物的发生没有原因,也没有一种事物不是某一原因的结果,没有原因和结果的事物是不存在的。因而辩论必须"说话有根据",要"摆事实讲道理",需"言之成理、持之有据、以理服人",这都体现了充足理由原则的要求。

充足理由必须具备两个条件:

一是理由要真实无疑,即理由必须是经过实践检验并符合客观实际的判断。理由真实,这是辩论有说服力的根本条件。

二是理由与观点之间要有必然的逻辑联系,前者必须是后者的充分条件,即从理由的真实必然推出观点的真实。

只有具备以上两个条件的理由才是充足理由。在辩论中,只有符合充足理由原则要求的辩论才真正具有说服力,使人心悦诚服。在辩论中,理由越充分,就越有说服力,对方就越难以反驳。如果不能提供充足理由来论证自己的观点,只能说出"其然"而说不出"其所以然",观点必然苍白无力,难以使人信服。

5. 健康有益的原则

(1)积极健康的辩题。除某些专门辩论之外,一般的日常辩论或辩论赛主要都是以锻炼口才为目的的语言能力竞赛活动。辩论本身是一种促人成长的社交活动,参加这样的活动不仅可以锻炼口才,更可以促进人与人之间的信息、情感交流。为此,辩论时选题很重要。一方面辩题的倾向性不能太强,即不能拿有明显是非倾向的问题作为辩题,否则辩论将是不公平的竞争;另一方面,辩题要有积极意义,以社会大众关心的热点问题以及对社会文明发展有积极意义的话题作为辩题,既能引起观众的兴趣,又对辩论者本人思想认识的提高有益。

(2)意志品德的锻炼。辩论不仅是口才的竞争,也是意志品质和道德品质的竞争。

意志作为人的意识能动性的集中体现,是人在特定目标的指引下,克服困难和阻力,努力去实现目标的一种心理状态。由于辩论是一种对抗性很强的口头语言之战,思想意识和说话能力固然对辩论的胜负有重要影响,但顽强的辩论意志更是辩论胜利的前提,很难想象只有精良武器装备而没有斗志的士兵能在战场上打胜仗。

辩论同时也是辩论者道德品质的一种较量。尽管辩论是一种"战争",但它只是思想认识之战,虽然它也要争胜负,但这种胜负之争是在一定的原则下进行的,除了要遵循科学原则、公平原则和逻辑原则外,也还要遵循一定的道德原则。比如,不能采取人身攻击、胡搅蛮缠等无赖行为,尤其是在日常辩论这种不太规范的辩论中,更能考验辩论者的道德素养,换句话说,日常辩论中的胜负标准往往包含较多道德因素。因此在日常辩论过程中如何保持"风度"、如何做到伤对方观点但不伤对方感情、如何做到得理且饶人、如何友好愉快地结束辩论等,是每个爱好辩论者要好好学习的技能。

因此,以锻炼口才为目的的辩论,应该具有良好有益的开始(健康有益的话题)、精彩纷呈的过程和友好愉快的结束。

二、辩论能力与技巧

(一)辩论能力

一个辩手的辩论能力由知识运用能力、心理控制能力、语言反应能力和思维能力等构成。

1. 知识运用能力

辩论中若能随心所欲地做到出口成章、引经据典、旁征博引,那一定会有口若悬河、滔滔不绝、语惊四座、攻守兼备的辩论效果。而这些都是以丰厚的知识储备为前提的。一个辩手只有具备了广博、深刻、完整的知识系统,才能在辩论中将知识化为唇枪舌剑、力挫对手。因此,要提高辩论能力,就必须广泛阅读、勤奋学习,从书本中学,从社会实践中学,从与人交往中学,以不断扩大、丰富自己的知识系统。

2. 心理控制能力

辩论过程实际上也是一个心理意志力量的较量过程。心理素质好,意志力强的人,在大庭广众之下会从容应战,并且越战越勇;而心理素质差,意志力量薄弱的人,则有可能慌乱应对,语无伦次,漏洞百出。如果此二人对阵,胜负将一目了然。因此,要提高辩论能力,就必须加强心理素质的训练,提高心理控制能力。

有利于辩论的心理因素有自信心理、论战意志、情感力量、注意与聆听能力。

(1)自信心理。自信是辩论者首要的心理因素。由于辩论是大庭广众之下的舌战,对自己的辩才和演说技能充满信心,是战胜对手的最关键的心理因素。一个辩手只有充满坚定的信心,在辩论中才能精神饱满、感情充沛、坦然自若、语气坚定,使自己的辩论语言产生极强的感染力和说服力。有一个特别的事例很能说明问题。一次,美国口才训练大师卡耐基与某推销员有如下辩论:

推销员认为,在没有种子、没有根的条件下,却可以长出植物。他说将山胡桃树烧成灰,撒在犁过的土地上,就能长出绿油油的牧草。卡耐基从正反两个方面并列举事例去驳斥对方的论点和论据,指出这是绝不可能的事情。他尽量语气温和,以为对手和听众一定心悦诚服,不会再提出异议。谁料对手继续坚决地主张那完全不可能的事实,跳起来大声疾呼:"我是绝对正确的,并非空想,因为这是经过实验的客观存在。"接着这个推销员列举了一系列可供参考的资料,证明自己的说服正确无误,声音和态度充满热情和信心,一切仿佛都是真的,令人不得不信。卡耐基站起来反驳,可对手这时则提出以5元打赌这件事的真实性,并要求政府检验局来作证。真是虔诚能感动上帝,论辩的结果,全体听众竟然都站在推销员的一边,很多人居然相信这是可能的。卡耐基大惑不解地问听众这是什么原因,他们异口同声地说,因为论辩者态度诚恳,充满信心,令人不由得相信。

这次辩论给卡耐基的影响是终生难忘的,他从此坚信,辩论者充满自信和热情诚恳的辩论态度、坚定不移的顽强论证,必能获得听众的信赖,取得辩论的胜利。

(2)论战意志。辩论是语言之战,作为战士,坚强的论战意志能使人自觉地战胜辩论过程中的各种困难,克服消极情绪的干扰,从而有效地发挥自己的注意力、想象力、思考力。尤其是对于一些持续时间长、难度较大的辩论,意志的作用就显得尤为突出,在这样的场合,双方的角逐,往往就表现为意志力的较量,只有具有坚强意志的辩手,才能使自己处于强有力的地位,调动自己全部的聪明才智,以谋求辩论目的的顺利实现。相反,如果辩手意志动摇、优柔寡断、望而却步,辩论注定是要失败的。成功的意志应该具备顽强、独立、果断、坚持和自制等特点。

从上面所举的卡耐基与那位推销员的辩论事例中,我们也可以看出推销员在论战中所表现出来的极其坚强的论战意志。

(3)情感力量。情感因素也是辩论中不能忽视的心理因素。情感是人对客观事物是否满足自己的需要而产生的态度体验,它是人达到目标的内在驱动力。积极的情感可以提高增强人的活动能力,有助于辩论能力的发挥;消极的情绪则会降低人的活动能力,导致辩论的失败。

情感的作用还表现在对他人的感染能力上。热情、真诚的情感必能引起听众的共鸣,增强自身的说服力。同样,上述卡耐基与推销员辩论的例子,也能说明情感在辩论中的力量。

(4)注意与聆听能力。注意力是指人的心理活动指向和集中于某种事物的能力。由于注意,人们才能集中精力去清晰地感知一定的事物,深入地思考一定的问题,而不被其他事物所干扰;没有注意,人们的各种智力因素,观察、记忆、想象和思维等将得不到一定的支持而失去控制。注意力的高低,可以从注意的广度、注意的稳定性、注意的分配能力和注意的转移能力等四个方面体现。辩论中,如果缺乏注意能力,就不能敏锐地感知对方的观点和态度,就不能深入剖析对方观点的瑕疵,就不能有效地为自己辩护和攻击对方。

聆听,即集中精力认真地听。辩论中只有集中精力认真地把对方的话语听进去,才有可能进行分析、批驳。聆听是进攻的前提,而辩论中主动进攻是制胜的法宝。有的辩手在辩论中,一心只想阐明自己的观点,不注意进攻,说得多,听得少,因此就很容易在多说中露出破绽(言多必失),给对方以可乘之机,陷于被动挨打。因此真正的善辩者,是在必要时能盯着对方、竖起耳朵、面带微笑让对方尽可能地多说,当对方说得漏洞百出、心虚胆战、无话可说之时,再出言反驳,寥寥数语,就能置对方于"死地"。

3. 语言反应能力

辩论是唇枪舌剑的战场,如何准确、迅速、有力地攻击对方以及如何有效躲避、巧妙化解对方的攻击,是辩论成败的关键。语言快速反应能力是指在辩论中,要能迅速地接受语言信息,高速地处理语言信息,以及快速地发出新的信息。这就要求辩论者具有高度的语言感受敏锐性,能及时地发现对方论辩中的疏漏与失误,并通过敏捷的思考,产生新的论辩信息,提出辩驳意见。而且,在辩论中,无论主动出击还是自卫反击,都要求辩论语言在迅速出击的同时具有较强的攻击力量,即要有雄辩之美,这也是辩论能力的基本体现。

4. 思维能力

语言是思维的外壳,思维清晰则语言流畅,思维敏捷则语言灵活,思维新锐则语言犀利。因此,辩论口才的根本是思维能力。思维能力可分为两大类:逻辑思维能力和非逻辑思维能力。逻辑思维能力,即对事物进行比较、分析、综合、抽象、概括、判断、推理的能力,主要包括分析与综合的能力,演绎、归纳和类比等推理能力。非逻辑思维能力主要包括形象思维能力、灵感思维能力、发散与聚合思维能力等。

(1)分析与综合的能力。分析与综合是两种不同的思维,它们之间相互对立、相互排斥,同时又互相依存、互相渗透、互相补充,任何综合都是以分析的结果为基础的,而分析也只有在它的出发点是某种综合的东西才能进行。一个论辩者只有养成了良好的分析与综合的习惯,能对事物对象进行科学的分析与综合,才能获得关于对象的明晰、系统、完整的认识。

如在题为"离婚率的上升是社会文明的表现"的辩论中:

反方总结:我方认为:离婚率上升不是社会文明的表现。

第一,文明的标志是人类社会和人性发展的总体和谐与稳定,而不是离婚率的上升。家庭作为社会的细胞,它的相对稳定是社会文明和发展的保证。所以,历史上从来没有一个政府倡导过离婚率的上升。对方辩友提到林肯,那我们来看看美国总统卡特。他在竞选时说:"如果我当选,第一件事就是要召开白宫家庭会议,降低社会离婚率。"对此对方辩友又作何解释呢?

第二,离婚是婚姻范围内最无奈、最极端的一种手段。无论是哪种类型的离婚,也不论其结果如何,总会在人们的心灵上、感情上投下浓浓的阴影。从这个意义上来说,法院类似于医院。我们大家建立起一所所医院,都是为了全民健康和幸福,而不是为了全民都得病,不是为了医院的病人一天比一天更多,更何况还要碰上对方辩友这样的医生,开出的药方都是千篇一律:离婚,离婚,再离婚。果真如此的话,这哪是社会文明? 这分明是社会的悲剧啊!

第三,婚姻是感情和责任、权利和义务的统一。而离婚率上升恰恰是破坏这种统一。面对着单亲子女那一张张泪眼模糊的小脸,对方辩友是不是要慈爱地抚摸着他们的头说:"感谢你们,为社会作出了巨大的牺牲和奉献呢?"(掌声)"人有悲欢离合,月有阴晴圆缺,此事古难全。"但是我们相信,随着人类社会文明的发展,人类必将有效抑制离婚率的上升。这才是历史发展的必然趋势,这才是人类理性光辉的闪耀,这才是人类文明的希望所在。

这段辩词从三方面分析综合了自己的观点,使人们对"离婚率的上升不是社会文明的表现"的认识更加系统化,从而达到从整体上把握己方观点的目的。

(2)归纳、类比与演绎的能力。人们的认识总是遵循着由认识个别到认识一般,再由认识一般到认识个别的途径,在这样循环往复的过程中实现进步和发展的。归纳是从个别到一般的推理,类比是从个别到个别的推理,而演绎则是从一般到个别的推理。归纳逻辑具有创新性,但可靠性不足(具有或然性);类比推理的创新性比归纳更强,也更容易出现错误;而演绎推理则相反,具有可靠性,但创新性受限制(结论含在前提中)。熟练掌握归纳、类比与演绎推理的性质及其运用能力,有利于提高辩论的可靠性和创造性。

如在题为"法治能消除腐败"的辩论中:

反方:我们理解的法治是依法治理,而对方同学提出的以法为主,其他手段为辅,请问这还是严格意义上的法治吗?

正方:对方同学又在犯一个望文生义的错误了。难道足球就只能用脚来踢吗? 那罗马里奥的头球,岂不是要被判无效了?

反方运用的是演绎推理:所有包含有非法律手段的治理都不能叫依法治理,治理腐败要用到非法律手段,所以治理腐败不是依法治理(即不能完全用法律手段来消除腐败,也就是说,法治不能消除腐败)。

而正方运用的是类比求同法:足球比赛以足踢为主,也可以用头顶;法治以法律手段为主,也可以用其他手段。

又如在题为"美是客观存在还是主观感受"的辩论中,反方在总结陈词中说道:

我们认为,审美的标准和结果,会因为人们的客观生活经历和他的文化背景而不同,我们看到很多人喜欢维纳斯的雕像,维纳斯的雕像风靡西方世界,但我们中国的老婆婆却一定要给她缝上坎肩儿才能心安理得。楚王好细腰,唐皇爱丰满,而在情人眼中,无论如何对方都如西施一般沉鱼落雁。这个时候我们看到,美其实是源于人们的主观想象和内心情感,是人们借助于客观事物来表达人情冷暖。

这里反方运用的是归纳推理:维纳斯雕像西方人认为很美,中国老婆婆认为不美;楚王认为细腰女子美;唐皇认为丰满的女子美;情人眼里自己的爱人最美。所以,美源于人们的主观想象和内心情感。

(3)形象思维能力。这是借助具体的形象来展开的一种思维活动。这种思维生动具体,便于理解,尤其对一些比较抽象的概念解说很有功效。如:

有一次,一名新闻记者问英国的雄辩大师萧伯纳:"萧伯纳先生,请问乐观主义和悲观主义的差别何在?"

萧伯纳答道:"这还不简单,假定这里有一瓶只剩下一半的酒,看到这瓶酒的人如果高喊:'太好了!还有一半。'这就是乐观主义者。如果悲叹:'糟糕,只剩下一半了。'这就是悲观主义者。"

(4)灵感思维能力。也叫直觉思维、顿悟思维,它是在人的知识经验积累的基础上,在目的明确、意识高度集中的思维中,在外界物的参与和诱导下,产生形象、概念、思维的快速碰撞而出现的认识突变的思维过程。这是人类智能中居于高级层次的一种能力,经常是一瞬间的。灵感使得作品具有与众不同的高度。灵感思维是一个论辩者不可缺少的一种思维能力,在论辩的审题、整体的构思过程中均需要。有时面对辩题苦苦思索,偶尔的灵感闪现则会使人顿时豁然开朗,新奇的构思立论便应运而生,使得论辩独特、眩目、极具感染力和说服力。如:

一方说:"毛驴没有污染,但你能骑它走上杨浦大桥吗?"

另一方可说:"难道你认为毛驴真的没有污染吗?"

在题为"温饱是谈道德的必要条件"的辩论中:

正方:你不能用社会的需要去剥夺他仅有的那么一点点生存和温饱。人生只有一次,你不能用社会逼人。假如现在我们十个人投票,赞成将对方的第三辩的财富充公,来满足大家的需要,(笑)这是公认的,这样是对的吗?谢谢。

反方:谢谢主席,各位好。如果我的财产充公,能够为很多的人民谋福利的话,那我想,我会选择这样做的,因为做人要做有道德的人。(掌声)

灵感是一种特殊的思维形式,是论辩的最佳境界,但它并不是神秘难以把握的,而是可以培养的。可以从以下四方面加以培养:要博览群书,积累丰富的生活经验,这是灵感产生的基础;要勤于思考、刻苦磨炼,这是获得灵感的条件;临场要保持高度激发的精神状态;思维敏捷是触发灵感的契机。

(5)发散与聚合思维能力。发散思维,也叫扩散思维、辐射思维、多元思维等。它是沿着各种不同的方向、不同的途径和不同的角度去思考,重组眼前的信息和记忆中的信息,产生新的信息的一种思维过程。发散思维能力的强弱表现在它的变通性、流畅性、独特性三方面。如在关于"金钱追求与道德追求能够统一"的辩论中:

反方:金钱追求与道德追求的矛盾其实是早有定论。儒家思想认为,君子忧道不忧贫。孟子也说:"生我所欲也,义我所欲也,两者不可得兼,舍生而取义者也。"孟子追求道德不惜放弃生命,假如真如对方辩友所说,金钱追求与道德追求根本不是不能统一的,而孟子真的又为追求真理而舍生取义的话,那他听了对方辩友的这番见解,一定是死不瞑目了。(掌声)被唾弃了成千年的陈世美,假如不是为了追求自己对金钱名利的无限欲望,一心想当驸马爷的话,那么他至少也可以回老家当个县太爷吧!但是,正是由于金钱追求和道德追求,在他那里从根本上是没法统一的,所以他选择了荣华富贵而抛弃了贤惠善良的秦香莲,结果不但掉了脑袋,还背了个千古骂名。再回到红尘滚滚、物欲横流的现实中来!请问对方辩友这又是一幅怎样的景象呢?……眼下最令北京市民气愤的莫过于卖假药了。人类文明产物——药物本来是为了治病救人,但是这些拜金主义者却靠卖假药来坑害百姓,被人们视为职业杀人犯。其实这些人在台湾也不乏知音,遥相呼应。比如,一位台湾名医,因为收受贿赂银铛入狱。正所谓手术刀与红包齐飞,拜金狂与铁窗一色!与医者父母心的高尚医德相比,难道对方辩友还要说,金钱追求与道德追求是可以统一的吗?以上事实无不印证了马克思的一段名言:如果有50%的利润,就有人会为此铤而走险,假如有100%的利润,就有人敢践踏道德和法律,就有人敢触犯任何法律,甚至走上断头台的呀!

反方队员应用了发散思维生发开去,从各方面对自己的观点作出了论证,大气磅礴,雄辩滔滔。

聚合思维,又称集中思维、收敛思维、收缩思维。如某辩手在对辩题《人性本恶》的审题过程中,对于什么是"恶",做了不少的罗列,如占有、攻击、自私等,也曾将它定义为"人的欲望和本能的无限制的扩张"。经过比较,认为前者太具体反而不好辩,因为所有的具体的"恶"都是人后天在社会中发生的,于是选择了那个抽象的恶的概念。这个比较、选择的过程便是聚合思维的过程。

发散思维和聚合思维是各具特色的思维模式,但两者又是相互依存、辩证统一的。

(二)辩论技巧

辩论的技巧远高于一般的语言技巧。如果把当众演讲比作不伤身体、极具观赏性的武术表演的话,那么辩论就相当于充满危险的近距离格斗。不管格斗有多少种功用,健身也好,防身也好,但它的根本目的,就是最快、最狠、最有效地置对手于死地。同样,辩论的目的也是讲求最有效地击败对手。因此,辩论语言技巧最关键之处就在于如何进行攻击。当然在进行攻击之前要有自己的阵地,握牢自己的盾牌,磨快自己的刀枪。

辩论技巧主要表现在论证和辩驳两个方面。

1. 论证技巧

论证即论述和证明己方观点的正确性。虽然在整个辩论过程中论证时时处处都需要,但作为辩论赛的第一个环节,立论陈词阶段则担负着最主要的论证功能。认识论证在辩论中的主要作用,掌握基本的论证方法并能熟练灵活地运用,是辩论取胜的基础。

(1)论证的作用。

①确立己方观点。论证的首要目的是论述、阐明自己的观点。无论是说服性辩论还是竞技性辩论,阐明自己的观点都是必要的。对于日常生活中的说服性辩论,辩论的目的就是让对方理解并接受自己的观点;而对于赛场上竞技性辩论,确立自己的立场和观点,是为击败对方做好准备。

②证明己方观点。在明确阐述己方观点之后,就要用理论和事实证明自己观点的正确性。这是论证的主要作用,也是论证的主要内容。

③亮剑宣战。在充分证明己方观点之后,就要将矛头直指对方,旗帜鲜明地向对方宣战,简要论说对方观点的错误,为进一步争辩做好铺垫。

(2)论证方法及其运用。论证方法主要有:理论论证(演绎论证)、事实论证(归纳论证)、比较论证、比喻论证、因果论证等。

①理论论证。理论论证的逻辑形式是演绎推理。它是从一般理论到特殊结论的推理,即用科学原理、定律或人们普遍接受的某种思想观念,甚至一些成语、格言和谚语等作为前提,推导出本方的论点。

例如,在"人与自然可以和谐共处"的辩论中,正方立论陈词如下:

我方坚信,人与自然可以和谐共处,理由如下:

第一,理论层面上,无论是西方的自然法学理论还是东方的天人合一观念,都诠释了人和自然本质上的和谐统一。马克思不仅把人作为人化的自然,指出人是自然界的一部分;也把自然看成人化的东西,指出了自然界的人的本质。马克思认为社会是人同自然界完成了的本质统一,是自然界的真正复活。这种思想与人与自然和谐共处非常吻合。反观东方,早在几千年前,中国人就开始了仰观天文、俯察地理的活动，逐渐形成了以庄子为代表的天人合一的宇宙观，而中国人的很多发明创造，都体现了人与自然协调发展、科学精神与道德思想相结合的理性光芒。这些理论的发展和完善，为实现人与自然的和谐相处提供了强大的理论支持。第二，现实层面上……

②事实论证。事实论证的逻辑形式是归纳推理，它是从个别事实到一般结论的推理，即通过列举典型事例，推导出本方论点。

例如，在题为"美是客观存在还是主观感受"的辩论中，正方一辩在立论陈词中说道：

美不以欣赏者的个人主观意念而改变。金字塔的美始终存在于金字塔本身，就算没有人去欣赏金字塔，但是金字塔的美却也是千古地流传下来呀。……不管有没有人，卢浮宫的美不会因此而荡然无存！

③类比论证。类比论证是根据两个对象在某些属性上的相同或相似，推论两者在其他属性上也有相同或相似。类比论证的创新性比归纳更强，而其或然性也大于归纳，因此使用类比推理要防止犯机械类比的错误。

例如在"美是客观存在还是主观感受"的辩论中，正方用类比来论证说明美的客观存在和美的主观感受的区别：

举一个例子给大家，我们知道针是尖的，但是这个针尖和刺到我手有尖的感觉是截然不同的概念。我们知道针的尖是存在于客观世界，对它的感觉却是在主观感受里头，两者截然不同。诚如对方辩友刚才所说的一样，今天没有一样东西不美，我方也承认。因为这个美的特性是存在于每一样东西之中，为什么我们会感觉有不同的美呢？很简单，因为美的特性是多样化的，人从不同角度去看美就会得到不同的美的感受的结论。但是请注意，美的感受和美本身截然不同。

类比论证的方法关键在于进行比较的事物之间要有可比性。

④比喻论证。比喻论证即用比喻作论证，就是拿比喻者之理去论证被比喻者（论点）之理。在比喻论证中，比喻者一般是一组形象事例，其中包含着一定的关系和道理，被比喻者则是一种抽象的道理。比喻者和被比喻者虽然是两类不同的事物，但在它们之间存在着一个共同的一般性原理，因此它们之间具有推理关系。比喻论证是以比喻者作论据去论证被比喻者（论点）的论证方式。例如用愚公移山比喻持之以恒、坚持不懈才能取得成功。

又如在题为"儒家思想是否是亚洲四小龙取得经济快速增长的主要推动因素"的辩论赛中，反方一位辩手发言道：

对方同学一直强调一种思想可以推动经济的快速增长，我们说发动机可以推动汽车的运行，但并不是说发动机的制造原理、发动机的图纸可以推动它，对方同学不相信的话，不妨把图纸放到汽车上试试看。

这里反方辩手运用了比喻的方法,将儒家思想比作汽车图纸,将儒家思想不能推动亚洲四小龙经济快速增长比作图纸不能对汽车直接进行驱动,从而使抽象的道理获得了具体的形象,使人们从这一幽默风趣生动的形象中真正领悟到反方主张的真谛。

⑤因果论证。根据客观事物之间都具有普遍的和必然的内在因果联系的规律性,通过提示论证结果与原因之间的内在必然性来论证本方的论点,就是因果论证。

例如在"人性本善还是人性本恶"的辩论中,正方有一段论证陈词:

我们就来想一想,为什么人的本性可以被教育成善呢?我们说小鸟会飞,它只要学了飞就可以飞,为什么无论我们人怎么教,我们自己都不会飞呢?因为我们本性中没有飞的本性嘛,那么人为什么被教成行善呢?就是因为我们相信人的本性中有善性嘛。

"人为什么被教成行善呢?就是因为我们相信人的本性中有善性嘛。"就是因果论证。而将小鸟学飞与人学飞和人学行善做形象的比喻和类比,也使得论证更有说服力。

2.辩驳技巧

辩驳即争辩反驳,辩驳技巧就是辩论中攻击对方的技巧。

(1)辩驳的作用。

①制胜的关键。辩论作为一种语言竞技项目,就是要通过辩论分个高低、胜负,因此辩论者都以战胜对手为辩论的主要目的。要战胜对手,充分论证自己的观点当然是取胜的必要前提,但真正能够战胜对手的手段唯有进攻,即辩驳是辩论中制胜的关键。

②防守的武器。辩论中,对手同样是以战胜你为目的的,也就是说,你也将不断受到辩驳和攻击。在被攻击时,保守抵抗必不可少,但是,要变被动为主动最有效的办法还是反驳和进攻。俗话说,进攻才是最好的防守。

(2)辩驳方法及其应用。辩论中的进攻可分为两大类:主动进攻和自卫反击。

辩论中的主动进攻技巧包括:盘问和反驳;自卫反击技巧包括:借题发挥、借力打力、移花接木、顺水推舟、引申归谬、釜底抽薪等。

①盘问。盘问是辩论中最直接也是最常用的进攻方式。目的在于让对方露出破绽,然后予以驳斥,或不攻自破。盘问有逼问、诱问之分。

逼问:即语气坚定地要求对方回答问题,然后根据对方的回答予以攻击,当对方避而不答或闪烁其词时,就连续发问,环环相扣,迫使对方非答不可,最后将其逼入死角。例如:

1962年10月,美国和苏联在加勒比海的古巴发生了一场极其险恶的导弹危机,核战争一触即发！全世界一片恐慌。美国大使史蒂文森与苏联大使佐林为此在联合国大会上展开了一场大辩论：

佐林：真正威胁和平的是美国对古巴的封锁。是美国首先采取了这一战争行动！

史蒂文森：有消息说,你们已经并且还将继续把武器运往古巴。

佐林：我们把武器运往古巴,是应古巴政府的请求,并不针对任何人。而且这些武器都是常规性的,完全是为了防御。

史蒂文森：你否认苏联在古巴已经并且还在设置中程和远程导弹吗？

佐林：(左右环顾,仍在等候翻译)……

史蒂文森：你承认还是不承认？用不着等翻译,你懂英语。立即回答：承认还是不承认？

佐林：你这是什么意思？这里是庄严的联合国讲坛,而不是美国的法庭！

史蒂文森：这是世界舆论的法庭！不要回避躲闪,转移焦点。我等着你的回答。一直这样等着,等着！直到地狱封冻！

佐林：对捕风捉影之说,我拒绝回答。

史蒂文森：谁说是捕风捉影？

佐林：你有什么证据？

史蒂文森：要证据？好！我就在这里拿出证据,现在就拿出来！(他一挥手)推进来！(一个带轮子的画架被人推了进来,史蒂文森伸手把蒙在画架上的布一揭)请看,这就是证据！

全场先是鸦雀无声,旋即,一片惊呼与掌声响起。原来,那是古巴导弹发射场的巨幅照片。

一切都昭然若揭。佐林顿时像泄了气的皮球,尴尬万分。最后,苏联不得不从古巴撤走导弹。加勒比海危机得以解决。

诱问：即为了让对方说出实情而隐蔽我方意图,拐弯抹角地进行查问。比如：

美国曾有过一起诉讼案,原告声称被电梯压伤了肩膀,肩部功能受损,无法抬到正常高度,要求巨额赔偿。在法庭上,被告律师问原告："你的手能举到什么程度,你能否让法官看看？"被告小心抬起手臂,举到耳根便停住了。"那么,请你告诉我,在你的肩部没有受伤之前,大概可以举到什么程度？""可以举这么高。"说着,原告把手举过了头顶。法庭内哄堂大笑,法官驳回了上诉。

②反驳。反驳是指提出反对对方观点的理由进行辩驳。具体有反驳命题、反驳论据和反驳论证等。

反驳命题：是指直接针对对方的命题,运用事实或理论的论据予以驳斥,揭示其荒谬不实,使其命题不能成立。

例如在"美是客观存在还是主观感受"的辩论中,正方一辩在立论陈词中,在表明了正方命题观念之后,就开始反驳反方的命题:

美是一个事物或行为的特质,它有着三个特性:也就是,第一,形象性;第二,感染性;第三,功利性。形象性指的是,一个事物如果要发挥它的美,它就必须拥有一个具体的形象或形式;第二,它也必须拥有感染性,能够引起人们的欢愉或喜爱的感觉;第三,它也必须拥有功利性,能够给予人精神及物质上的好处,例如进化及使用等。由于美的存在必须以这三个特性作为衡量,因此也就产生了一个客观的规律,而由于要用这个客观的规律去衡量,对方又怎么能够说这是主观感受呢!除此以外,美的三个特性也是独立于人的主观意念之外。人的主观感受不能够改变这三个特性的规律,在欣赏的过程中,主体与客体之间所产生的关系只能是感受与被感受,是客观存在的美引起了人的美感,而不是人的美感创造了客观事物的美。美不以欣赏者的个人主观意念而改变。金字塔的美始终存在于金字塔本身,就算没有人去欣赏金字塔,金字塔的美却也是千古地流传下来呀。

反驳论据:是指直接反驳对方论据是虚假的或片面的,使对方的命题不能成立。这种反驳往往是在对方精彩的言辞的引导下,立即找到一个相似的却对己方有利的事实出来,以回敬之,高人一等。

比如在"女性比男性更需要关怀"的辩论中,正方为了证明中国文字反映的男尊女卑观念,举例说:

正方:中文有两个字表示结婚的概念,一个是"娶"字,另一个是"嫁"字。男人是"娶"媳妇,女人是"嫁"给男人,那这个"娶"字表示一种主动性,"嫁"字表示一种被动性。(笑声,掌声)

反方:与这个例子类似,我们也发现了中国字的"好"字和"妙"字,都是褒义词,那么请问"好"字和"妙"字是不是用"女"字旁开头呢?(掌声)(以此作为论据反驳正方。)

正方:对呀,"妙"字可以拆为"女"和"少","好"字可以拆为"女"和"子",从造字的角度看,这是两个会意字,也就是"女"性"少"方为"妙","女"性得"子"才叫"好"。这岂不正是表明了女性受压抑的社会地位吗?(热烈的掌声)(就反方的论据进行反驳,大获全胜。)

反驳论证:是指揭露对方的命题和论据之间缺乏必然的联系,论据证明不了命题,从而使对方的命题不能令人信服。

如在"人类应重义轻利"的辩论中:

正方:……人类全身有两百多块骨骼,但使我们得以挺起胸膛的脊柱只有一根;同样,真正彻底的重义轻利者,虽然只是人类社会的一部分,但恰恰是他们,才是整个人类社会不朽的脊梁。(掌声)

反方：……顺便,告诉辩友一个小小的常识,脊柱是由很多块骨头组成的,不只是一块哟。(笑声,掌声)

正方用人的脊柱来类比人类社会的重义轻利者,充满激情,富有感染力,但是反方通过指出其中常识性的错误,便给了对方一个有力的反击。

对方的漏洞有逻辑上的自相矛盾,有的可能是隐藏着的,有的它本身不一定是漏洞,但经聪明的辩手一抓,便成为谬误。

如在"人性本善"的辩论中：

正方：……正因为人性本善,所以人随时随地都可以放下屠刀、立地成佛。

反方：对方一辩说,有的人是放下屠刀、立地成佛了,这不错,但我请问,如果人都是本善的话,谁会去拿起屠刀呢？(掌声)

反方通过揭示对方基于人性本善的立论中所隐藏的"拿起屠刀"与"放下屠刀"之间的矛盾,显示了一种极高的论辩技巧。

③反击。辩论中的反击是指勇敢机智地面对对手的进攻,并在对手的进攻中寻找机会,抓住破绽,奋起反攻。还手反击的力度有时会比主动进攻更大。常见的反击技巧有：

借题发挥：就是借用对方攻击时所引用的材料,顺其思路发挥,最后发展成对自己有利并能攻击对方的材料。例如：

密苏里人挖苦阿肯色人："有个阿肯色小伙子20岁了才生平头一次穿上鞋,为了看看自己的脚印有多好看,他退着走路。看着自己的脚印,他高兴死了,结果一直退到密苏里地界,人们才把他叫住。"

阿肯色人："对,那是真的。我跟他很熟。打那以后,他就再也没回阿肯色。密苏里人发现他能从1数到20,便请他去当老师了！"

借力打力：借对方攻击之力反击对方。

如在"信息战能取代传统武力战"的辩论中：

反方二辩：……请问对方辩友：在取得信息优势之后,就一定能取得战争的胜利吗？难道说,为了信息战的火眼金睛,就不要传统武力战的金箍棒了吗？

正方三辩：金箍棒当然可怕,但却阻挡不了唐三藏紧箍咒的信息流。(热烈的掌声)……

移花接木：剔除对方论据中存在缺陷的部分,换上于我方有利的观点或材料,往往可以收到"四两拨千斤"的奇效。

如在"知难行易"的论辩中：

反方：古人说"蜀道难,难于上青天",是说蜀道难走,"走"就是"行"嘛！要是行不难,孙行者为什么不叫孙知者？

正方：孙大圣的小名是叫孙行者,可对方辩友知不知道,他的法名叫孙悟空,

"悟"不就是"知"吗?

顺水推舟:表面上认同对方观点,顺应对方的逻辑进行推导,并在推导中根据我方需要,设置某些符合情理的障碍,使对方观点在所增设的条件下不能成立,或得出与对方观点截然相反的结论。

如在"愚公应该移山还是应该搬家"的辩论中:

反方:……我们要请教对方辩友,愚公搬家解决了困难,保护了资源,节省了人力、财力,这究竟有什么不应该?

正方:愚公搬家不失为一种解决问题的好办法,可愚公所处的地方连门都难出去,家又怎么搬?……可见,搬家姑且可以考虑,也得在移完山之后再搬呀!

归谬引申:就是先假定对方命题是正确的,再以它为据,从中归结出荒谬的结论。例如:

加拿大前外交官切斯特·朗宁出生在中国,喝过中国奶妈的乳汁。他竞选议员时遭到了反对派的攻击:"朗宁喝中国人的奶长大,身上就有中国人的血统,因而不能参加加拿大的竞选。"朗宁反击说:"你们中有没有人喝过加拿大牛奶呢?你们身上不是也有加拿大牛的血统吗?当然,你们可能既喝过加拿大的人乳,又难免喝过一些加拿大的牛乳,你们岂不是都成了人牛血统的'混血儿'了?也许你们长大了,不仅靠'喝',自然还得'吃',吃鸡脯,吃牛排,吃羊腿……这样一来,你们的血统一定是很难认定了。"

釜底抽薪:刁钻的选择性提问,是许多辩手惯用的进攻招式之一。通常,这种提问是有预谋的,它能置人于"二难"境地,无论对方作哪种选择都于己不利。对付这种提问的一个具体技法是,从对方的选择性提问中,抽出一个预设选项进行强有力的反诘,从根本上挫败对方的锐气,这种技法就是釜底抽薪。

比如在"思想道德应该适应(超越)市场经济"的论辩中,有如下一轮交锋:

反方:……我问雷锋精神到底是无私奉献精神还是等价交换精神?

正方:对方辩友这里错误地理解了等价交换,等价交换就是说,所有的交换都要等价,但并不是说所有的事情都是在交换,雷锋还没有想到交换,当然雷锋精神谈不上等价了。(全场掌声)

反方的提问有"请君入瓮"之意,有备而来。显然,如果以定式思维来被动答问,就难以处理反方预设的"二难":选择前者,则刚好证明了反方"思想道德应该超越市场经济"的观点;选择后者,则有悖事实,更是谬之千里。但是,正方辩手却跳出了反方"非此即彼"的预设选择,从两个预设选项抽出"等价交换"概念,并指出对方理解上的错误和问题本身的荒谬,从根本上挫败了对方的刁难。

(三)辩论案例评析

(1)东汉时,很多人相信人死后,人的灵魂会变成鬼。有人说见过鬼了,样子和衣着跟活着的时候一模一样。王充就抓住此看法的破绽反驳说:"你们说:'一个人死了,他的灵魂能变成鬼。'难道他的衣服也有灵魂,也变成鬼了吗?照你们的说法,衣服是没有精神的,不会变成鬼。如果真的看见鬼,那他该是赤身裸体、一丝不挂的才对,怎么还穿着衣服呢?"

评析:攻其要害法。

(2)欧布里德是古希腊著名的诡辩家,他在某大公那里供职。一天,他对他的同事说:"你没有失掉的东西,你拥有这样的东西,是吧?"

他的同事说:"对呀。"

欧布里德说:"你没有失去头上的角吧?那你的头上就有角了。"

大公听了他们的争吵,心生一计,决定整治一下欧布里德。他对欧布里德说:"在我的城堡里,你没有失掉坐牢的义务,是吗?那就让你尽三天这样的义务吧。"于是欧布里德被关了三天监禁。他真是有苦说不出,只好自认倒霉了。

评析:在论辩中对方所持的观点或论证的方法,并不一定只对对方有利,不要被对方的貌似严密的论辩吓住,只要冷静思考,针锋相对,往往能借用对方的观点和论证方法找出有利于自己的结论。

(3)在捷克的某城,住着三个年轻的商人,他们是兄弟。有一次,他们准备到很远的地方去做生意,就把共同的积蓄交给了一个诚实的农民保管。并同时向他交代清楚:只有他们兄弟三个一起来取钱时,才能把钱交回。

他们到了很多地方,做了很多生意,陆续回到了家里。然而,老三先来到农民那儿,利用各种手段,一个人把钱骗走了。老大、老二知道后,气得要命,就告到了法院。

法官要农民赔钱,不然就要他拿出全部的家当当做抵押。农民心里难受极了,却想不出主意为自己辩驳。一个邻居见此情状,对他说:"你不用怕,我去为你辩护。"

第二天,又在法庭上,商人的律师把农民说得像真的犯了大罪一样。这时,邻居站起来说:"法官先生,商人的钱就在农民的口袋里,他马上可以还给他们,但他们之间有个约定:只有兄弟三人一起来时,才能把钱交还。这样吧,让他们兄弟三人一起来,就可以把钱取回去。"

法官要老大、老二去找老三,而老三早已无影无踪,看样子索赔是没有希望了,两个商人什么也没有捞到。

评析:在论辩中,双方的优势劣势,总处在变化中。一旦处于劣势,不可惊慌失措,而要善于抓住对方的短处猛攻,改变劣势,最后取胜,以弱胜强。运用此法有三点技巧:一是要勇于承认自己的短处,这是信心的表现;二是要善于从自己的短处中发掘长处的因素;三是要善于静待时机,乘隙反击。

(4)某原料供应商根据国际市场的变化,把一种材料每吨价格由原来的7200元提高到7900元。某企业长期由他供料,每年需要500吨,这样每年的材料费要多花35万元。该企业曾两次派人与供应商就价格问题切磋均无结果,于是他们暂停购置原料,供应商只好到企业与经理谈判。

见面后,经理先开口说:"咱们两个单位是老关系了,恐怕有七八年的交情了吧?"

供应商连忙点头回答:"是,是。"

经理接着说:"关于价格上涨问题我们完全理解,价格涨落本是商家常事,我们的产品也同样有涨有落……"

供应商听他说得很有道理,又点头说:"是,是。"

经理又说:"你这次来是希望我们继续做生意的吧?"

供应商又连连点头称:"是,是。"经理连让供应商说出三个"是",就使气氛处于平和、友善而又使对方处于愿意采取协商来解决问题的境地。最后终于以每吨7600元达成了协议。

评析:让对方说"是"。辩论开头尽量不谈有争议的观点,这样开头,使对方可以不断随着你的话题发展到对你有利的结果。

(5)梁晓声是知青出身的青年作家。他创作的《这是一片神奇的土地》、《今夜有暴风雨》、《京华见闻录》等作品,深受广大读者的喜爱。

一次,英国一家电台采访他,采访者是一个老练机智的英国人。现场拍摄时,记者把摄像停下来,对梁晓声说:"下一个问题,希望您做到毫不迟疑地用最简短的话,如'是'或'否'来回答。"梁晓声点头认可。刚一开拍,记者的录音话筒立刻就伸到梁晓声的嘴边问:"没有文化大革命,可能也不会产生你们这一代青年作家,那么,文化大革命在你看来究竟是好是坏?"梁晓声一怔,没料到对方的问题竟如此之"刁",分明是"诓"人上当之意。他灵机一动,立即反问:"没有第二次世界大战,就没有以反映第二次世界大战而著名的作家,那么你认为第二次世界大战是好是坏?"回答如此巧妙,英国记者不由一怔,摄像机立即停止了拍摄。

评析:论辩中,一旦对方提出难以回答的问题,可以采取不正面回答,把话题岔开,甚至把问题丢还给对方的办法。但借题发挥应注意几点:一要正确分析对方的"题",此乃发挥的基础;二要处理好"题"和"发挥"的关系,其间有着必然的联系;三既要横向发挥,又要纵向发挥;四要头脑灵活。

(6)中世纪的神学家安瑟伦声称:"上帝是万能的。"当时的无神论的代表人物高尼罗反问:"上帝能否创造一块连他也举不起来的石头?"

评析:巧设陷阱(二难术)。这问题令神学家安瑟伦也无法回答。如果说上帝能创造这么一块石头,那么,连一块石头也举不起来的上帝,怎么能说是万能的呢?反之,如果说上帝创造不出这块石头,那么,同样说明上帝不是万能的。

(7)诗人歌德在公园里散步。不巧在一条仅容一人通过的小径上碰见一位对他抱有成见并把他的作品贬得不值一文的批评家。狭路相逢,四目相对。批评家傲慢地说:"对一个傻瓜,我绝不让路。"歌德面对辱骂,微微一笑道:"我正好和你相反。"说罢往路边一站。霎时,那位批评家的脸变得通红,进退不得。

评析:使其陷入"两难境地"。

(8)在"治愚比治贫更重要"的辩论中:

正方:中国作家写了这本书《愚昧比贫穷更可怕》,说明了治愚比治贫更重要,可见对方同学似乎是没有看过这本书呀!

反方:中国政府也说:生存权、温饱权是人的第一权利。对方如何回答?

正方:……如果治愚不比治贫更重要,为什么中国人说"养儿不读书,不如养头猪"?(笑声、掌声)

评析:反对抗技巧——避实就虚,用俗语攻其不备。俗语是人民智慧的产物,语言的精华。言简意赅、说理透彻、通俗易懂。

(9)俄国著名的作家赫尔岑应邀出席了一个音乐会。可是,音乐会上所演奏的乐曲使他很倒胃口。他便双手捂着耳朵,打起瞌睡来了。这时,女主人对赫尔岑的举动感到很奇怪,就问他:"先生,你不喜欢音乐吗?"赫尔岑摇了摇头,指着演奏者说:"这些低级轻佻的音乐使人厌烦。"女主人惊叫,对赫尔岑:"你说的是什么呀?这里演奏的都是流行音乐呀!"赫尔岑平心静气地反问:"难道流行的东西都是高尚的吗?"女主人很不服气地说:"不高尚的东西怎么会流行呢?"赫尔岑微微一笑,风趣地对女主人说:"那么流行性感冒一定也很高尚了!"

评析:类比反驳。

(10)从前有位渔民,不幸丧生。他的儿子冒着风浪继续在海上打鱼。有个聪明人问:"你的父亲不是被大海淹死了吗?"

"是的。"

"那你为什么还到危险的海上来打鱼呢?"

那渔民的儿子反问:"你的爸爸是在哪死的?"

"他呀,死在家里的床上。"

"那么你为什么还要天天睡在那危险的床上呢?"

"……"聪明人说不出话来了。

评析:诱敌深入。

(11)著名幽默家、剧作家萧伯纳有一次派人送了两张戏票给丘吉尔,并附上短笺:"亲爱的温斯顿爵士,奉上戏票两张,希望阁下能带一位朋友来看拙作《茶花

女》的首场演出。假如阁下这样的人也会有朋友的话。"

丘吉尔看后不甘示弱,马上写了一张回条:"亲爱的萧伯纳先生,蒙赐戏票两张,谢谢。我和我的朋友因有约在先,不便分身前来观赏《茶花女》的首场演出,但是我们一定会赶来观赏第二场演出,假如你的戏第二场还会有观众的话。"

评析:直仿。直接模仿对方的语言形式,袭句讽刺,造成以其人之道还治其人之身的效果。

(12)小王接二连三地上班迟到,领导批评他,他不仅不接受,还辩驳说:"你为什么老是批评我?你没有看到我在进步吗?我第一次迟到15分钟,第二次迟到就只有10分钟,今天才迟到5分钟。这说明我在逐渐改正错误,不仅不应该批评,还应该表扬我的进步。"

领导反驳说:"假如有这样的一个小偷,他一天偷了人家10个钱包,被抓后发誓要改正,于是第二天只偷了5个钱包,第三天又减少到3个。我们是否应该对这个小偷的'进步'加以表扬呢?"

评析:喻仿。模仿对方的说辩,构造一个相似的喻例,然后以此例向对方设难,造成以其人之道还治其人之身的效果。

(13)有个狡诈的财主,找到一个相马的人,对他说:"我给你100块银圆,你给我买一匹我最喜欢的马来。"相马的人问:"你喜欢什么颜色的马?"财主说:"我不要黑马、白马,也不要黄马!"

"那么,我就给你挑一匹灰马吧?"相马的人说。

"也不要。"财主说。

"那么,就挑红马、棕马,或几种颜色交错的马?"

"也不行。"

聪明的相马人知道财主是有意刁难,于是说:"啊,是这样!那我就去试试吧!"相马人收下银圆就走。这时财主叫住他,问道:"什么时候你把马牵来呢?"

相马的人回答说:"不是今天、明天……也不是后天,反正会在那一天,我把马牵来。"

财主一听,连叫了几声:"啊!啊!啊!"急得说不出话来,只好眼睁睁地看着相马人带着银圆走了。

评析:比仿。选择一个临近的同类事例,然后模仿对方的说辩,作出一个相似的推理形式,以此向对方设难。

(14)古时候,有个年近四十岁的人去参加考试,他按规定填写好本人的相貌册。但当考官查核到他时,考官大发雷霆,骂道:"你这刁徒,怎敢冒名顶替!相貌册上明明填的是'微须',按朱夫子的注解,'微须'就是'无须'。而你的脸上却明明有些胡须!"考生反驳说:"照大人这么说来,那《孟子·万章》里所记的孔子'微服而过宋',岂不是成了孔子脱光衣服,裸体走过宋国?那成何体统?"一席话说得考官哑口无言。

评析:顺言出招。面对对方的质疑或诘难,敏锐而巧妙地抓住对方语言中的逻辑、事理等漏洞,引出自己的反驳、挡驾招法。该考生正是抓住了考官话中以偏赅全的漏洞,并利用这一漏洞巧妙地使用实例予以反驳,使对方的观点一攻即破。

(15)在题为"以成败论英雄是否可取"的辩论中:

正方(持"可取论"方):我们现在谈的是一个社会价值观的问题,为什么在提倡社会价值观的时候,不能取其精华,去其糟粕?难道我们的社会提倡功利主义吗?

反方:按照对方的说法,今天的辩题应该改成"以成败的精华论英雄才是可取的"了。请对方不要混淆论题!

评析:篡改成谬,谐中带刺。针对对方的诘难或质问,接过话题有意往极端上靠,使之发展成为一种谬论,就有可能轻而易举地将对方逼进死胡同中,从而在论辩中占上风。由于切合了当今普遍的鼓励成功心理,正方的诘难很容易引起听众的共鸣,这对对方是不利的。但反方敏锐地接过对方的"精华糟粕论",引为己用,有意将对方的话篡改为"以成败的精华论英雄才是可取的",显然是"跑题"的、荒谬的,也是可笑的。这样,经过"加工"的话就在谐趣和讽刺中击退了对方。

(16)在题为"以成败论英雄是否可取"的辩论中:

正方针对反方提出的岳飞、文天祥失败犹成功的例子,突然抛出诘问:"请问,岳飞和文天祥身上究竟有没有追求成功的价值取向?他们不是英雄吗?"

针对正方的将"成功论"改换为"追求成功的价值取向论",反方这样反驳:"追求成功就等于成功吗?每一个非洲的饥民都要吃饭,是不是追求了吃饭就等于吃到了饭呢?那样的话,每一个非洲饥民的肚子可都是饱的啦。"

评析:反向类推,对比鲜明。这里,反方并未被对方的"换概念"之论所蒙蔽,而是巧妙地利用了对方的话题,顺势以一个相类似的例子推出相反的结论"追求成功并不等于成功"。这样,从类似的论据中得出的与正方观点形成鲜明对比的一种结论,便将正方逼进了死角,从而为自己争得了一个有利的位置。

(17)在"个人利益与群体利益是否可以两全"的辩论中:

正方(认为"可以两全"):请问对方,今天你来参加辩论赛,你个人的利益和你辩论队的集体利益,难道不是两全吗?

反方:对方辩友有所不知,其实我个人的利益是最想坐到四辩这个位置上,但是为了群体利益考虑,我被迫坐到了三辩这个位置上。你说两全了吗?

评析:分解话题,以轻御重。反方辩手辩驳的巧妙就在于他将对方的问题作了进一步的发挥:"我想坐到四辩的位置"却没能够。从而得出个人利益与群体利益不是"能两全"而是"不能两全"的结论。这样反方就以"四两拨千斤"的方式挡回了对方的诘难。

(18)在关于"美是客观存在还是主观感受"的一场论辩中:

正方二辩问:请问对方三辩,我美不美?

反方三辩:对方二辩非常美,但这个观点只代表我个人的感受,有没有人认为对方二辩不美呢? 如果有人胆敢说对方不美的话,我们是不是要踏上千万只脚让他永世不得翻身呢? 如果美的标准是客观的话,那你何必问我你美不美,你只要拿美的客观标准去衡量一下就可以了,又何必问大家你美不美呢?

评析:正方二辩的问话,暗含着这么一层意思:如果你说我美,就等于承认了我方的观点"美是客观存在的"。果然不出她所料,对方确实说了"对方二辩非常美",因为她确实非常美,这是客观存在的,对方没法不说她"不美",看来对方赞同了自己的观点,她当然认为自己胜利了,可是令她和会场上的广大观众没有想到的是,反方三辩来了句"但这个观点只代表我个人的感受……"又回到了反方的观点"美是主观感受"上来了。真是妙不可言。

三、辩论比赛

辩论比赛简称辩论赛,也叫辩论会,它是参赛双方就某一指定问题展开辩论的一种竞赛活动。它实际上是围绕着辩论问题而展开的知识、思维、口才等综合能力的竞赛。

(一)辩论赛的构成要素

1. 参赛辩手

队式辩论赛一般有8名或6名(近年来国际大学群英辩论会改为3对3制)辩手参加,每队4名或3名辩手。

2. 主持人

主持人也叫主席,主持辩论赛的程序,维持辩论赛的秩序。

3. 评委

由5名左右具有辩论口才专门知识和技能的专家组成评委会,其中设首席评委1名,主持评议工作,并作辩论赛的点评(也可以另请点评嘉宾点评)。

4. 观众

为增强辩论会效果,一般辩论赛组织者要组织相当数量的观众参加,有时还会设观众提问或观众评判环节。

5. 辩论赛规则

在比赛准备阶段,竞赛组织者要公布辩论比赛规则,并让所有参赛队知晓。

6.确定辩题和确定双方论点

在比赛准备阶段组织者要确定辩论题目,并由抽签决定各队的论点(辩题的正反或反方)。

7.评判优胜者

竞赛环节完成后,由评委会(或加上观众评分)评出本场比赛的优胜队和优秀辩论员(或最佳辩手)。

8.宣布辩论赛结果

由主持人宣布比赛结果,宣布本场比赛结束。如果是整个比赛的决赛结束时,则同时举行颁奖仪式,向优胜队和优秀辩论员颁发证书和奖品,宣布本次辩论比赛结束。

(二)辩论赛的模式

辩论比赛是按照一定的规则进行的。不同的规则对应着不同的竞赛模式。国内外比较流行的辩论比赛的模式有以下几种。

1.四对四模式(新加坡模式)

(1)陈词阶段(共18分钟)

①正方一辩陈词　　　3分钟
反方一辩陈词　　　3分钟
②正方二辩陈词　　　3分钟
反方二辩陈词　　　3分钟
③正方三辩陈词　　　3分钟
反方三辩陈词　　　3分钟

(2)自由辩论阶段(共8分钟)

正方任一位辩手先发言,然后反方发言……辩论双方依次轮流发言,各方累计用时4分钟。

(3)总结陈词阶段(共8分钟)

①反方四辩陈词:　　4分钟
②正方四辩陈词:　　4分钟

总计时间34分钟。

这种模式是国际大专辩论会最早的模式。后来为了提高论辩的激烈程度和观赏性,每届比赛都会做一些改进。比如,在立论陈词和自由辩论之间,增加论证辩驳环节,或一对一的盘问环节,或一对一对辩,或增加嘉宾提问环节,等等。

2007年国际大专辩论会更名为国际大学群英辩论会,并将四对四模式改为三对三模式。

2.三对三模式

这种模式的一般程序如下:

(1)陈词阶段(共14分钟)

正方一辩陈词　　　　　4分钟

反方一辩陈词　　　　　4分钟

正方二辩陈词　　　　　3分钟

反方二辩陈词　　　　　3分钟

(2)盘问阶段(共3分钟)

反方三辩向正方三辩提问　　　　　10秒

正方三辩回答并向反方一辩提问　　30秒

反方一辩回答并向正方一辩提问　　30秒

正方一辩回答并向反方二辩提问　　30秒

反方二辩回答并向正方二辩提问　　30秒

正方二辩回答并向反方三辩提问　　30秒

反方三辩回答　　　　　　　　　　20秒

(3)自由辩论阶段(共8分钟)

正方任一位辩手发言

反方任一位辩手发言

正反方轮流发言,分别计时,每方累计用时4分钟。

(4)总结陈词阶段(共8分钟)

反方三辩陈词　　　　　　　　　　4分钟

正方三辩陈词　　　　　　　　　　4分钟

总计时间33分钟。

这种模式在每届实际比赛时也会有些变化,比如,减少立论陈词的时间,增加盘问、辩驳等环节的内容和时间,2010年还增加了举证质证环节(双方各自请自己的证人协助论证)和超级辩论环节(即评委与辩论双方辩论)等。

下面是2011年国际大学群英辩论会的程序和规则:

(1)开门见山。阐述己方立场和观点,反驳对方立场和观点。

场上6位辩手均须发言,每人发言时间30秒。

发言次序为:正方一辩,反方一辩,正方二辩,反方二辩,正方三辩,反方三辩。

(2)角色争锋。在本环节每位辩手须为自己假设一个角色身份,所有发言必须符合发言者事先设定的角色身份,否则将影响成绩;发言要有利于强化本方立场。

主持人依次宣布每位辩手已预先假设的角色身份,并放置桌牌予以明示。

首先由正方一辩发言,用时2分钟;然后反方3位辩手进行辩驳,累计用时1分钟。之后由反方一辩发言,正方3位辩手进行辩驳,规则同上。以此类推。

(3)优胜时刻。10位评委对正方的3位辩手和反方的3位辩手分别进行投票,以简单多数的方式各选出2位优胜辩手晋级。

如果出现票数相等的情况,将由现场观众通过简单多数的表决方式决定晋级者。

在投票过程中,将请1~2名评委进行简短的评述。

(4)针锋相对。正反双方4位辩手之间进行"自由辩论",发言从正方开始,双方交替进行。

各方累计发言限时2分钟。

(5)超级辩论。在本环节由1名特邀诘问嘉宾首先向正方2位辩手依次进行诘问,诘问主要针对正方自由辩论过程中的偏差和疏漏。

每位辩手回答时间累计1分钟,评委则不计时。

特邀诘问嘉宾再向反方2位辩手依次进行提问,诘问主要针对反方自由辩论过程中的偏差和疏漏。

每位辩手回答时间累计1分钟,评委则不计时。

(6)优胜时刻。10位评委对正方的2位辩手和反方的2位辩手分别进行投票,以简单多数的方式各选出1位辩手晋级。

如果出现票数相等的情况,将由现场观众通过简单多数的表决方式决定晋级者。

在投票过程中,将请1~2名评委进行简短的评述。

(7)高端对话。首席评委余秋雨教授出场,针对本场辩题发表自己的观点,并与2位辩手进行深入探讨。

本环节不对辩手的发言时间、次数和顺序作任何限定,但要求2位辩手在探讨中积极回应,言简意赅。

(8)终极对决。首席评委余秋雨教授结合本场辩题假设一个特定的情境和人物,请正方辩手针对该情境和人物阐述本方观点,限时2分钟。

首席评委余秋雨教授结合本场辩题另设定一个特定的情境和人物,请反方辩手针对该情境和人物阐述本方观点,限时2分钟。

(9)巅峰时刻。10位评委投票,以简单多数方式选出"本场最佳辩手"。

如出现票数相等的情况,由首席评委投票决定"本场最佳辩手"。

(本次辩论会只产生最佳辩手不产生冠军队。)

3.二对二模式

这种模式主要有俄勒冈式(源自美国俄勒冈),也叫做盘问式(或质询式)辩论,台湾大学生辩论赛比较流行这种模式。

(1) 正方一辩论证发言　　　　　　8分钟
　　反方二辩盘问正方一辩　　　　3分钟
(2) 反方一辩论证发言　　　　　　8分钟
　　正方二辩盘问反方一辩　　　　3分钟
(3) 正方二辩论证发言　　　　　　8分钟
　　反方一辩盘问正方二辩　　　　3分钟
(4) 反方二辩论证发言　　　　　　8分钟
　　正方一辩盘问正方二辩　　　　3分钟
(5) 反方一辩辩驳性发言　　　　　4分钟
(6) 正方一辩辩驳性发言　　　　　4分钟
(7) 反方二辩辩驳性发言　　　　　4分钟
(8) 正方二辩辩驳性发言　　　　　4分钟

总计时间60分钟。

4．一对一模式

这种模式最著名的是林肯—道格拉斯模式。起源于1958年林肯与道格拉斯的大辩论。

(1) 正方论证发言　　　　　　　　6分钟
　　反方盘问　　　　　　　　　　3分钟
(2) 反方论证发言　　　　　　　　7分钟
　　正方盘问　　　　　　　　　　3分钟
(3) 正方辩驳性发言　　　　　　　4分钟
(4) 反方辩驳性发言　　　　　　　6分钟
(5) 正方辩驳性发言　　　　　　　3分钟

总计时间32分钟。

(三) 辩论赛的特点

与日常辩论和专门辩论(如法庭辩论、谈判辩论等)相比较,辩论赛即赛场辩论有以下四个特点:

1．不以说服对手为目的

在日常辩论和专门辩论中,辩论双方各自有明确的立场和主张,辩论的目的是为了说服对方接受自己的观点或争取第三者支持自己的观点,与此同时,自己也要有被对方说服或作出妥协的心理准备。

而辩论赛则不同,辩论赛是作为比赛项目来进行的模拟辩论(辩论演习),这种辩论往往不问辩论者本人的立场和主张,而只是侧重于辩手的辩论技巧。比赛双方都不准备说服对方或被对方说服,而是以各自在赛场上的辩论表现来争取评委的好评和观众的支持,并以此决定胜负。

2. 程序固定化,观点随机性

辩论的题目、辩论的程序、发言的时间等,都是由辩论赛的组织者来决定的,参赛者必须按规定进行辩论,不能随意改变。

辩论赛与其他辩论相比,显著不同的是,辩论观点是随机抽取的,一旦抽取了某一方论点,就必须自始至终坚决地站在这方立场上进行辩论。

3. 胜负标准主观性

比赛胜负标准包括立论、材料、辞令、风度以及应变技巧等综合因素,胜负由评委会(或加上观众评议)根据标准及主观印象进行裁定。

4. 攻击对象非人化

辩论时只能针对对方的辩论观点和理由进行攻击,而不能涉及对方的其他立场和人品。

(四)辩论赛前的准备

辩论赛前的准备工作主要包括收集与整理材料、立论准备、辩驳或盘问以及自由辩论准备、总结陈词准备和赛前演练等内容。

1. 材料准备

在确定了辩题和论点之后,全体参赛选手就要全力以赴大量收集与辩题有关的材料。

(1)收集材料的途径。现在收集辩论材料的主要途径是互联网,由于辩题一般都是大众话题,因此,通过百度搜索基本上能够找到所需要的有关辩题的大部分资料。不过对某些特别概念和专业性知识还是应该在图书馆的工具书和专业著作中去查找。

在准备辩论赛期间,如果正巧碰上跟辩论题相关的信息资料和人物事实材料,则应留心记录下来,以备利用。

(2)收集材料的内容。收集材料的内容包括正反两方面的理论材料和事实材料。

理论材料:包括自然科学、社会科学、哲学等与辩题内容相关的一些原理、定律;生活经验常识;公认的思想观念;成语、名言、警句、俗语、诗歌、名人言论等。

事实材料:科学观察、实验事实;社会事件;生活中的典型事例;假想的事实材料(用作假想推理或比喻推理)等。

收集的理论材料和事实材料一定要把对反对方有利的材料也尽量包括在内,做到知己知彼,方能百战不殆。

(3)收集材料的处理。把各位辩手分头收集到的材料汇集起来,筛选之后,按理论材料和事实材料两个大类大致进行分类整理,并对每一个材料进行核对查实,标明出处。

必须说明的是,收集到的材料数量,应该远大于实际的用量,经过甄别挑选后,从中挑选出最合适的材料用于实战中,剔除一些不合用的材料,其他可留作备用。

2. 立论准备

(1)破题。在写辩词之前,队友们一定要对辩题作深入的研究,对其中的每一个概念、每一个词组都要进行细致的分析,明确正反命题的含义;找到可能成为争论焦点的概念或语词,进行严格界定,并要在辩论团队里达成共识,在辩论时绝不能随意更改;找到己方立论的基石(支持己方论点的基本理论与事实),同时也要推测出对方立论的基础;分析双方论点中的利与弊,找到攻击对方论点的路径和手段,以及对方可能的应对措施,同时也要猜测对方可能的攻击方向和手段,并做好反击的准备。

(2)立论陈词的写作。破题之后就要写作立论陈词,要根据比赛规定的陈词人和陈词时间来写陈词文稿。原来比赛的立论陈词一般为 3 分钟,现在都有所减少(2 分钟或 1 分半钟)。一般立论文稿的字数按每分钟 300 个字左右的标准控制数量,如果是 2 分钟的陈词,文稿就控制在 600 字左右。

立论文稿首先要将破题研究讨论出的关键概念明确提出来,并表明己方的总论点。例如,在"儒家思想是不是亚洲四小龙取得经济快速增长的主要推动因素"的辩论赛中,反方将"主要推动因素"作为关键语词,并将它界定为"是具有总揽全局功能的因素",并表明反方的总论点是:"儒家思想只是四小龙取得经济快速增长的背景条件,而并非是一个主要推动因素,四小龙经济快速发展的主要推动因素是四小龙做得尤为突出的、能总揽全局的正确而灵活的战略和政策。"

总论点提出后,就要条理清晰、层次分明地列出分论点,并逐一用理论和事实材料进行展开论证。

正方的立论陈词一般只论不辩,主要为下一步的辩驳打基础、做准备;但反方的立论陈词中就可以有辩的内容,因为对方已有立论陈词在前,因此从这个意义上说,反方占优势。在总结陈词时,顺序相反,但那时正方的这个优势不明显,因为,经过了许多辩论的环节,反方那时已经有了足够多的攻击目标。

3. 辩驳、盘问以及自由辩论准备

一般辩论赛在立论陈词之后,就是短兵相接的辩论环节。根据每次比赛的规程不同,一般设有论证辩驳(或驳辩)、盘问、对辩(或攻辩)以及自由辩论等环节。

这部分的准备工作最细、最难,是辩论成败的关键。

在这些环节,辩论的主要目的是驳倒对方的论点,重申自家的观点。因此赛场上各位辩手的发言主要是攻击对方,但也要不时地巩固自己的阵地,强化自家的观点。

攻击对方一定要目标明确,攻击的主要对象应该是对方最主要的论点和论据。这就要求在辩论之前就要充分推测出对方可能的论点和论据,并针对对方可能运用的每一个论点或每一条证据准备一份辩驳摘要,要多做几手准备。具体攻击的内容包括:与论点相关联的关键语词的定义问题;论点与论据不满足充足理由原则;论据本身的可靠性问题;对方论证中的纰漏瑕疵,等等。

同时还要预先准备好对对方攻击的回应材料,对对方可能的攻击点也要一一准备好辩驳摘要。

对进攻时盘问(质询、攻辩)的问题设计,可以直接发问,也可以设陷阱诱问,提出的问题必须是可以预料对方可能回答出错的问题,并准备好对回答的攻击材料,但必须要有对方可能回避问题或反手攻击的思想准备,也要准备相应的应对措施。

自由辩论的准备关键是找准战场。即攻击的主战场和防守的主战场。要在赛前准备时明确攻击战场上的相关问题,以及己方的主要攻击手,最好大致分一下工,并准备好文字材料;同时,对防守战场上的相关问题(即对方可能的攻击点)也要大致分工,并准备好文字材料。这部分的准备实际上与辩驳、盘问的准备是基本重合的。但由于自由辩论阶段随机性很强,很有可能出现赛前没有预料到的情况,比如对方出现漏洞,以及己方出现疏忽,或出现新的争论焦点。因此每一名辩手都要有攻击意识和防守意识以及协同作战意识,要能随时出击对方或援助队友。

4. 总结陈词准备

总结陈词按说是对敌我双方辩论之后的总结,但实际上大部分的文字稿要事先准备好。但是总结陈词人一定要有很强的现场综合概括能力,要能对比赛现场出现的新情况进行概括,并从中获得对本方有利的东西。总结陈词要以驳辩为主,蕴立于驳。

总结陈词的辩驳要全面系统,对对方的错误要逐一批驳,但要言简意赅。

在实战中总结陈词中辩驳部分千万不要让人明显看出是赛前已经写好的,即明显对整场辩论的总结概括不全面,甚至把一些对方并未出现的错误强加于人,或者与实际辩论交锋的问题有出入。总结陈词人,要能将实战时出现的意料之外的辩论情况,尤其是对己方有利的情况及时总结出来,形成对对方不利而对己方有利的结论。

总结陈词虽然是以辩驳为主,但最后一定要有一定分量的内容是巩固和升华己方观点的,并且结尾时最好还要以一种不容置疑的胜利者的口吻再次坚定地重申己方的观点。

5.赛前演练

赛前的演练方式很多,如果是校园内一般性的辩论赛,参赛队友之间自己进行一些对练即可(让某位队员扮演对方辩手与之辩论)。如果是重大的辩论赛,教练就要经常以对手的身份与队员进行陪练性辩论;或者,如果条件许可,就同时组建正反两个队,同时进行实战准备,准备到一定程度就让他们交战,并最后从中确定参赛选手。

第十一讲　导游口才

一、导游口才及其基本要求

(一)导游员的作用和要求

伴随着中国改革开放取得的巨大成就,我国人民的生活水平日益提高,旅游已进入千家万户,成为每一个家庭寻求幸福快乐生活的不可或缺的一个部分。旅游业正是在这样的趋势下迅猛发展。导游作为旅游从业人员的重要组成部分,可以说是旅游业的灵魂,是旅行社的支柱,也是游客的"指南针"和"参观游览活动的导演"。游客是通过一个导游来解读一个国家,认识一个城市,了解一个地方的。从导游的身上,可以感受到当地人的精神风貌,了解到当地的风土人情。在旅游业中,导游起的作用越来越大,没有导游的讲解,景点游览就会索然无味。具体来说导游员有以下几方面作用:

1. 承上启下的作用

导游员是国家方针政策的宣传者和具体执行者,代表旅行社执行旅游计划,为旅游者安排、落实食、住、行、游、购、娱等各项服务,并处理旅游期间出现的各种问题。同时,旅游者的建议、要求、意见乃至投诉,其他旅游服务部门在接待工作中出现的问题及他们的建议和要求,一般也通过导游员向旅行社转递直至上达国家最高旅游管理部门。

2. 连接内外的作用

导游员既代表接待旅行社的利益,履行合同、落实旅游计划,又肩负着维护旅游者合法权益的责任,他代表旅游者与各有关部门进行交涉,提出合理要求,对违反合同的行为进行干预,为旅游者争取应该享受的正当权益;同时,导游员有责任向旅游者介绍中国,帮助他们尽可能多地了解我们的国家、社会、人民、文化和风俗民情以及国家的有关政策、法令等,同时也要进行调查研究,从旅游者那里了解外国,了解旅游者。

3. 协调左右的作用

旅游服务与其他社会服务有着密不可分的联系,而旅游服务的各组成部门,即各个不同系列的服务在实施过程中又是相互渗透、相互作用、相互联系、相互合作的。旅行社与饭店、餐馆、游览点、交通部门、商店、娱乐场所等旅游企业之间的第一线联络人是导游员(主要是地陪),他在各旅游企业之间起着重要的协调作用。搞好与各有关部门的关系、相互协作对提高旅游质量至关重要,这是因为:(1)导游员要通过自己的努力使旅游者在游览过程中的物质补偿及其他需求得到满足,因此,相互协作是导游服务中的生活服务得以顺利进行的重要条件;(2)相互协作是提高生活服务质量的重要保证,而高质量的生活服务又为导游讲解服务的成功提供了有利条件。

因此,导游员要有优秀的口才和广博的知识。口才优秀的导游能在最短的时间里给游客留下最深刻的印象。语言是导游最重要的基本功,是导游服务的沟通交流工具,导游要言之有物、言之有理、言之有神、言之有趣,并且要说好一口标准的普通话,要吐字清晰、准确。出色的语言表达能力有助于创造和谐的旅游气氛;礼貌、真挚的语言能引起游客发自内心的好感;明确、简洁、恰当的语言能获得游客的信任;富于情感、生动形象的语言能激发游客的兴趣;适应对象、灵活多变的语言能给游客以亲切感,使游客获得心理上的满足。丰富的知识是做好导游工作的前提条件。导游服务的核心在于"说",即向游客道出景中的奥妙,引导游客进入景中的意境。导游员要说得好,描绘得传神,就必须全面提高自身素质,认真进行知识的积累和储备工作。也就是说,只有提高自身素质,才能更好地领悟风景的魅力,才能说出景奇在哪里,美在何处。广博的知识对于导游口才非常重要,只有提供了引人入胜的讲解,并能把这些知识艺术讲授给游客,做到寓教于乐、游在兴中,才能称为成功的导游讲解。大体上我们认为导游应该掌握的知识有以下几方面:

(1)语言知识:语言是导游人员最重要的基本功,是导游服务的工具。导游人员若没有过硬的语言能力,根本谈不上做好服务工作。导游讲解是一项综合性的口语艺术,要做到信、达、雅。信即讲解的内容要准确、可信;达即讲解的内容要通俗易懂;雅即导游要讲技巧、导出文采。

(2)史地文化知识:史地文化知识包括历史、地理、宗教、民族、民俗风情、风物特产、文学艺术、古建筑、园林等多方面的知识。这些知识是导游讲解的素材,是导游服务的原料,是导游人员的看家本领。

(3)政策法规知识:政策法规知识也是导游人员应该具备的知识。这是因为:第一,政策法规是导游员的工作指针。导游人员讲解、回答游客对有关问题的询问或同游客讨论相关问题时,必须以国家的方针政策作为指导。否则会给游客造成误解,甚至给国家造成损失。第二,旅游过程中出现问题时,导游人员要依据国家的政策和有关法律、法规予以正确的处理。第三,导游人员自身言行更要符合国家政策法规的要求。

(4)其他知识:主要包括心理学、美学知识,政治、经济、社会知识,国际知识和旅行知识等。

总之,导游行业的业务基础繁多、服务内容庞杂,衡量导游服务水平的标准也有多项,如仪容仪表风度、服务行为态度、业务娴熟程度、知识结构水平、接待游客技巧、口头表达能力等。而其中最重要的尺度之一就是导游的口才。

(二)导游语言的特征

1. 言之有理

"全凭导游一张嘴,调动游客两条腿。"导游人员在交际中,说话办事要讲究情理、讲清道理,以理服人,让游客觉得可亲可近、心服口服;在导游讲解时,要注意以事实为依据,讲清楚事物的来龙去脉,原因结果,既合乎逻辑,又入情入理。言之有理的"理"不仅是讲道理的"理",言之有理另一层含义在于导游讲解要符合一定的生活和风俗习惯,符合人们的欣赏习惯,符合法律法规。

2. 言之有物

即导游讲解要有具体的指向,不能空洞无物。对游览对象有一定的认识,是游客了解、体验、审美的基础。导游讲解的内容要充实,有说服力,才能起到帮助游客的作用。讲解资料应突出景观特点,简洁而充分。可以充分准备,细致讲解,不要东拉西扯,缺乏主题,缺乏思想,满嘴空话、套话。导游人员应把讲解内容最大限度地"物化",使所要传递的知识深深地烙在游客的脑海中,实现旅游的最大价值。

3. 言之有据

导游人员讲解要负责,切忌弄虚作假;导游讲解必有根有据,令人信服,不得胡编乱造、张冠李戴。对于有多种解释和说法的事物,导游人员一般介绍主流的观点,即使是神话、传说之类的"虚构",也要有出处,有依托,并向游客交代清楚。导游人员讲解的内容必须要以事实为依据,要以据服人,不要言过其实和弄虚作假,更不要信口开河。对于那种不以事实为依据的讲解,一旦游客得知事实真相,就会感到自己受了嘲弄和欺骗,使得导游人员在游客心目中的形象一落千丈。

4. 言之有情

"感人心者莫先乎情"。在日常交际中,导游人员的语言,在措辞、声调及表情方面要表达出友好的感情,富有人情味,让听者感到亲切、温暖。在导游讲解时,导游人员要注意运用和补充有感情色彩的语言和素材,注入自己的情感,运用借物起兴、触景生情的讲解方法,让游客在观赏的同时获得情感体验,深入感受旅游对象的内涵之美。导游人员要善于通过自己的语言、表情、神态等传情达意。讲解时,应充满激情和热情,又充满温情和友情,富含感情和人情味的讲解更容易被游客接受。

5. 言之有趣

导游人员说话诙谐、幽默、风趣,令人愉悦,会使旅游活动变得轻松愉快,气氛活跃,游兴提高。在某种意义上,导游人员风趣幽默的语言给游客带来的乐趣甚至可能赛过美丽的景色。风趣的语言也会使游客更好地接受导游人员的建议和要求,使游客紧紧地以导游人员为核心,同时能感受到一种美好的享受和满足。需要指出的是,导游人员在制造风趣幽默时,比拟要自然,要贴切,千万不可牵强附会,不正确的比拟往往会伤害游客的自尊心,并对其他游客产生不良的影响和引起反感。

6. 言之有神

导游语言应当努力做到言者有神、言必传神。言者有神,是指导游人员要注意自己的精神面貌、气质、风度,在交际和导游讲解时要精神饱满,声音传神;言必传神,是指导游人员在交际和讲解中,要讲究语言技巧和艺术性,进行有声有色、引人入胜的讲解。导游讲解应尽量突出景观的文化内涵,使游客领略其内在的神采。讲解内容要经过综合性的提炼并形成一种艺术,让游客得到艺术享受。同时,导游人员要善于掌握游客的神情变化,分析和掌握哪些内容游客感兴趣,哪些内容游客不愿听,游客的眼神是否转移,游客是否有人打哈欠……这些情况要随时掌握,及时调整所讲内容。

7. 言之有礼

导游人员的讲解用语和动作、行为要文雅、谦恭,让游客获得美的享受。礼貌的语言会给游客带来亲切、温暖、愉快的感受,起到维护和改善人际关系的良好作用。

8. 言之有喻

导游人员应结合游客的欣赏习惯,恰当地运用比喻手法,减少游客理解的难度,增加旅游审美中的乐趣。所谓言之有喻,就是要适当地运用比喻,以熟喻生,让游客倍感亲切,并对生疏的事物很快地理解,留下深刻的美好印象。"言之有喻"要注意比喻恰当、明白、易懂,否则,以生喻生,越听越糊涂。

导游语言的"八大特征"从另一个角度揭示了导游语言的运用原则,其中言之有理体现了导游语言的思想性(亦称哲理性),言之有物、言之有据体现导游语言的知识性和科学性,言之有神、言之有趣、言之有喻体现导游语言的艺术性和趣味性,言之有礼、言之有情则是导游人员的道德修养的具体体现。

(三) 导游语言的基本要求

1. 准确

导游语言的准确是指导游人员的语言必须以客观事实为依据,在讲解时使用规范化的语言,内容准确无误,逻辑性强。具体包括以下几个方面:

(1) 内容准确无误,有据可查。讲解的景点背景材料如历史沿革、数据、地质构造等必须准确,要有根据、有出处,不能胡编乱造。即使是故事传说、民间传奇也要有据可查,不能道听途说,信口开河。若遇到说法不一的地方可忽略不讲,或选择有代表性的意见介绍给旅游者,与他们共同探讨,请他们根据自己的理解来做出判断。内容不准确是导游讲解中的"硬伤",特别容易引起旅游者对导游人员的轻视和不信任。

(2)语音、语调准确,语法正确。导游讲解是以语言为工具向旅游者传递信息的,在传递的过程中,假如语音语调有误、语法使用不当,就会使信息失真,沟通不畅,甚至导致旅游者听不懂。尤其是导游人员在使用外语导游时,由于不是自己的母语,要特别注意语音语法,以免说错,使客人听不懂或引起误解。因此,导游人员要练好自己工作中所使用的语种,不管是外语、地方方言还是普通话,语音、语调不仅要规范,与自己所表达的思想感情、积极的服务态度相符合,而且要与听者的人数、讲话的场合相适应,既要适度正确,又要富于变化。另外,遣词造句准确、词语组合恰当也是语言运用的关键,要按语法规则和语言习惯进行良好的组合搭配,注意褒贬和分寸感。

(3)观点正确、鲜明。导游语言作为表达思想的工具,所传递的内容具有一定的社会性,会产生一定的社会效应。导游人员在运用语言表达思想时,首先要有鲜明正确的观点和立场,使旅游者对当地有一个全面、客观、公正的了解,而不能含糊其辞。要坚持"内外有别"的原则,自觉运用国家的法律法规和行业纪律约束自己,不得迎合个别旅游者的低级趣味以及在讲解中掺杂格调低下的内容,不开政治性的玩笑。

2. 清楚

导游语言的清楚是指在讲解时要条理分明、脉络清晰、符合逻辑,把所讲的内容一层一层地交代清楚。导游人员应注意在思维和语言表达上符合逻辑规律,层次分明,对自己所要表达的内容仔细斟酌;想告诉游客什么,想让游客得到什么,自己心中要有数,不能"东一榔头西一棒子",想起什么说什么,看见什么说什么,层次不清,杂乱无章。讲解时,应根据思维规律,将所讲内容有机地组织起来,先讲什么,后讲什么,层层递进,主体明确,重点突出。同时还应做到语言干净利索,不拖泥带水,不结结巴巴,使用常用而又形象的词语、简短而朴实的句子,切忌使用生僻的词语、冗长的书面语句子。

3. 生动

准确、清楚的导游语言能传递给游客准确的信息,但只有这两点显然是不够的。旅游活动是一个寻找美、发现美、享受美的过程,在这个过程中,应该有一种轻松、愉快的气氛。同样的话,用不同的说法,会产生不同的效果。俗话说"看景不如听景",要想产生良好的听觉效果,就要增加导游语言的趣味性和感染力,用充满活力的语言去打动旅游者,引起他们的共鸣,然后使其通过联想或想象去感知和理解

事物的内在审美价值,从中得到美的享受。在导游语言的生动性方面应注意以下几点:

(1)把握语音、语调。任何语言都是用一定的语音、语调来传达情感的,导游人员如果在语言表达上平淡无味,像和尚念经般单调、呆板,必然会使游客兴趣索然,即使是对好的、有价值的景点,也会毫无印象。相反,生动形象、妙趣横生的导游语言不仅吸引人,而且会起到情景交融的作用。

(2)使用形象化的语言。在语言的形象化方面,修辞是必不可少的。常用的修辞方法有比喻、比拟、夸张等,通过这些修辞方法的运用,能形象地描绘大自然的美景,给旅游者以真实感和亲切感。

(3)适当的幽默。幽默风趣的语言如果使用得当,可以活跃气氛、提高游兴,增加导游人员和游客之间的感情交流,使旅游者回味无穷,有时还可以消除尴尬。幽默既是一种技巧,又是一种艺术,更是一种智慧,它在很大程度上是对修辞方法的综合运用,但又不同于一般意义上的修辞,而是以造成幽默意境为目的的。幽默意境主要由语言的反常组合来实现,即语言组织与常识相违背,完全超出人们的预料,像一语双关、正题歪解、借题发挥等都是很好的幽默方式。在幽默的运用中应注意分寸,使用不当会使旅游者感到导游人员在"耍贫嘴",甚至感到低级趣味。要杜绝"黄色幽默"和"黑色幽默",前者以低级趣味为满足,而后者以玩世不恭、嘲笑他人为目的。

4. 灵活

导游语言的灵活是指在导游讲解时要有针对性,要因人、因时、因地而异,不能千篇一律,应根据不同的对象决定讲解的内容、顺序、语言的方式、音量的大小等。要做到这一点,首先就要了解旅游者的背景,做好准备工作,包括知识准备和心理准备,根据客人的年龄、职业、爱好、文化程度、宗教信仰等,选择适当的讲解方法和内容,使特定景点的讲解适应不同旅游者的文化修养和审美情趣。景点可能是死的、固定不变的,但人是活的、可变的,不同的人有不同的需求。比如,同样是少林寺,在向西方游客讲解时和面对国内游客时,一定是不一样的,历史学家和农民游客的需求也一定有所不同,因而要避免"千人一词"、"千团一词"。毫无灵活性的呆板解说只会使游客产生厌烦情绪,同时使景点的文化内涵和魅力在游客那里打折扣。

二、导游语言技巧

(一)导游开场白

开场白实际上包括两个方面:一是第一次与游客接触时的一般开场白;二是在讲解每一个具体景点时的导游词的开场白。

1. 一般开场白

一般开场白常常是在第一次接待游客时开始的,而这种开场白也叫欢迎词。

"欢迎词"——"行"的开始,是给游客留下的第一印象。艺术性地致好"欢迎词"太重要了,它好比一场戏剧的"序幕",一篇乐章的"序曲",一部作品的"序言"。无论中外人们都讲究"第一印象",而致欢迎词是给客人留下良好"第一印象"的极佳机会,我们应当努力展示自己的风采,使"良好开端"成为"成功的一半"。欢迎词的主要内容应该包括向游客问好,代表旅行社向游客表示欢迎,向客人介绍司机和车牌号,自我介绍,简要介绍当地气候等情况,下榻饭店概况,游览活动安排,必要的卫生、饮食、安全、购物等注意事项以及其他必要的内容等。

任何艺术、技巧,都有一定的规范和要素,那么,导游欢迎词的规范和要素是什么呢?规范的欢迎词应包括五大要素。

(1)表示欢迎,即代表接待社、组团社向客人表达欢迎之意。

(2)介绍人员,即介绍自己,介绍参加接待的领导、司机和所有人员。一般的导游介绍词都先介绍旅行社,介绍自己,然后介绍司机(以及与司机、大巴相关的事项),最后再大致介绍旅行团的行程。建议大家可以在介绍自己时,增加点亲切、幽默的内容。比如让团友们亲切地叫你小王,或王导。或者可以用猜谜、诗句等方式说出你的名字或姓。这样可以让气氛更活跃,让导游更快融入到集体中。介绍司机的时候,也可以说些活跃气氛的话。比如说司机是个好司机,驾龄已有十几年等。这样能让游客放心的同时,也和司机之间增加了好感,一举两得。最后介绍旅行团大致行程时,切记不能太过啰唆,只是大致说一下这次旅游的目的地和时间等即可。因为游客刚上团时是来放心情的,不适宜讲些让他们觉得旅途劳累的话,增加负担。

(3)预告节目,即介绍一下城市的概况和在当地将游览的节目。

(4)表示态度,即愿意为大家热情服务、努力工作,确保大家满意。

(5)预祝成功,即希望得到游客支持与合作,努力使游览获得成功,祝大家愉快、健康!欢迎词切忌死板、沉闷,如能风趣、自然,会缩短与游客的距离,使大家很快成为朋友,熟悉起来。

另外,欢迎词若注意加入一些谚语、名言,使之充满文采,会收到很好的效果。下面一些句子,可作为参考:"有朋自远方来,不亦乐乎";"千年修得同船渡";"有缘千里来相会";"世界像部书,如果您没出外旅行,您只读了书中之一页,现在您在我们这里旅行,让我们共同读好这中国的一页"。建议可以穿插些诗句或歌词,让导游词更幽默和有活力,使自己和游客之间最快地融洽起来。

除了注重欢迎词的文采之外,有些导游创造的语言,令人越琢磨越感到艺术性强,值得我们学习。埃及一位63岁的老导游,在为中国旅游代表团担任导游致欢迎词时有这样一句话:"在今后的导游中,如果有什么地方我讲得不清楚,欢迎大家提出来,我将努力讲清楚……"大家感觉一下,他这句话令人听后是愉快的。

其实,大家都知道,有时并不是导游讲得不清楚,而是游客精神不集中没听清楚,但他将责任归为自己了,把愉快也留给了游客,听者如何不高兴呢?这比我们一些导游说的"如果你有问题,我可以给你讲明白"不是高明多了吗?文采固然好,含蓄也令人回味,但有时平平淡淡,也令人感到平淡中出艺术,显技巧。

现在让我们看看香港一位十佳导游开场的欢迎词:"各位早晨好,欢迎大家光临香港。我是王××,今天非常高兴有机会与各位一起游览九龙和新界。这个观光节目全程70英里,需时五个钟头。各位如果有什么问题,请随便提出,我将尽我所知为各位解答。祝大家今天旅程愉快并喜欢我们导游介绍!"大家的欢迎词,若注意以上这些,并切实做好,就会给游客留下一个美好的"第一印象",也使"行"有了良好的开端。

2. 导游词开场白

导游词开场白从结构的角度划分,可以分为完整式和简略式两类:完整式开场白大致包括问候、寒暄、自我介绍、欢迎、良好祝愿、明确游览目的等内容;简略式开场白至少要有问候、明确游览目的两项。从游览过程的角度划分,有预设开场白和现场开场白两种。从表达的角度划分,有叙述式开场白和抒情式开场白两类。

以下是几个具体案例:

(1)女士们、先生们:你们好!欢迎大家光临天坛。(自我介绍之后)非常高兴能有机会陪同各位一道欣赏领略这雄伟壮丽、庄严肃穆的古坛神韵。让我们共览这"人间圣境"的风采,共度一段美好的时光。(徐志长《天坛导游词》)

(2)女士们、先生们:大家好!首先,我对各位的到来致以最诚挚的欢迎!各位在来长沙旅游之前,想必已经对湖南有所了解了吧?那么您认为长沙在中国现代史上最著名的人物是谁呢?对,毫无疑问是毛泽东同志!那么毛主席在长沙生活期间,最喜欢去的是什么地方呢?就是我们将要到的岳麓山爱晚亭了。好,现在咱们就一块到毛主席"携来百侣曾游"的地方去看看。(赵湘军《爱晚亭》)

(3)女士们、先生们:瓷器是我们日常生活的必需品。那么多姿多彩的瓷器是如何制造出来的呢?到了瓷都景德镇,我们就不能不去探寻一番,所以,今天我就请各位去参观古窑瓷厂。这个瓷厂为什么用"古窑"二字命名呢?等会儿到了我再做解释。现在我利用路上的时间向各位介绍一点陶瓷知识。(余乐鸿《景德镇古窑瓷厂导游词》)

(4)各位游客:你们好!欢迎大家到湄洲岛旅游。我们今天游览的景点是湄洲岛妈祖庙,导游的内容有:湄洲岛概况→湄洲岛妈祖庙朝觐活动盛况→祖庙山门→仪门→太子殿→寝殿→妈祖石像。预祝我们愉快地度过这美好的一天。(段海

平《湄洲岛妈祖庙》)

(5)各位朋友:来杭州之前,您一定听说过"上有天堂,下有苏杭"这句名言吧!其实把杭州比喻成人间天堂,很大程度上是因为有了西湖。千百年来,西湖风景展现了经久不衰的魅力,她的风姿倩影令多少人一见钟情。就连唐朝大诗人白居易离开杭州时还念念不忘西湖:"未能抛得杭州去,一半勾留是此湖。"……朋友们,下面就随我一起从岳庙码头乘船去游览西湖。(钱钧《杭州西湖》)

(6)亲爱的朋友:欢迎你们来到美丽富饶的新疆。新疆地处亚欧腹心,地大物博,山川壮丽,瀚海无垠,古迹遍地,民族众多,风俗奇异,有许多值得大家参观游览的地方。您要是想游遍新疆的天山南北,至少得有半个月的时间。今天我将带大家去游览新疆最著名的风景区天山明珠——天池。天池位于高大宏伟的天山怀抱之中。朋友们,您闭上眼睛想象一下,在这个离海洋最远、年均降水量200毫米的城市旁的高山中有那么一潭清清碧水,这是何等的神奇、何等的美妙啊!这犹如给美丽动人的少女披上一层神秘的面纱。您觉得我的比喻贴切吗?当我置身于离海洋最远的地方,体会干旱地区的燥热时,脑海中的那一潭碧水带给了我无限的湿润与凉意。我想象不出该用什么样的语言来描述此刻的感觉。朋友们,您此时此刻是否已有了与我相同的感觉。我想是的,从大家的表情上看得出,大家的好奇心早已经插上翅膀飞到了天池,不用着急,今天我们就要揭开这层神秘的面纱,让大家饱览那少女妩媚多情的眼睛(郭利民《镶嵌在雪岭松涛之中的璀璨明珠——天池》)

上述六例,基本上涵盖了各种开场白。例(1)是比较完整的现场叙述式开场白,包含了问候、欢迎、自我介绍、祝愿、游览目的等诸多内容。例(2)是比较简略的现场叙述式开场白,虽然简略,但是却利用了名人效应使开场的表白有声有色,情趣盎然。例(3)是在到达古窑瓷厂之前表达的预设式开场白,简洁明快,以重重的悬念引起游客极大的兴趣。例(4)是现场叙述式开场白,除了必要的问候、欢迎、祝愿之外,着重强调了将要游览的主要内容和景点,清晰明了,目的明确,重点突出。例(5)、例(6)是现场抒情式开场白,导游员饱含深情,激情满怀地赞美了西湖、天池,抒情优美,真挚动人。

上述各种开场白,虽然可以从不同的角度进行不同的归类,但是它们的基本内容其实大同小异。所以,开场白并没有一成不变的定规,重要的是要能够体现对游客的尊敬之情、关切之意以及突出游览目的的要义。最后要注意,开场白不能故弄玄虚,否则不仅会使开场白显得多余,还可能会使游客反感。比如"各位朋友:今天我们将要游览的是一处独具特色的旅游景点,它位于北京城的中心,殿宇千门万户,楼阁巍峨庄严,红墙黄瓦,金碧辉煌,素有'金色的宫殿之海'的美称。您一定猜到了,这就是驰名中外的故宫博物院"。(《故宫博物院(中轴线)导游词》)这一段解说,明明是只能在故宫进行现场讲解的导游词的开场白,却云山雾罩地绕着弯子请游客猜测是什么地方,真是多此一举。这样的开场白在导游词中要加以杜绝。

(二)导游讲解技巧

导游讲解是导游人员以丰富多彩的社会生活、文化和璀璨壮丽的大千世界为题材,以兴趣爱好不同、审美情趣各异的游客为对象,对自己了解并掌握的各类知识进行整理、加工和提炼,用简明的语言进行的一种意境的再创造。

导游是传播知识、沟通思想和交流情感的广播员,因此我们的语言应该以科学性、知识性、道德性等特点为基础,以准确、清楚、生动、灵活的原则为远客进行青山绿水的讲解。

导游人员良好的语言技能,总是与其记忆能力、思维能力及想象能力联系在一起的,只有各种能力的综合发挥才能有助于语言能力的提高。此外,若产生紧张情绪,有关器官的循环运动便会加剧,出现心跳加快,血压升高,呼吸短促,肾上腺素大量分泌,体内热量增加等生理现象,因此带着怯场心理做讲解是很难取得成功的。

导游要有充分的自信心,自信心直接影响着讲解水平发挥与游客的信任感。引用谈判界的规律权力属于广大人的看法,如果你认为你拥有权力,那么你就有权力;反之你即使有权力,你也不去使用它。导游有将景点介绍给游客的权力,有决定在什么地方讲,讲什么的权力,导游也有选择具体游线的权力,等等。只要导游认识到了这个由广大游客赋予的权力,认真准备,练就扎实的基本功,就不会也不该发生怯场现象,从而在任何环境下都能从容地带好团,讲好景点。

1. 导游讲解需要解决好的几个问题

(1)如何确保讲解得体。讲解得体就是语言形式上的恰如其分,既能合乎讲解内容,讲解场景,又能反映导游的讲解风格。

首先,导游语言要有整体的和谐感。导游作为一种特殊的演讲者,其语言和谐感体现在语言严谨而不显得呆板,活泼而不轻率,幽默而不油滑,亲切而不低俗,明白而不粗浅。

其次,导游语言要有合体的适应性。对不同的景点,运用不同的修饰词汇,采用不同的基调,如自然山水导游语言的轻快,园林建筑导游语言的文雅,文物古迹有古韵,革命史迹导游语言的庄重,主题公园的高亢等。要因时因景因人,各有所宜。

最后,导游语言要有个体的独特性,这主要是指导游个体的讲解风格。即使语言风格与导游人员个体气质、修养相吻合,或平和舒展,或朴实简单,或严谨翔实,或情真意实,或激情昂扬。

(2)如何对待强手。强手主要来源于两种人:一是同行,二是游客中的佼佼者。如果导游看不到自己的长处,甚至将长处也看成短处,那么,也就无法开展任何一项工作了。优秀的导游人员,为了维护自己的尊严与自信心,常将游客看成学生和听众,做到"台上目中无人,台下虚怀若谷"。既然已经"粉墨登场",那就得有"全无敌"的气概。这不是盲目狂妄,而是建立在"台下"练就的良好素质基础之上的自信。

(3)如何对待游客干扰。每个游客的成长经历不一样,学识、志趣、职业也千差万别。导游在讲解时,时常会有游客对导游人员发出各种干扰信息。例如:插话、私下讲话、故意刁难,做出各种不和谐、不礼貌的言行。这就需要导游给予恰当的回复,对于这些不够友善的干扰,或者循循善诱,或者不予理会,一般不应该采取批评和训斥的方式,以免游客产生逆反心理和对立情绪,导游人员工作难以正常进行。

(4)如何对待讲解的失误。导游讲解应该实事求是,准确无误。但是"智者千虑,必有一失"。导游讲解中难免会发生口误等失误。字字珠玑、滴水不漏的人毕竟是少数。口误既出,可以按照正确的讲解方法再讲一遍,确保讲解的可信,置之不理是不行的。

导游讲解都是脱稿讲解,随时都有中途忘记解说词的可能。中途忘记解说词会影响讲解的气量。要避免中途忘记解说词的尴尬,最重要的是记住讲解的内容,尤其是那些格言警句等精彩的部分,都必须花时间去记,对于那些记不起的可以不讲,或者干脆设置悬念,放到下次来讲;也可以"转嫁"于游客,让他们来为你解决问题,走出困境。

(5)如何处理讲解时间不够。现场讲解应该遵循预先安排好的时间表,在设定的时间内完成某个景点的讲解,一旦某个景点的讲解超出规定的时间,就会影响下一个游程的正常安排。因此,若是遇上时间不富裕,讲解内容将超出时间许可,导游就必须对内容进行技术上的处理,及时调整讲解的策略。在基本上保持完整的讲解体系下,删除部分内容,尤其是无关要紧的传闻、故事,或者将详述改为概述。需要注意的是"虎头蛇尾""拦腰一刀"等是不适合的做法。

(6)如何防止超限逆反。超限逆反,指长时间的讲解,超出游客的心理承受力;或者,导游人员因为游客赞成自己的讲解,于是就滔滔不绝地讲解个没完,这样,使游客由原来的兴奋状态转为消极厌烦的状态,产生超长逆反的心理。

为了避免这个不好的结果,即使是游客对导游讲解内容感兴趣,我们也得适可而止。要考虑不同层次的人,讲解内容偏少单薄,不是优质服务;讲解过多,讲个没完,也未必是为所有游客称道的优质服务。一个大家都感兴趣的话题不会引发客的逆反心理。美国伯克利加州大学格赖斯教授认为:人们谈话之所以能顺利进行,是因为谈话双方能遵循"四个准则",即:谈话内容涉及的消息充分却不显得多余;谈话内容真实可靠;话语与话题有关;表述清楚、简洁明了。导游在景观讲解中,能很好地把握上述"四个准则"就可以有效地防止超限逆反的发生。

2.常用的导游讲解方法和技能

"江山美不美,全在导游一张嘴。"景点讲解是导游带团过程当中的重要一环,精彩的讲解往往能够加深游客对景点的印象,使游客心旷神怡、流连忘返,从而使得整个旅游活动能够顺利进行。反之,如果导游讲解枯燥乏味、漏洞百出,则会使游客游兴大减,整个旅游活动也将变得磕磕绊绊。导游讲解方法的选择,应适合景观的性质与特点。对自然景观,应着眼其外在美,用艺术手法加以烘托和渲染;对人文景观,则应追求其内在美,用说明的方法揭示其丰富的底蕴和内涵。对于名人逸事、民俗特产等特色的讲解则要求更高。那么,导游如何在讲解过程当中吸引游客的注意力,达到良好的讲解效果呢?下面就介绍几种常用的讲解方法。

(1)因人而异法。旅游团队的人员构成非常复杂,游客当中有机关人员、有普通市民、有知识分子也有工人农民,涉及各个行业不同阶层,年龄大小不一,素质参差不齐,兴趣爱好价值取向也都不一样。如果在导游讲解中面对所有的游客都采取同样的导游词,自然就会众口难调。导游在实际讲解中,要针对游客的年龄、职业、知识层次适当地调整导游词的内容,游客喜欢听什么,导游就讲什么,尽量找到游客的兴趣结合点。例如,在讲解个园的竹子的时候,如果游客是一群中小学生,导游就需要侧重介绍竹子的种类和特点来增长他们的知识。如果游客是成年人,导游可以侧重介绍主人栽种竹子的目的。如果游客是一群生意人,导游还可以讲一个竹子的故事来表现盐商之富。比如:有个盐商非常喜欢吃竹笋烧肉,他一直认为老家的竹笋最好吃,每次做这道菜的时候,他都要请一个人在老家砍下新鲜的竹笋,在炉子上面烧上一锅肉,连夜从老家起程,途中再将竹笋倒入锅中,第二天中午挑到扬州的时候回锅肉烧竹笋味道正好,这样一道普通的菜,花了别人几十倍的代价,可见当时的盐商确实是富甲天下。

(2)提问启发法。导游人员在讲解过程当中,如果只是一味滔滔不绝地讲,并不是好办法。游客和导游员之间如果没有思想交流,会使整个过程变得索然无味。

在导游讲解中,导游人员应经常根据不同的情况,有意识地创造一些情境,提出一些问题,以引起游客的注意,使游客由被动地听变成主动地问,激起其求知欲,激发起游客的游兴,使被讲解的景物在游客脑海里留下清晰而深刻的印象,同时也可以使讲解过程生动活泼,使导游人员和游客的关系融洽。提问启发法可分为我问客答法、客问我答法、自问自答法和客问客答法四种。

第一种,我问客答法。导游员在讲解过程中,为了启发游客开动脑筋,避免单调乏味,适当组织游客积极参与讲解是大有益处的。这时,应表现出诚恳和尊重,启发游客积极思维。但要注意：要使游客觉得提出的问题恰到好处；提出的问题，游客能够回答；问题要简练明白，不要太繁杂，使人抓不到要领，造成双方尴尬。例如：在参观故宫时，可以问回音壁为什么能传声，为什么有"养心殿"等；在参观中国的园林旅游景点中，我们时常会看见各种砖雕、木雕以及各种花纹图案，导游员除了讲解这些所见物的年代、历史和典故外，还可以向游客提问它们的寓意。比如蝙蝠、桃子和灵芝三种图案合在一起为何寓意？导游员这么一问，游客定会兴趣大增、七嘴八舌。导游员提出问题后，一般要停顿数秒钟，见游客回答不出，立即给予答案，否则时间过长会陷入尴尬。当导游员将蝙蝠、桃子和灵芝在中国古代的象征意义细说一番后，说"三者合而为一，寓意为福寿如意！"此时周围定会响起一阵掌声。再比如导游人员在讲解扬州汉墓的墓葬结构的时候会提到"黄肠题凑"，首先导游员要做一个提问，停顿一段时间以后导游人员再仔细解释什么是"黄肠题凑"，游客一定会恍然大悟，深深地佩服导游人员知识丰富。

第二种，客问我答法。游客在游览过程当中接触的都是新鲜事物，对很多东西都充满了好奇，所以往往会就一些感兴趣的问题对导游进行提问，这个时候就需要导游员依据一定的事实基础和原则思想进行合适的表达。在整个旅游过程中，游客的问题涉及面很广，其难度也有深有浅，同时也具有随时性。导游员首先应该不厌其烦，对实在回答不出的问题也应谦虚，想尽办法做到既不失颜面，又使游客得到心理上的满足。例如瘦西湖里面栽种了很多花卉，烟花三月的时候这些花一个个都争奇斗艳，很多游客都会在花前拍照留念，有一些还会忍不住问导游这些花的名称。实际上这个时候就是对导游知识储备的考试，如果导游能够把花的名称特点娓娓道来，游客一定会惊叹导游的知识面，但实际上这些花种类繁多，而且经常会增加一些新品种，万一碰到说不出来历的花卉，导游员可以说，既然它在春天开放，让我们就叫它迎春花吧。这样的回答虽然牵强，但往往也能赢得游客的会心一笑。对游客提出的幼稚可笑的问题，导游人员绝不能置若罔闻，更不能笑话他们，而是要善于有选择地将回答和讲解有机地结合起来。不过，面对游客的提问，导游人员也不要他们问什么就回答什么，一般只回答一些与景点有关的问题，注意不要被游客的提问牵着走，打乱你的安排。

第三种，自问自答法。自问自答就是由导游员自己提出问题并作适当停顿，让游客猜想，但并不期待他们回答，而是由自己来回答。这样做只是为了吸引游客的注意力，促使游客思考，激起游客的兴趣。此法的"自问"实际和"我问"相似，而"自答"不是自说自话。自问自答法在掌握节奏和速度上要比我问客答法来得快些，因导游员在指导思想上不打算让游客来回答，如果有游客要回答或者想回答，那导游员也就顺水推舟，顺其自然了。例如：导游员在讲解瘦西湖的植物时会说，湖边栽种桃树和柳树是什么寓意呢，接着答"三步一桃，五步一柳"。为什么要栽种玉兰树呢？接着答这样代表着玉堂富贵。自问自答法的关键在动作、表情和眼神上，自问自答法和我问客答法的最大区别就在于此。游客望着导游员的表情，心中自然会有一杆秤。至于哪些该回答，哪些不该回答，导游员驾驭这两种方法，全凭自己灵活掌握，只有这样导游员的讲解艺术才能发挥到淋漓尽致、浑然一体的境界。

第四种，客问客答法。客问客答法一般在导游员使用以上"三法"时同时使用。有时，游客提出的问题，导游员可能会因为知识水平有限回答不出来。这时，导游员如果老老实实承认自己不懂，记下来以后再回答，也是可以的，但不免使游客扫兴。所以，有丰富应对经验的导游员会在游客向他提出问题后，不马上给予解答，而是故意让游客来回答。这里应当注意的是：导游员要有意让那些活跃分子来回答，那些人如果回答正确，心中自然高兴，如果回答不对，当提问人讲出正确答案时，那些人也会哈哈一笑了之。要知道只有在这时得到的知识，才能在脑海中久久难忘，像烙印一般。对导游员熟知的问题，当然更可采用这一方法。例如很多寺庙天王殿里面的四大天王都是抬着一只脚的，很多游客看到这个现象都忍不住要提问，这个时候导游往往会卖一个关子，让游客先回答，等到最后导游才揭开谜底，所有的游客一定会印象深刻。

（3）设置悬念法。导游人员在讲解过程当中，往往需要故意设置一些悬念隐而不说，使游客在游览过程中脑子里面始终绷着一根弦，注意力也会一直离不开导游。例如导游在讲解虎丘时，一般都会介绍唐伯虎在虎丘三笑留情的故事，在"枕石"那边会讲秋香一笑，在云岩禅寺会讲秋香二笑，而秋香三笑的地点一直隐而不讲，直到游览结束导游才抛出来，而此时游客心中的一块石头才总算落了地。一个故事，一件文物，当导游人员绘声绘色地讲解，游客聚精会神地倾听，希望知道事情的结局时，讲解戛然而止，留下悬念，游客则陷入欲知不能的遗憾之中。但游客仍会思考，期盼答案，当导游员交代结果后，游客则会产生"原来如此"的感叹，从而使导游讲解更显生动有趣。

（4）触景生情法。很多时候尽管导游人员讲得口干舌燥，但是由于文化上的差异，并不能充分调动游客的游兴，反而导游人员机智的临场发挥能够起到好的作用。例如：在一个炎热的夏天，导游员在上海带领着一群兴致勃勃的游客参观游览龙华古寺，在宝塔下他滔滔不绝地讲解着。开始时，游客们津津有味地听着。10分钟后，游客走掉三分之一。15分钟后，游客又走掉一半。当他讲解20分钟后，身旁的游客寥寥无几。忽然，一边传来了悠扬动听的唢呐声，只见6位穿着民族服装的抬轿人，他们随着唢呐声吆喝着，翩翩起舞，轿内那位游客乐得笑个不停。这位导游员深知游客的兴趣已转移到花轿上，自己的讲解时间越长效果就越差，倒不如顺水推舟。想到这儿，导游干脆领着游客来到花轿旁说：各位来宾，这就是中国古代的"的士",世界上第一辆汽车诞生时远远不如它那么漂亮。说完,他走到花轿旁,学着那抬轿夫的姿势边跳舞边吆喝着,游客兴趣盎然,拍着手哈哈大笑起来。事后游客都拍着导游员的肩膀说:"了不起,短短一席话使我们了解了中国民间风俗的一个侧面。"

在实际的讲解过程当中,导游人员还可以运用分段讲解法、突出重点法、画龙点睛法、前后呼应法、制造联想法等,总的来说要达到"丝毫不差"、"千变万化"的效果。所谓"丝毫不差",指的是基本的资料不能有偏差,比如说年代、姓名等,如果唐代说成宋代,张三混淆成李四,那就显得导游不够严谨,甚至知识有缺陷,这些错误都是导游讲解的硬伤,千万不能出现。所谓"千变万化",指的是在讲解实际内容时,可以增加材料,在此过程当中,即使出现偏差也无伤大雅,游客也能够理解。总之,导游人员在实际讲解过程当中要灵活运用各种技巧,以达到激发游客游兴、顺利完成游程的目的。

3. 导游人员提高讲解技巧的方法

(1)标新立异。作为一名导游人员不能循规蹈矩,不能只是为了考证而学,要与时俱进,学习新观念,洞察新思想,引用具体的数据、生动的案例。导游工作是种综合性强的讲求艺术的工作,需要有所创新提高。

(2)持之以恒,永不松懈。"江山之美,全靠导游一张嘴"、"看景不如听景"是对导游嘴上功夫的赞美之词,是导游的一张嘴引导了游客去探寻美、发现美、享受美。所以导游应当不断地去熟悉景点导游词,熟悉人文自然概况,熟悉风土人情,不断完善自己的知识结构和知识体系,形成自己的一套讲解风格。

(3)全面发展,口笔并用。"嘴皮子"是导游讲解水平展示的手段,而"笔杆子"是导游人员基本修养的功底。因此,导游人员要强调在"嘴"和"笔"上都下工夫。"笔"的功夫可以促进"嘴"的功夫。这是所谓的"文才"能提高"口才"。

(4)善于总结,吸取教训。真正优良的导游人员在一个问题上不能犯两次以上的差错,这才能日新月异,天天进步。

(5)做到"五勤",全面发展。导游人员在游客心里是"学者"、是"万事通"、是"活字典",要想不让游客失望,我们必须养成严谨的学风,以治学的态度对待导游工作,提高导游讲解技能艺术,因此必须养成"五勤":勤动腿、勤动口、勤动眼、勤动手、勤动脑。

(三)导游欢送词

"欢送词"——"行"的小结。旅游活动结束时,导游员致欢送词也是导游工作必不可少的程序之一,送别是导游接待工作的尾声。欢迎游客要热情洋溢,送别游客时也不能显得冷冷清清,否则会给人留下"虎头蛇尾"的感觉。当我们致欢迎词时,游客还是些生疏的人,而当致欢送词时,导游与游客已熟悉,还有的成了朋友。

如果说欢迎词给游客留下美好的第一印象很重要,那么在送别时致好欢送词,给游客最后留下的印象将是深刻的、持久的、终生难忘的!有水平的、符合规范的欢送词,应有五个要素,共20个字,就是:表示惜别,感谢合作,旅游小结,征求意见,期盼重逢。

"表示惜别",是指欢送词中应对分别表示惋惜之情、留恋之意,讲此内容时,面部表情应深沉,不可嬉皮笑脸,要给客人留下"人走茶更热"的感觉。

"感谢合作",是指感谢在旅游活动中游客给予的支持、合作、帮助、谅解,没有这一切,就难保证旅游的成功。

"旅游小结",是指与游客一起回忆这段时间所游览的项目、参加的活动,是一种归纳、总结,将许多感官的认识上升到理性的认识,帮助游客加深记忆。

"征求意见",是告诉游客,我们深知仍有不足,经大家帮助,下一次接待会更好!

"期盼重逢",是指要表达对游客的情谊和自己的热情,希望游客成为回头客。

欢送词除讲求文采之外,更要"情深"、"意切",让游客终生难忘。我国的一位从事了近40年导游工作的英文导游,在同游客告别时,为表达"期盼重逢",他说:"中国有句古语,叫做'两山不能相遇,两人总能相逢',我期盼着不久的将来,我们还会在中国,也可能在贵国相会,我期盼着,再见,各位!"也许这位老导游的话和他的热诚太感人了,时至今日,每年圣诞节、新年,贺年卡从世界各地向他飞来,有不少甚至是他一二十年前接待的客人寄来的贺年卡,上面工工整整地用英文写着"greetings from another mountain"(来自另一座山的问候)。

由此可见,一篇艺术性强的欢送词,几句情深、意切,又有文采的话,会给游客留下多么深远的印象!另外,还有一点要特别注意:有经验的导游在话别游客之后,都会等"飞机上天,轮船离岸,火车出站,挥手告别",才离开现场,若"仓促挥手,扭头就走",会给游客留下"是职业导游,不是有感情的导游","人一走,茶就凉"的感觉。我们千万莫做这样的导游。

三、导游语言艺术技巧

(一)导游语言艺术风格

导游语言艺术的风格,是导游员所具有的精神特点和语言艺术的综合反映。导游语言艺术的风格作为一种表现形态,是从导游语言的整体上所显现出来的代表性特点,是由导游员主观方面的特点与导游内容的客观特征有机统一所造成的一种整体现象。所以导游语言艺术风格既是导游艺术特色的一个重要组成部分,同时又是形成这种特色的许多其他的组成部分借以表现出来的工具和手段。这其中包含导游人员讲解中的思想气质、生活经验、道德修养、语言才能等精神特点。

导游语言艺术风格可以划分为三种类型。

1. 语言明快,热情奔放

这类风格的特点是:语言明快、直接、流畅,在敬业的态度中有一种奔放的热情。导游人员讲解时如火的热情,对所讲的景区表现出真挚的热爱,让游客感受到的就是其职业化水平较高。要形成这种语言艺术风格并不那么简单,把握好情感和语言的分寸感十分重要。语言既要明快,又要注意含蓄,情感既要奔放,又要注意收敛。否则就显得肤浅、轻飘。

请看实例:

女士们,先生们,早上好!今天我们去参观一个新的旅游景点,这就是:天涯海角。

为什么要将此地称为"天涯海角"呢?在这个世界上真的有"天涯海角"这样一个地方吗?这正是我要告诉大家的。

"天涯海角"这一名称是根据古代宗教学说"天圆地方"得来的。若这一理论成立的话,那么这个世界上肯定有个地方是边缘或者是尽头,即"天边",那么它又在哪里呢?历史上的说法是:它在这儿,就在——海南岛的最南端,由三亚市向西走24公里,天涯海角就到了,它就是今天我们要去的地方。

这是原因之一,即理论根据。

众所周知,俄罗斯有个叫西伯利亚的地方,那里一年四季冰天雪地,荒无人烟,萧瑟凄凉,是专用来流放犯人的。在我国古代尤其是唐宋两朝,这一带就是中原地区的"西伯利亚",是封建王朝的流放地。为什么要选择这儿不选择别处呢?因为这里交通闭塞,人烟稀少,瘟疫流行,常年干旱,天气酷热,环境极为恶劣。

这是原因之二,可以说是地理因素。

唐宋两朝,许多被流放至此的人由于路途艰难,初到伊始,人地生疏,水土不服,加之情绪低落,悲观失望,极少有生还者回中原的。他们个个无不怀着走天涯、下海角的感受,"天涯海角"在他们看来不仅仅指地球的尽头,而且意味着人生末日的到来,难怪被流放至此的唐朝宰相李德裕称之为"鬼门关"。

他的全诗是:"一去一万里,千去千不还,崖州去何处,先渡鬼门关。"(唐代称三亚市为崖州)这可以说是当时的真实写照啊。

此乃原因之三,即历史上的原因。由于以上三个原因,即理论上的原因、地理上的原因和历史上的原因,人们称此地为"天涯海角"。

今天我们就去"体验"一下作为一个流放者走天涯下海角的心情,但是,作为旅游者,我们不但没有不佳的情绪,反而心花怒放。我相信你们会为能前往这么一个带有神奇色彩,令人向往的古迹胜地而感到欣慰的。

在北京旅游的人们常说:"不到长城非好汉。"今天我要说:"不到天涯海角誓不罢休。"

我为诸位能有机会到此一游而感到骄傲,大家想想,在我们漫长的人生道路上,假如有机会到过天涯海角,这个被李德裕"高度赞誉"为"鬼门关"的地方,试问,在我们今后人生道路上,还有什么克服不了的困难呢?一切困难与天涯海角相比显得无足轻重、暗淡无光了。这是我此时的第一想法。此外,我发现在我们中间有许多成双成对的伴侣,有恩爱的老夫老妻,也有卿卿我我的年轻情侣,我羡慕你们,为你们高兴。你们想过吗?你们手拉着手,肩并着肩来到天涯海角,做丈夫的把妻子带到天涯海角,妻子则跟着丈夫到了天之边,海之角,请问你们这一辈子还会分开吗?我相信你们一定会更加相亲相爱,心心相印,白头偕老,永不分离。

女士们、先生们,我们很快就要到达目的地了,现在我给大家简单介绍一下几个主要的景点。诸位见到一座巨石上面刻着四个大字"南天一柱"。根据中国传统的说法,天是圆的,它由地上四个角的四根柱子支撑着,这就是一根柱子的化身,他支撑着南天,让人民安居乐业。除此之外,我认为,它更能代表海南人民坚强、勇敢的性格,是海南人民的象征。到了天涯海角,诸位会看到两座巨石,上面分别刻有"天涯""海角"的字样,这就是我们的目的地。在此我有一个提议,到了天涯海角咱们来个集体合影好吗?希望这张合影能给各位留下永久的记忆,谢谢!(摘自全国优秀导游林青《天涯海角导游词》)

2. 幽默诙谐,妙趣横生

这类导游语言艺术风格的特点是:以浓厚的趣味思想来认识和解释事物,语言机智、诙谐,充满活力,富有情趣,蕴藏着一种乐观向上的精神力量,使人听了格外开心且耐人寻味。请看实例:

(进入午门之后)进了故宫,大家首先看见的就是人……为什么这么多人来到这里呢?因为明朝永乐年间,100万劳工花了14年的时间修筑起来的故宫是世界上最大的宫殿,非常有名。每天都有数万游客来这里观光。

故宫的面积是天安门广场的两倍,比凡尔赛宫还大,是日本平安神宫的十倍左右。故宫的历史开始于五百七十年前,请大家将思绪追溯到五百七十年前来游览故宫吧!

这个建筑是故宫朝南的大门,叫做午门,午是正晌午的午,是位于正中的意思。午门的下面,有五个拱门,正中间的门只有皇帝才能出入,即使地位很高的大臣,也只能使用最两端的小门。这些都是根据身份、等级来严格规定的。过去,只有皇帝在大婚的时候,皇后才能从午门进入一次,其他女性一律禁止出入午门。当然现在是谁都可以进啦。过去对皇帝的心腹都是这样的严格,一般的百姓就更不用提啦,连靠近故宫都不行。所以,这个故宫被称作紫禁城。"紫"是紫色的紫。过去有天帝在紫宫中生活的传说,皇帝认为老子就是天帝之子,住的地方当然也得是紫色的宫殿。于是,用了个紫字。"禁"就是禁止入内的禁字,也就是禁止随便进入的意思。

……

请大家从石台上回头看广场,我们进了故宫之后还没有见过树,为什么在这么宽阔的地方连一棵树都不种呢?……不是为了防止暗杀,而是为了制造气氛。如果种了树,郁郁葱葱一片绿,鸟儿在上面又唱又叫的,就会呈现生活的气息。如果不种树,就会产生庄严的气氛。我们来想象一下:过去大臣要见皇帝时,全都得从天安门走着进来,走在宽阔的路上,看着高大的建筑,在庄严肃穆的气氛中,大臣就会越走越感到压力沉重,当走到皇帝面前时,就会自然地双腿打着哆嗦跪下来。

中国历史上最后一个皇帝——爱新觉罗·溥仪是3岁时当上皇帝的,他即位时的御座就在太和殿的正中。

现在开始五分钟的自由活动,五分钟后到那凉快的地方集合。(摘自全国优秀导游于柏林《故宫导游词》)

从这段导游词,我们可以想见,导游员是一位性格开朗、活泼,对生活充满乐观,对事物有着浓厚趣味思想的人,正因为他具有这种个性,所以他的导游语言具有幽默诙谐、妙趣横生的风格特点。他在讲解中打破了文物介绍资料的局限,不胶柱鼓瑟,不照本宣科,不拘泥于具体细节的精确性,但却具有艺术的真实性。他运用夸张、拟人、比喻、想象、歪解等语言艺术手法(包括幽默艺术手法)进行讲解,显得有声有色、有滋有味。

与这类艺术风格相应的缺点是油腔滑调。在该严肃庄重的时候偏偏说俏皮话,这样就使人感觉不认真,不得体,引起客人的反感。这是有这种风格的导游员必须注意的问题。

3. 平实质朴、稳健沉静

这类导游语言艺术风格的特点是:言行稳健沉静,情感含蓄不外露,遣词造句平实、质朴,不多用修饰手法,只是平平静静、老老实实地叙述事实,讲解景物,解析事理,显得厚重大方,有与人闲谈般的亲切感。请看实例:

母系氏族社会,这一古老的社会形态,在世界上绝大多数地区早已消失于远古之中了。过去,人们只知道美澳等洲的土著居民中保留着母系氏族制,殊不知生活在我国云南省西北部距昆明大约八百多里的狮子山下,泸沽湖之滨的摩梭人,虽然早已进入阶级社会,仍留存着许多母系氏族时代的遗俗。

……

今天,随着社会的发展,摩梭人的生活发生了巨大变化,昔日的阿注婚姻正在逐步被夫妻合法婚姻所代替,父系家庭已经成为了主要的家庭形式,但也应该看到:习惯势力的影响仍很大,对摩梭人落后婚姻的彻底改革,仍然是一个长期的艰

巨的工作。(摘自全国优秀导游柴云森《母系社会导游介绍》)

这段解说词讲述的是摩梭人的婚姻习俗,从头至尾几段没有用什么形容词作修饰,甚至连比喻之类的修辞手法也没有,语言十分平静,遣词用句也很实在,不急不缓,娓娓道来,就像在描述一幅不着色彩的白描风景画,使人不觉得枯燥,因为它能满足游客的好奇心和求知欲,所以给人的印象同样是鲜明的、深刻的。

与这种风格相应的缺点是枯燥呆板。如果讲的事实不具体,又不能用一些修饰性词语启发游客的想象,只用生硬的、很草率的几句话进行粗略的讲述,就容易使人感到索然寡味。

(二)导游语言艺术的主要技巧

1. 巧用声音

无论是口头语言,还是书面语言,都有一个"声音"的问题,即读起来顺不顺口,听起来悦不悦耳。人们之所以喜欢百灵鸟歌唱,讨厌乌鸦的嘶叫,原因就在于百灵鸟声音欢快、清脆、悦耳,而乌鸦的声音沙哑、沉闷、哀伤。当然,音质是天生的,很难改变,然而,正确运用声音的技巧,却是每个人都可以学到的,有些还能达到很高的艺术水平。意大利一位著名演员上台表演数数字的节目,从1数到100,当时观众以为这个节目一定是平淡无奇,没有意思,可是经这位演员一念,竟把全场吸引住了。观众听到的仿佛不是枯燥的数字,而是一个发自内心的倾诉,使人大为感动。这位演员表演成功的诀窍很简单。在数数的时候,巧妙地运用了声音的技巧,充分发挥了它的传情作用。因此,要使自己的语言收到"声入心通"的效果,就要善于运用声音的技巧。

(1)语调高低有序。语调是指一个人讲话的腔调,即讲话时语音的高低起伏和升降变化。在导游活动中,书面导游语言要讲究语调变化,口头语言则要善于运用语调变化,语调平平的导游文字读起来缺乏活力,语调平平的导游讲解,听起来则缺乏生气,味同嚼蜡。因为"人的各种感官都喜欢变化,同样的,也都讨厌千篇一律。耳朵因为听到同一种连续的声调会感到不舒服"。[1] 在导游讲解中,有高潮,也有低潮,在高潮时,音色应明亮些、圆润些,在低潮时,音色应深沉些、平稳些。抑扬高低的语调变化往往能使语言具有音乐般的节奏感,使人爱听。关于语调的问题,德国导游专家哈拉尔德·巴特尔在其著作《合格导游》[2]中说:"尽管每个人的声音都有自己的特点,但每个人都可以赋予自己的声音以尖锐的、刺耳的或平稳的不同音调。瓮声瓮气的或有气无力的声音会起到阻碍作用,使人感到不快。如果你是属于这种声音的不幸之人,不要感到沮丧,通过录音练习,至少可以削弱这一

---

[1] 《古典文艺理论译丛》1958年第2期。
[2] [德]哈拉尔德·巴特尔. 合格导游. 北京:旅游教育出版社,1988.

缺陷的锋芒。"导游的语音、语调等都要与自己积极向上的态度"合拍",使用的语调最好是不高不低和具有谅解性的,并适当以情发声,以声带情,使之声情并茂而无矫揉造作之感。语调一般分为升调、降调和直调三种,高低不同的语调往往伴随着人们不同的感情状态。

升调:多用于表达导游员兴奋、激动、惊叹、疑问等感情状态。譬如:

"大家快看,前面就是三峡工程建设工地!"(表示兴奋、激动)

"你也知道我们湖北咸宁有个神秘的'131'军事工程?"(表示惊叹、疑问)

降调:多用于表达导游员肯定、赞许、期待、同情等感情状态。譬如:

"我们明天早晨八点准时出发。"(表示肯定)

"希望大家有机会再来当阳,再来玉泉寺。"(表示期待)

直调:多用于表达导游员庄严、稳重、平静、冷漠等感情状态。譬如:

"这儿的人们都很友好。"(表示平静)

"武汉红楼是中华民族推翻帝制、建立共和的历史里程碑。"(表示庄严、稳重)

(2)音量大小适度。音量是指一个人讲话时声音的强弱程度。导游人员在进行导游讲解时要注意控制自己的音量,力求做到音量大小适度。一般说来,导游人员音量的大小应以每位游客都能听清为宜,但在游览过程中,音量大小往往受到游客人数、讲解内容和所处环境的影响,导游人员应根据具体情况适当进行调节。譬如,当游客人数较多时,导游人员应适当调高音量,反之则应把音量调低一点;在室外嘈杂的环境中讲解,导游人员的音量应适当放大,而在室内安静的环境中则应适当放小一些;对于导游讲解中的一些重要内容、关键词语或要特别强调的信息,导游人员要加大音量,以提醒游客注意,加深游客的印象。如大声告诉游客"我们将于八点三十分出发"就是强调出发的时间,以提醒游客注意。

(3)语速快慢相宜。语速是指一个人讲话速度的快慢程度。导游人员在导游讲解或同游客谈话时,要力求做到徐疾有致、快慢相宜。如果语速过快,会使游客感到听起来很吃力,甚至跟不上导游人员的节奏,对讲解内容印象不深甚至遗忘;如果语速过慢,会使游客感到厌烦,注意力容易分散,导游讲解亦不流畅;当然,导游人员如果一直用同一种语速往下讲,像背书一样,不仅缺乏感情色彩,而且使人感到乏味,令人昏昏欲睡。

在导游讲解中,较为理想的语速应控制在每分钟200字左右。当然,具体情况不同,语速也应适当调整。譬如,对中青年游客,导游讲解的速度可稍快些,而对老年游客则要适当放慢;对讲解中涉及的重要或要特别强调的内容,语速可适当放慢一些,以加深游客的印象,而对那些不太重要的或众所周知的事情,则要适当加快讲解速度,以免浪费时间,令游客不快。

在导游讲解中,关于语速有以下基本规则:

放慢语速:需要特别强调的事情,想引起游客注意的事情,严肃的事情,容易招致疑惑误解的事情,以及数字、人名、地名、人物对话等,讲解这类内容时要放慢语速。

加快语速:对于众所周知的事情,不太重要的事情,故事进入高潮时等,讲解时加快语速。讲解语言速度的快与慢是相辅相成的,必须注意节奏急缓有致。讲太快了,像连珠炮似的,听者竖起耳朵,集中注意力听,时间一长,精神高度紧张,特别容易疲劳,注意力自然就会涣散。相反,讲太慢了,不能给人以流利舒畅的美感。一般来说,讲解的语速应该控制在每分钟200个字左右。但对年老的游客要注意放慢语速,以他们听得清为准。在导游讲解中,尤为重要的是,要善于根据讲解内容控制语速,以增强导游语言的艺术性。例如这一段导游讲解词:"光绪的凄苦,只有他的贴身太监王商能领会,一天晚上,王商趁慈禧熟睡之机,买通了看守珍妃的宫女,偷偷地将珍妃带到了玉澜堂同光绪见面。相见之下,两人有诉不尽的衷情,说不完的心里话,真是难舍难分。月过中天了,珍妃还不忍离去,真是相见时难别亦难啊。"

讲这段话时,语速应沉重迟缓一些,但当讲到下面一段时,就要注意加快语速,以渲染紧张气氛:

"就在这时,殿外传来小太监的咳嗽声,王商一听,不好!慈禧太后来了,怎么办?珍妃此时再走已来不及了……"

由此可见,充分利用讲解内容即配合内容来调整语速,该快就快,该慢就慢,是控制语速的重要方法。要使讲解语言入耳动听,就必须注意控制语速。控制语速的技巧并不难掌握,把音节拉长,速度就慢,把音节压缩,速度就快。

(4)停顿长短合理。停顿是一个人讲话时语音的间歇或语流的暂时中断。这里所说的停顿不是讲话时的自然换气,而是语句之间、层次之间、段落之间的有意间歇。其目的是集中游客的注意力,增强导游语言的节奏感。据专家统计,最容易使听众听懂的谈话,其停顿时间的总量,约占全部谈话时间的35%~40%。导游员讲解停顿的类型有多种,举例说明如下:

①语义停顿。它的原则是,一句话说完要有较短的停顿,一个意思说完要有较长的停顿。例如:

"由于历史的变迁,/当年的魏国公府早已毁坏了。‖现在的瞻园,/是当年魏国公府仅有的遗存,/是当年府内西花园的一部分!‖清朝时,这处遗园被改为藩署街门,/乾隆皇帝南巡时,曾经在这里游览。‖如今,青砖洞门上,那'瞻园'二字,/就是乾隆皇帝的御笔。"(/表示较小的停顿,‖表示较大的停顿)由于有了这些停顿,导游员才能有条不紊地把层层意思交代清楚。

②暗示省略的停顿。即不直接表示肯定或否定,只用停顿来暗示,让游客自己

判断。例如:"请看,那边一线起伏的山峦像不像一条龙？||后边的几座小山丘像不像九只小乌龟？这就是一龙赶九龟的自然奇观。"

③等待游客了解的停顿。即先说出使游客好奇的话,再停顿下来,使游客处于应激状态。例如:"现在,这里仍保留着用人祭祀河神的习俗,他们每年都要举行一次祭祀盛典。仪式时,众人将一位长得十分漂亮的小姑娘扔进河水之中。"

导游员说到这里,故意停了下来。此时,游客脸上现出了惊疑的神情——难道如今这里还保留着如此野蛮不人道的风俗？停了一会儿,这位导游员接着说:"不过,这位姑娘是用塑料制作的。"

游客们恍然大悟。恰到好处的停顿,能使后续的话语产生惊人的效果。

④强调的语气停顿。美国的戴尔·卡耐基在《语言的突破》中介绍了林肯用停顿进行强调的经验:林肯在讲话时,经常说着说着就把话头从中间切断,每当他讲到重要地方,为了加深听众内心的印象,他就使出"切断话题"这一招,暂时沉默一下,凝视听众的眼睛。为了使自己讲话的内容和意义,能深深刻在听众的心里,唯一能使他达到这一目的的,就是他暂时的沉默,因为沉默加强了他讲话的力量。尽管这是关于演讲的经验之谈,但对于导游讲解同样有着重要的借鉴作用。

总之,导游员讲解时注意停顿,可以使语言变得流畅而有节奏,收到"大珠小珠落玉盘"的效果。

2. 活用修辞

修辞,又称辞式、修辞格,它是在运用口头语言和书面语言中创造的增强表达效果的格式。恰当地运用修辞,能使导游语言鲜明生动,更趋艺术化。下面介绍几种在导游语言中常用的修辞手法。

(1)比喻。比喻,就是用相似的事物来打比方。所谓相似,可以是外在的,如形式、颜色、气味、声音等。也可以是内在的,如性质、作用、感情等。比喻是修饰语言最常用的方法。

使抽象变形象的比喻。如:"维吾尔族姑娘特别喜欢唱歌,她们的歌声就像百灵鸟的声音一样清亮动听。"歌声在这里是一种抽象的概念,这一比就形象化了。

使人(物)形象鲜明的比喻。如:"相传八仙之一的何仙姑,长得十分有姿色,她最喜欢穿绿色的衣裙,亭亭玉立,就像一株吐艳的荷花。"

使景物形象化的比喻。如:"从岳阳楼观赏洞庭风光,你就会觉得,洞庭湖就像一只偌大的银盘,远处的君山就像一只镶嵌在其中的青螺……"

蕴涵丰富想象的比喻。如果说想象是翅膀,那么精彩的比喻就是翅膀的羽毛。请看一段描写镜泊湖吊水楼瀑布的导游文字:"在浓荫蔽日的密林中走不多远,你就可以看见气势磅礴的大瀑布,它像轰雷、骤雨、飞珠、崩玉,雪浪花似的泡沫,跳荡着、咆哮着,溅起的水珠儿,蘑菇云似的冲向天空,然后化作轻纱般的薄雾,在阳光

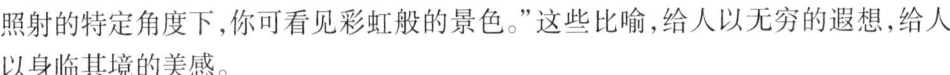

照射的特定角度下,你可看见彩虹般的景色。"这些比喻,给人以无穷的遐想,给人以身临其境的美感。

使语言简洁明快的比喻。如"莲蓬的形状是个圆锥体,底朝上,尖端和茎子连接着,顶上有许多小窟窿"。这段话如果用比喻,就可简化为:"莲蓬的形状就像一个喷壶嘴。"既简练明快,又具体形象。

在运用比喻时,必须注意几点:

①要就熟取喻,就近取喻。要选熟悉的、通俗的事物来比喻陌生的事物或深奥的道理。也就是"以易喻难",使人容易理解,如果"以难喻易"或"以难喻难"就失去了比喻的意义,反而越比越糊涂。

②要以异显同,既本体与喻体有本质的不同,但又有相似点。例如"城隍庙就像你们东京的浅草一样"。虽然有"像",但不是比喻,而是比较,比较的前后是同类事物,而比喻的前后不是同类事物。

③力求新颖,不落俗套。自古以来,把西湖比喻为"玻璃"、"镜"、"明月"等的人不少,但第一个把西湖比喻为春秋时代越国绝代佳人西施的为宋代大诗人苏东坡,他以"若把西湖比西子,淡妆浓抹总相宜"的诗句形象地概括了西子与西湖的美质。此外,"西湖""西施"又都有一个"西"字增加了情趣。由此可见,新颖的比喻,给人的艺术感染力是十分强烈的。

(2)比拟。比拟,又称"假拟",是根据想象把物拟作人,把人拟作物,或者把甲物拟作乙物的修辞方法。在导游语言艺术中,最常用的是拟人。

使情景交融的比拟。如:"看,山上的迎客松正在微笑着,向我们伸出了热情的手,欢迎各位远道而来的客人呢。""迎客松"是植物,赋予人的思想感情之后,会"微笑",会"伸出热情的手",这样就增添了形象性。

烘托气氛的比拟。如:"舜帝南巡时,他的两个妃子娥皇、女英追踪到了洞庭山。在这里,她们得到了舜帝死于苍梧的消息,顿时,两个妃子悲恸欲绝,泪水顿作倾盆雨,满山的翠竹也和她们一起发出了阵阵揪心的呜咽声……"这里把"翠竹"人格化,烘托出悲痛的气氛,使人为之心动。

运用比拟时,必须注意三点:

①要符合事物特征。如:傍晚时分,你们可以看到"金蝉操琴蝴蝶舞,青蛙烟娟打锣鼓"的情景。这里所说的都符合"金蝉"、"蝴蝶"、"青蛙"的特征,如果改用"蝴蝶操琴青蛙舞"就成笑话了。

②表达要恰当、贴切。如:"将军岩矗立在这里,庄严地俯视着脚下起伏的山峦,像在检阅千军万马。"如果这样说:"将军岩亭亭玉立地站在那里,似在翘盼丈夫的归来。"这就显得不伦不类了。

③要注意语体特点。拟人的手法在讲解景观及其故事传说时常用,但在类似

简介的说明文体中一般不用。

(3)夸张。夸张,是指在客观真实的基础上,对事物进行夸大或缩小的描述。在导游语言艺术中,夸张可以强调事物的特征,鲜明地表现出导游人员的情感,引起人的共鸣。正如高尔基所说的:"夸大好东西,使它显得更好;夸大有害的东西,使人望而生厌。"同时,夸张还能唤起人丰富的想象。如:"瞧,这湘绣被面上的芙蓉花,似能散发一种浓郁的芬芳,招引着一只只纷飞的蜜蜂和蝴蝶。"这里用夸张的手法形容湘绣技巧的高超,引起人们美好的想象。夸张的表现形式主要有如下几种:

通过比喻形式进行夸张。例如:"龟蛇酒喝了延年益寿,几盅下肚就会产生飘然若仙的感觉。"这里用"飘然若仙"来夸张地描述龟蛇酒的功效,使人对龟蛇酒产生一种神秘感。

通过比拟进行夸张。如:"海水湛蓝湛蓝的,蓝得使人见了恨不得变成一条鱼,钻进波浪里尽情嬉戏。"

通过神化进行夸张。如:"三国时期,张飞和关羽曾在这礁晓峰下棋,忽然上有一巨石落下,关公抬头看见,顺势将手中一颗棋子扔过去,把即将下落的巨石阻在半腰。张飞见了大声喝彩,不料喝彩的声浪把边上另一块巨石冲断了一半。现在,就在他们下棋的石桌边,还有一块'喝断石'。"

在运用夸张的修辞手法时,必须注意两点:一是要以客观实际为基础,给人以真实感。如"七仙姑的泪水就像泉水似的从脸上流了下来"。这类脱离实际的夸张,只能给人以虚假、浮夸之感。刘勰在《文心雕龙·夸饰》中说过:"夸而有节",也就是说,夸张要掌握分寸,不能毫无根据地乱说。二是要明确,显豁。夸张的奥妙在于不似真实,胜似真实,要一眼就能看出。

(4)引用。引用,是指用一些现成的语句或材料来说明问题。在导游语言艺术中,它能使语言生动活泼,丰富多彩。说话中引用名人名言、古今中外典故、寓言、谚语、诗句文章,往往能生动感人,并能增强说服力。

引用可分为明引、意引、暗引。

明引。即正面明白地引用原句。又叫"正引",它的特点是出处明确,说服力强。如:三塔寺,建于唐开元间,是历史上大理的第一座大寺院。明末阮元声在《南诏野史》中写道:"佛一万一千四百,屋八百九十,铜四万零五百五十斤。"可见当时规模之大。

意引。即只引原话(原文)的主要意思,而不引原话的词句。意引引用的不是原文而是原意,但同样有一定的说服力。例如:中国园林是由建筑、山水、花木等组合而成的综合艺术。明代的唐枢在比较黄鹤楼、岳阳楼孰胜时说:岳阳胜景,黄鹤胜制。

暗引。即把别人的话或语句,直接组织在自己的话里,不注明出处。这能修饰自己的语言,并增添一定的感染力。例如:现在的杜甫草堂,仍在杜甫当年"八月秋高风怒号,卷我屋上三重茅"的旧址上。一千多年来,规模几度变更,但"清江一曲抱村流,长夏江村事事幽"的田园风光仍旧依然。这里的一花一木、一溪一水无不洋溢着诗情画意。

运用引用时要一丝不苟,恰到好处,不要断章取义,随意删节和过多过滥地引用。

(5)换算。换算,是把难懂的或需要特别强调的数字加以形象化的描述。在导游语言艺术中,它能把枯燥无味的数字或需要特别强调的数字变得具体可感,生动活泼,给人极其深刻的印象。例如:

①现今,北京的面积为一万六千八百平方公里,可以说有二十四个香港那么大。

②明万历三十七年(1609年)重修二大殿,仅采木一项,就费银九百三十余万两,约合当时八百多万"半年糠菜半年粮"的贫苦农民一年的口粮。

③故宫规模宏大。假如安排刚出生的孩子在每个宫室里各住一夜,当他把所有宫室都住一遍后,他就成了一位二十七岁的青年。

例①的换算对于香港游客来说是比较适合的,能使他们对北京的面积概念有比较感性的认识。例②可以使人明确地感到当时封建帝王为修故宫搜刮民脂民膏所耗费的财力。例③既形象又生动,使人感到故宫规模之庞大。

在导游语言艺术中巧妙地运用数字换算,的确能给游客提供一幅"大体图像",但要注意数字本身的准确无误,同时换算必须正确,否则会引起误解。

(6)映衬,是把两个相关或相对的事物,或用一事物的两个方面放在一起,让它们相互衬托,相得益彰。在导游员讲解时,可从内容和形式两个方面运用映衬手法。

①运用映衬,巧妙安排讲解内容。

例如:天下观日出的胜地很多:海南"天涯海角"地处中国最南端,那里碧波万顷,水天相接;泰山地处华东,眼底一马平川;这里是南岳祝融峰的观日台,地处南国,眼下却是千山万壑。在这里看日出,别有一番景象。

这里,导游员用天下闻名的观日出胜地进行对比映衬,可以激发游客的兴趣。

②运用映衬,使讲解形式多样化。

在讲解的表达形式上,语气可先重后轻,语速先慢后快,语调先低后高,或反向映衬。

第十二讲　推销口才

一、推销概述

(一)推销及其分类

生活处处充满推销。从街市里沿途叫卖的小贩,到街头色彩艳丽的路牌广告,从各种宣传媒体的发行与播放,或从婴儿对母亲的微笑,人们无处不感到推销的存在。从广泛的含义来理解,不同职业的人也可理解成各类型的推销员。例如:演员向观众推销艺术,政治家推销其政见,传教士推销其教义。以上都是生活中推销表现的几种形式。人只要生活在世上就要和各种各样的人发生种种联系,产生各种交往。要取得成功,就要不断推销自己,用你的推销技巧博得别人的理解、好感、友谊、爱情,以及事业上的合作,才能取得优异的成果。综上所述,推销定义为:是使自己的意图和观念能获得对方认可的行为。简言之,就是获得他人理解的行为。

现代推销方式伴随着社会的进步,科技的发展日益丰富,人们对推销技术的研究也不断深入,推销的分类也渐趋科学。通常推销有两种分类方法:

第一种,按照推销手段的指向性,把推销方式分为推式推销方式(直接方式)、拉式推销方式(间接方式)、无形推销方式(互动方式)三大类。

(1)推式推销方式(直接推销方式)也称人员推销方式,是一种最主要、最直接、最有效的推销方式,也是最古老、最常见的推销方式。是指工商企业推销人员直接运用谈话方式与顾客接触,以达到推销商品或劳务,满足消费者需求与欲望,实现企业营销目标的一种推销方式。主要推销的形式有:派员上门推销、设店推销、设站推销。主要的组织结构有:

①地区型结构:每一个推销员负责一定的销售区域。适合于同质产品及目标市场大致相同的企业。

②产品型结构:按企业产品线建立推销结构,推销员负责一种或一类产品的推销。适合于产品技术性强,生产工艺复杂,产品种类繁多而产品之间无关系的企业。

③顾客型结构:按不同顾客类别配备推销人员。适合于产品种类之间和顾客

之间有明显差异的企业。

④综合型结构:对以上三类结构的组合,如:奶制品、TCL电视、手机、服装等。

(2)拉式推销方式(间接推销方式),是指通常所说非人员推销方式,它是一种不直接进行商品买卖的推销手段,而是通过宣传商品,说服和吸引消费者购买商品的推销方式。主要包括:广告推销、包装推销、商标推销、公关推销和营业推广、交流会推销、订货会推销、展览会推销等。

(3)无形推销方式(互动推销方式),主要包括:企业形象推销、服务推销和网络推销等。

企业形象推销,是指社会公众与企业内部公众对企业的整体印象和评价。企业形象是由丰富的内容和多样的形式构成的完整印象,它可以分解为产品形象、职工形象、服务形象和组织风格等。采用这种推销方式能树立良好的企业形象,能得到顾客的信任和支持,能增加职工的向心力和归属感,增加对人才的吸引力,可使企业产生良性循环的效果,顺利地开发新产品,占领市场份额。

服务推销,是指产品在销售前后为满足消费需求而实施的各种服务性推销措施。按时间可分为:售前服务(调查预测/广告)、售中服务(推介/参谋/收付)、售后服务(运输安装/"三包");按地点可分为:固定服务和流动服务;按收费可分为:有偿服务和无偿服务。采用这种推销方式可以树立"一切为用户"的经营思想,提高服务意识,健全服务质量(产品/劳务/环境质量)。

网络推销,是指企业或推销人员运用网络技术,通过网络平台向顾客传递企业和商品各种信息,实现企业和顾客的双向互动的现代推销方式。网络推销能使企业和顾客更方便、快捷地沟通,能使顾客全面地了解企业的资讯。有利于企业和顾客做出准确高效的决策,有效"缩短"了企业和顾客的距离。

第二种,按照推销具体形式的不同,可把推销分为:会议推销、柜台推销、电话推销和上门推销。

(1)会议推销。这是一个比较宽泛的概念,论坛、研讨会、高峰会、展览会、招商会等,都可以算是会议推销的范畴,甚至营销中为了销售产品而组织的会议、俱乐部等形式也可算是会议的特殊形态,都属于商业性质的会议,都以展示、销售某种观点或产品为直接目的。通过会议营销的方式,可以有效地把企业、团队或个人的观点、理念、行为乃至产品传播给受众,从而达到提高自身知名度、树立自身形象和增加产品销量的目的。

(2)柜台推销。柜台推销是指将商品陈列于货柜、货架上,柜台将商品和营业员与顾客分开,当顾客选购商品时,必须由营业员传递的售卖方式。由于顾客与营业员分别处于相对独立的空间中,因此柜台售货方式充分表现了店堂推销的服务性。营业员的推销更多地表现在按顾客要求进行商品递送、回答顾客提问等方面,往往在顾客提出展示商品或其他服务要求后,营业员才开展有效的推销活动。因此,柜台推销方式下的推销员,要充分展现其友好形象,让顾客轻松自然地提出自己的要求,从而发现并抓住推销机会。柜台推销方式下,只要顾客提出服务要求,就已表示了明确的购买信号,要求推销员正确地抓住顾客需求的实质,积极地推荐,说服购买。柜台推销是人员推销的一种。

(3)电话推销。电话推销是推销人员通过电话向潜在客户展示产品或服务,以达到获取订单、成功销售的目的。这种方法在用以联系距离较远的顾客,或为现有顾客服务方面有一定的优势,因为推销人员可以坐在办公室里开展业务,扩大销售,减少出差和旅行方面的费用。电话推销的目标就在于能以一种经济有效的方式满足客户需要,为客户提供产品或服务。电话销售的对象一般是公司现有或潜在的顾客,通过与他们的沟通,不仅可以维持与客户之间良好的关系,还可以为企业树立良好的形象。此外电话销售还可以作为其他推销方式(邮寄销售、目录销售、电视销售、电子购物等)的补充和支持。这些方式和电话销售结合时,虽然侧重的方面各有不同,但最终目的都是要充分利用当今先进的通信及计算机技术,为企业降低成本,创造更多的商机,增加收益。

(4)上门推销。上门推销是最常见的人员推销形式。它是由推销人员携带产品的样品、说明书和订单等走访顾客,推销产品。这种推销形式,可以针对顾客的需要提供有效的服务,方便顾客,故为顾客所广泛认可和接受。此种形式是一种积极主动的、名副其实的"正宗"推销形式。上门推销可以直接同顾客接触,这就体现了人员推销的优势所在。顾客可以根据推销员的描绘而形成一定的看法和印象。当然,这并不意味着一个好的推销员就一定可以获得推销的成功,但是,他可以留给顾客一个很重要的第一印象。至少,当这位顾客要购买时,他最先想起来的可能是这个推销员,接下来是他所属的公司。

(二)推销的步骤

国际推销专家海因兹姆·戈德曼把成功的推销总结为四个步骤,即争取注意(attention)、引起兴趣(interest)、激发欲望(desire)和见诸行动(action)。

1. 集中顾客的注意力

面对顾客开始推销时,推销员首先要引起顾客的注意,即要将顾客的注意力"集中到你所说的每一句话和你所做的每一个动作上"。有时,表面上看,顾客显得很专注,其实,顾客心里正想着其他事情,推销员所做的努力注定是白忙一场。如何才能集中顾客的注意力呢?

(1)保持与顾客的目光接触。"眼睛看着对方讲话",不只是一种礼貌,也是推销成功的要诀。让顾客从你的眼神里感受你的真诚。只要顾客注意了你的眼神,他的整个心一定放在你的身上。

（2）利用"实物"或"证物"。如果能随身携带样品，推销时一定要展示样品。在英国从事推销工作有 30 年经验的汤尼·亚当斯一次向一家电视公司推销一种仪器，仪器重 12 公斤，由于电梯发生故障，他背着仪器从一楼爬到五楼，见了顾客，一阵寒暄之后，亚当斯对顾客说："你摸摸这台机器。"趁顾客伸手准备摸机器时，亚当斯把仪器交到顾客手中，顾客很惊讶："喔，好重！"亚当斯接口说："这台机器很结实，经得起剧烈的晃动，比其他厂牌的仪器耐用 2 倍。"最后，亚当斯击败了竞争厂家，虽然竞争厂家的报价比他便宜 30%。

（3）让顾客参与推销过程。方法一是向顾客提问题，如："布朗先生，你的办公室令人觉得亮丽、和谐，这是你创业的地方吧？"所问的问题要能使顾客容易回答、容易发挥，而不仅仅回答"是"或"不"。方法二是促使顾客做些简单的事情，如让顾客念出标价上的价格、写下产品的型号等。值得注意的是，要在很自然的情况下促使顾客做些简单的事情，使顾客不会觉得"很窘"。

2. 引起顾客的兴趣和认同

假如顾客能够满怀兴趣地听你的说明，无疑顾客一定认同你所推销的商品或服务。而你的推销努力也向成功的目标迈进了一步。

推销时，要选对顾客。向不需要你的产品的顾客推销，你所做的努力必然没有结果。有时会碰到主动前来问价的顾客，显然，这类顾客对你所推销的产品已经有了"需要"。而你最急需做的事是，找出他的"需要"到底是什么，然后强化他的需要，引起他对产品的兴趣和认同。

许多顾客的"需要"必须靠推销员自己发觉。发觉顾客需要的最好方法是向顾客问问题。亚当斯常向顾客提问，以了解顾客对录音电话的需求程度，如"贵公司在午餐时间有人守着电话吗？""周末，有人值班吗？""贵公司有没有驻外的推销办事处？"等等，这些问题都涉及联络的问题，而录音电话可以在无人值班时，留下对方的话语，以便过后回复，使公司的业务在 1 天 24 小时内都可以进行，以免耽搁或遗漏业务。

引起顾客的兴趣和认同属于推销的第二个阶段，它与第一个阶段集中顾客的注意力相互依赖：先要集中顾客的注意力，才能引起顾客的兴趣；顾客有了兴趣，他的注意力将愈来愈集中。

3. 激发顾客的购买欲望

顾客的购买欲望取决于对满足其需要的方式的选择，推销员如果不能消除顾客的顾虑，不能改变顾客的消极心态，不能强化顾客对推销员的积极心态，不能坚定顾客的选择，就不能激起顾客对所推销产品的购买欲望。当顾客觉得购买产品所获得的利益大于所付出的费用时，顾客就会产生购买的欲望。一位推销员唯有具备丰富的产品知识和了解顾客的行业规矩及作业方式，才能在推销中成功地激发顾客的购买欲望。所谓具备丰富的产品知识,指的是对产品的各种特色有相当的了解。而"产品的特色"的含义是:与同类产品相比的明显不同之处。除此之外,推销员还可以通过诱导和充分说理的方式激发顾客的购买欲望。诱导是用情感激发顾客的购买欲望,而充分说理是用理智去唤起顾客的购买欲望。充分说理就是为顾客提供充足的购买理由。充分说理的方法有:提供充分的语气、详说利益、提供例证。

4.促使顾客采取购买行动

推销的最终目的是要顾客购买商品。如何促使顾客采取购买行动呢?

(1)采取"假定顾客要买"的说话心态。这种心态常常在零售店里看到。推销员汤尼·亚当斯举过一个亲身体验的例子。他有一套新西装,但是缺少一条可以搭配的领带。他走进了一家服装饰品店准备选购领带。店里有一个玻璃柜台,柜台后站着一位年约18岁的少年。见到客人进来,少年说:"先生,请问你想买什么?"

"我想买条领带,搭配我那套蓝灰色的西装。"亚当斯回答说。

"好的,"少年很有信心地表示,"你在这里一定可以找到你喜欢的领带。"

少年从柜台下面抽出三只木盒,木盒里放满了各式领带。放眼望去,一条条并排摆放的领带煞是整齐好看。

少年说:"在你选领带以前,我想给你一个建议,选领带时,选择第一眼看去就喜欢的领带,不要想得太多,以为继续找下去可以找到更好的,结果,徒增困扰,下不了决心。"

亚当斯看中一条丝质领带,颜色既不是纯黑的也不是纯蓝的,好像是夜晚的天空,混合着黑色和蓝色。领带上面还镶着许多斑点,像金孔雀的眼睛。

"这条不错。"亚当斯说。

"这条不错,"少年附和着,"很适合蓝灰色西服。"少年从亚当斯手中取回领带,小心翼翼地叠好,说:"这条领带的价格是6英镑。"

亚当斯觉得太贵,一时竟犹豫起来,考虑要不要买。精致的包装袋吸引了亚当斯,从包装袋的质料上看,可以看出这是专门为高价产品设计的包装袋。禁不住"精致"的诱惑,亚当斯终于买下了那条"不错"的领带。

在这个例子中,少年采取了"假定顾客要买"的说话心态,这种心态使他说出来的话肯定有力,增强了客户对产品的信心,促使顾客采取购买行为。

(2)问些小问题。推销员问顾客"你需要多少?""你喜欢什么颜色?""下星期二交货可以吗?"等,这些问题使顾客觉得容易回答,同时也逐步诱导顾客采取购买的行动。不要直接问顾客"你想不想买?"这会使多数顾客不知道如何回答,更不要说采取购买行动了。

(3)在小问题上提出多种可行的办法,让顾客自己做决定。如"整箱买可以便宜10%,你想要一整箱还是零买?"

不论是采用第二种方法还是第三种方法,结果都是一样的——让顾客说出喜欢的付款方式。所以这两种方法常交互运用。

以下是这两种方法交互使用的例子。(以Ⅱ代表第二种方法,以Ⅲ代表第三种方法)

一位推销员在顾客家里推销百科全书。推销员问顾客:

"这本书的价格是1900英镑,包括长达10年的保证期,你喜欢一次付清还是分期付款?(Ⅲ)你每月大约能支付多少钱?(Ⅱ)分期付款可分36期和48期,每期一个月。如果是48期,利息负担是200英镑左右。你喜欢36期还是48期(Ⅲ)?"

在此例中,推销员一直没有问过"你要不要买?"而是很有技巧地使用了第一种方法(采取假定顾客要买的说话心态),以及第二、第三种方法。

(4)说一些"紧急情况"。如"下星期一,价格就涨了""只剩最后一个了"等。紧急情况使顾客觉得要买就得快,不能拖延,使顾客及早采取购买行动。

(5)说故事。推销员可以把过去推销成功的事例当做故事说给顾客听。让顾客了解他的疑虑也曾是别人的疑虑,后者在买了产品、经过一段时间的使用之后,不再有所疑虑,而且还受益良多。故事能增加顾客对产品的信心和认同,进而采取购买行动。但是故事不能凭空捏造,要有根据——如顾客的感谢函或者传播媒体的赞誉等。

二、推销语言要求

1. 专业性

推销人员在语言方面很重要的一点就是专业性,即各行各业的推销员一定要熟练掌握本行业产品的专业知识,能用最准确、最明白、最简洁的语言向顾客讲解清楚产品的功能及使用方法,使顾客听了心中有数,看了一目了然。对公司产品的生产情况和市场运营情况,推销员要不断了解新信息,接受新知识,跟上飞速发展的形势。只有专业化程度高的推销员,才能在顾客面前不说外行话,才能吸引顾客接受新产品。当顾客对推销员的业务水准表示信任和钦佩时,推销产品的成功率自然就会提高了。

2. 夸张性

推销员在推销商品时,要想给顾客留下强烈而深刻的印象,有时可以在不失真实性的前提下,把产品的特色、优势适当夸大,这就是推销语言的夸张性。一般地说,推销员语言的夸张,多是用于形容产品的功能特点、结实耐用、美观大方等方面。可以常常采用比喻、借代、衬托等修辞手段,以给顾客留下深刻的印象。

3. 风趣性

推销员在推销过程中,尤其是在开场白中,能合理地运用风趣的推销语言可以起到意想不到的效果。在推销过程中,语言风趣性的用意是缩短卖主与买主之间的距离,沟通双方的感情,在笑声中解除买主怕上当的警惕心理,从侧面达到推销商品的目的。如为推销汽车,可以说:"各位都是百万户,出门不能走着路。"有时风趣还表现为幽默的自嘲,当顾客对商品不满意决定暂时放弃购买时,推销员不便勉强,只好用自嘲的幽默来缓解气氛,既摆脱了尴尬,也为以后的推销留下余地。

4. 诱惑性

推销员针对顾客迫切寻觅物美价廉商品的心理,要极力说服顾客购买其推销的商品正是顾客之所需,诱惑顾客非买不可。这是推销人员语言的基本功。如:集市上商家吆喝的"新鲜""一元两斤""个大皮薄"等词语,都是对不同需求顾客的诱惑。有些商品的推销语言诱惑性更大,有用唱的、跳的、说的,还有配合不同的着装吸引顾客的,这些都极大地诱惑着顾客的购买心理。

5. 科学性

推销员要推销科技新产品,还必须注重推销语言的科学性。如果推销一种新药,就应该有医药方面的知识,能够说明药的性能、治病的药理、治愈率等,还要附以说明书。推销其他的科技新产品,还必须有准确的数字做依据,绝不以马虎行事。不然,很难吸引有专业知识的顾客,反倒会被顾客所牵制。

当然,这些特性都必须以真实性为前提,以公平性为基础,如果以花言巧语来欺骗顾客,推销伪劣商品,那不仅违反了起码的商业道德、职业道德,而且还是违法犯罪行为。

三、推销语言技巧

(一)接近顾客的技巧

1. 与客户见面的技巧

与客户的第一次见面在一笔交易中显得尤为重要,"好的开始等于成功了一半!"所以我们要学习一些见面技巧。

(1)见面前,知己知彼。首先要对即将见面的客户进行一定的了解,通过同事、其他客户、其他厂家推销员、上司、该客户的下游或上游客户等途径来初步了解该客户。

(2)将见面的目的写出来,将即将谈到的内容写出来,并进行思考与语言组织。

(3)着装整洁、卫生、得体,有精神。

(4)自我介绍的第一句话不能太长。如:有的推销员上门就介绍:"我是××

有限公司的××分公司的推销员(业务员)×××。"这句话太长,客户一听就感觉不爽:怎么听了一大串,还是不知道你的情况。通常的介绍是:"您好!我是××厂的。"客户目光注视你了,再说:"我是×××,是××分公司推销员(业务员)。"

(5)说明来意时,要学会假借一些指令或赞美来引起客户的注意。如可以说:"是××经理派我过来的……"也可以说:"经过××客户介绍,我专程过来拜访拜访您。"还可以说:"是××厂家业务员说您生意做得好,我今天到此专门拜访您,取取经!"这样客户不容易回绝,同时又明白你对他或者对市场已有所了解,不是新来的什么都不知道,他会积极配合你的,马上会吩咐人给你沏茶。

2. 交换名片的技巧

有些推销员要拜访客户,却怎么也弄不到客户的名片,或者干巴巴地找客户要一张名片。在罗宾逊机构培训推销员有一项内容是:每天在大街上换100张名片回公司,完不成就不要回公司了。我们说名片是交换,是换来的。在与客户见面的时候要注意"交换名片",要换名片而不是单方面地给名片、塞名片。见面时不要过早拿出自己的名片,在说明来意、自我介绍完毕后,观察客户反应作出交换名片的决策。如客户一下子忘记了你的姓名,你可以说:"××经理,我们第一次见面,与您交换一张名片。"客户则不好意思拒绝与你交换名片。在拜访完成时,可提出:"××经理,与您交换一张名片,以后多联系。"避免向客户说:"可以给我一张您的名片吗?"这会令场面尴尬。

3. 在融洽的气氛中的交谈技巧

缺乏想象力的推销员在和顾客见面后,往往急于开始推销。他们会迫不及待地向顾客介绍自己的产品。常见现象是,一见面就问"要不要"、"买不买?"要知道大多数人对推销是很反感的,所以不要让顾客一开始就把你当做推销员。要学会营造气氛,有三种方法:(1)美国式:时时赞美;(2)英国式:聊聊家常;(3)中国式:吃顿便饭。

成功的推销员往往先谈客户及顾客感兴趣的话题及嗜好,以便营造一种良好的交谈气氛。这种融洽的氛围一旦建立,你的推销工作往往会取得意想不到的进展。另外还要注意:你的言谈举止不可露出虚伪的迹象,一旦对方感觉到你的谈话没有诚意,而是一般假惺惺的空谈,你的努力都将白费。其实,只要你真诚地、关切地和对方谈论他关心的问题,接下来的会谈、推销、付款便是非常自然、非常顺利的事了。

(二)面谈技巧

1. 不要给对方说"不"

有些推销新手常不知道怎样开口说话,好不容易敲开顾客的门,硬邦邦地说"请问你对××产品感兴趣吗?""你买不买××商品?"等,得到的回答自然是一句很简短的"不"或"不要"。然后呢？又搭不上腔了。那么到底有没有让对方说"是"的方法？美国有种科学催眠术，即在开始时，首先提出一些让对方不得不回答"是"的问题，这样多次回答就可以在真正催眠时，使客户形成想回答"是"的心理状态。推销员的开场白也是一样。首先提出一些接近事实的问题，让对方不得不回答"是"。这是一种与顾客接触的最佳方法，非常有利于销售成功。"推销出容易被别人接受的话题，是说服别人的基本方法。"所以对陌生的顾客，最好先谈一些商品以外的话题，谈得投机了，再进入正题，这样容易让人接受。还有一种简单的方法是：时时赞美顾客，如观念、精力、成绩等，让顾客有一种满足感、成就感，逐步达到"催眠"的效果。

2. 迎合对方兴趣

推销成功最重要的一点其实不是你的产品有多么出色，而是对方对你和你的产品的认同。一般来说，这种认同跟他的兴趣是相符合的，这才是最重要的。迎合对方的兴趣的确很重要，因为这种方法可以拉近你和客户之间的关系，建立相互之间的信任。众所周知，在与陌生人的交往中，这一点是极为重要的，这能使原本十分困难的事情变得极为简单。

（三）介绍推销物的技巧

根据推销对象，确定介绍的侧重点，也就是按照客户、用户的利益关注点来介绍产品。

1. 向经销商介绍产品关键点

即该产品怎么实现客户多赚钱？怎么样长久地赚钱？

因此通常在向经销商介绍产品时，先简单告诉其产品是干什么用的，主要的用户或者消费群是谁，接着就要介绍这种产品在流通过程中可获得的利润水平如何，再接着围绕流通环节的价差展开说明，最后再来介绍一些售后服务方面的事项。经销商经营产品的目的是赚钱，所以向经销商介绍产品主要围绕他能获得多大的价差展开。其中价差又分为直接价差与间接价差。直接价差就是产品买进卖出的差额；间接价差是本产品带动其他产品销售时，其他产品的价差。实际推销过程中，很多人不敢见经销商，还没有向经销商介绍完产品，就被赶出来。主要就是没有把握这个关键点。有的推销员一上来就向经销商报价，一听对方一句"这么贵，卖不出去"马上陷入了僵局，不知道怎么往下说了。其实可以这么说："价格贵不影响我们做生意，只要您可以获得一定的价差，还是可以卖出去的。"还可以接着说："××老板这里也有一些价格较高的产品，不也卖得很好吗？我们关注的是销量，关注的是价差。""我借您渠道，您借我产品，大家共同赚钱嘛。"

2. 向用户介绍产品关键点

即使用该产品能给他带来什么好处？哪些好处又是他现在正需要的？向用户

介绍产品的一般步骤:先介绍这类产品的功能,再介绍本产品的特点,接着将本产品特点与消费者关注的利益点联系起来,最后解答一些技术问题与售后服务问题。在向用户介绍产品中,最难的是判断用户的关注点或利益点。一个好的推销员应该借鉴中医诊断方法"望、闻、问、切"来向用户和消费者推销产品。

望:观察客户,一眼识别客户的层次、素质、需求、喜好等;

闻:听客户的叙述,必须给客户表述的时间,耐心地听,高质量地听,客户没有耐心为你多讲几遍、重要的地方反复强调,有些时候客户甚至会自然不自然地隐藏他的真实需求,这就更需要"闻"的艺术;

问:客户只知道他目前需要购买商品解决问题,却不知买什么与怎样做,这就需推销员担当策划师的角色,为他提供全面、准确、最适合的策划方案,如何做好这个策划,就需要多了解客户需求,不然,只能提供最好的,却不一定能提供最适合的;

切:实际考察客户的状况,从真实中了解。客户的表述、回答都不一定是准确的,适当的时候,业务员需要实地考察客户的状况,比如对于装修,可能就需上门观察后再为客户制订装修方案。

(四)说服顾客的技巧

说服销售就是推销人员通过了解客户的需求,并将这种需求与自己产品的特点联系起来,从而可以预见可因此为客户带来的利益,然后将这种需求和利益通过沟通技巧介绍给客户,使客户认同并愿意购买的过程。下面我们介绍几种常用技巧。

1. 用事实说话

推销员在进行说服的时候,一定要做到用事实说话。要依靠产品本身和自己适当的逻辑来说明,让顾客接受你的观点。对推销来说,首要的一点是与顾客建立一种信任关系。任何情况下,都不要企图用诡辩和臆测来说服顾客。很多推销员都喜欢把自己的产品说得天花乱坠、跟实际情况相差很远,以至有时候连自己都未必相信自己所说的话,更不用说那些顾客了。不夸大其词,根据事实说话,以理服人,这才是说服顾客的正确的方法。

2. 满足对方的需求

有经验的推销员一再告诫那些推销新手,不要对顾客说你的产品有多好,而要看你的产品能够满足对方什么需求。把你的产品的价格、质量、特色跟顾客的需求结合起来,这才是正确的推销方法。只有你的产品能够满足顾客的需求,顾客才有可能听你讲下去,才有可能被你说服。

首先,满足顾客的心理需求。在推销的过程中,应该对顾客始终保持应有的尊重,以顾客为中心,不断地对他进行赞美;行为上对他很有礼貌,认真地倾听他的说话,这些都是满足顾客的心理需求的重要方法。其次,告诉顾客你的产品能满足其某一种需求,并且针对这种结合点进行恰当的发挥,对方会很容易被你说服。

3. 以情感人

推销是一种人与人之间的交流,因此,应该使你的推销具有十足的人情味。商业箴言"顾客就是上帝",在某种程度上就反映了顾客和推销员之间存在的天然联系。这种联系除了是一种物质上的利益关系以外,还包括某种情感关系。推销员应该对自己的产品充满信心,对推销工作充满热情,并在推销的过程中把自己热情、自信的一面展现出来。你应该用一种富有感染力的语言来说服对方。这种语言本身就具有一种说服作用,它能够表达除语言内容以外更多的内容。

4. 显得很专业

必须让顾客认识到,就这件商品及与之有关的诸多领域而言,你更有发言权,因而也更加可信:你是这个领域的专家,其他任何人,不管他的知识有多么丰富,也比不上你对这个领域的熟悉程度。你必须为自己建立一种权威的形象。如果你对自己的产品不熟悉,顾客很难相信你所介绍的是正确的。当他们失去这种信任的时候,你再说什么都无济于事。

5. 消除对方的疑虑

了解对方的恐惧或疑虑,进行有针对性的说服。顾客之所以不买你的产品,多半是因为心存疑虑。通过问话或观察得到的信息来了解别人的疑虑。如果对方并没有说出来,你可以设想他可能存在的疑虑,并用确切无疑的证据消除对方的疑虑和担心。

(五)推销员语言应注意的几个问题

推销的艺术即说服的艺术,说服靠生动的语言表达。那么,作为一名推销员,在推销过程中应注意哪些问题,以达到说服顾客、推销产品的目的呢?

1. 注意称呼得体

推销员在推销过程中首先是与客户打招呼,引起客户重视,那么在称呼上就要讲究一点艺术性。比如对有头衔的客户,就要用尊重的语气说出客户的姓及头衔,如某主任、某经理等。对于上了年纪的客户,则应热情礼貌地称呼老伯或阿姨等。对于上班一族的职业男女或新潮青年则以先生、小姐称呼为佳,并且在称呼时要注意仪态大方,不卑不亢。称呼要因人而异,在确定了客户的称呼以后,在推销过程中还要不断地提及,切忌在交谈过程中随意变更对对方的称呼,而应前后保持一致,在语调上注意增强感染力。

2. 注意把握分寸

推销员在推销产品时要正确评价产品的功能、价值、质量。掌握分寸,进退有度,任何话说过了头,都会起到相反的作用。比如推销保健药品,我们要指出其对某种疾病、某种症状有什么功效,而不能夸大其词。可以这样对客户说:"该产品对某某病确有奇效,您不妨试一试。"推销员只有掌握语言的分寸,才能使表达不失真实,从而使客户产生信任感。语言过于直白,缺乏感染力,过于夸张,容易引起对方逆反心理,在直白与夸张之间掌握一个度,就是语言的分寸艺术。

3. 注意适时激发

客户购买产品是为了满足某种需要。推销员在推销产品时,如果能使用适当的语言激发客户的需要,则容易使客户产生购买欲望。人的需要简单分为生理需要、安全需要、社交需要、尊重需要和自我实现需要。对于不同的需要应使用不同的语言去激发。如推销防盗门,应着重激发客户的安全需要,不失时机地使用诸如保险、耐用、经过检测、防腐、稳固、可靠等词汇,从而激发客户保护自身、财产不受损失的安全需要,继而产生购买欲望。

4. 注意时时尊重

人类对自身的声望、尊严、地位、能力、成就都十分看重。在推销产品时,要尊重客户,满足客户的自尊需要。比如表达羡慕客户的成就,佩服客户的志向,称赞客户的工作等都能满足客户的自尊需要,使客户对你产生亲近心理。在说明产品的功能时,不妨指出产品能帮助客户提高生活品位,产品是一流的,产品是精工细作的,产品是高科技产品,如此等等,客户会认为产品能给他带来自豪感,购买是值得的。

5. 注意突出重点

推销员在推销过程中要让客户明白产品的特别之处,宜言简意赅,突出重点,而不要长篇大论,言不达意,甚至表错情,说了半天客户还不知道你的产品有什么功效。在突出产品性能时,一是注意加强语气,注意声调;二是注意选择适当词汇,最好是选择有鲜明感的词汇。比如推销口红,可以说:"即使嘴唇十分干裂,使用这支口红,同样可以增添高贵靓丽的神采。"在这句推销词中,"干裂""高贵靓丽"显然是具鲜明感的词汇,而在"口红""十分""同样"这三个词上则要注意加重语气。

6. 注意否定要巧

在推销过程中,否定的词语及口气容易造成客户的反感和对立情绪,从而破坏气氛,带有否定意义的反问句也会导致同样的结果。诸如"不好、不会的、不可能、不见得、不要这样"等词语切勿在推销词中出现。如不可避免地要否定客户的观点,可以尽量使用肯定语气,如将"不能"改成"应该",将"你的说法不对"改成"我认为……(陈述自己观点)",尽量将客户拉到自己的同一面,而不要对立。这样,你的推销才能成功。

7. 注意道别艺术

不管推销结果成交与否,我们终得与客户说再见,如何说再见也是一门艺术。

如果你已说服顾客,推销成功,那我们不要忘记对客户说声谢谢,这样会给客户留下深刻印象,同时为下一轮推销创造契机。若推销失败,我们要自找台阶,自留后路,比如说:"生意不在情谊在,有机会我再来拜访您!"这样给自己回访再次推销留下后路。对于已无法挽回的死局,也不能轻易放弃。若是因为推销说服的方式不佳造成的,则可以向客户说:"对不起,占用了您宝贵的时间,我没能把产品的优点完全表达出来。如果您有机会,相信您会进一步了解我们的产品的。"一个艺术的再见方式,正是下一次推销机遇的开始。

第十三讲　谈判口才

一、谈判概述

(一)谈判及其特征

谈判,实际上包含"谈"和"判"两个紧密联系的环节。谈,即说话或讨论,就是当事人明确阐述自己的意愿和所要追求的目标,充分发表关于各方应当承担和享有的责、权、利等看法;判,即分辨和评定,它是当事各方努力寻求关于各项权利和义务的共同一致的意见,以期通过相应的协议正式予以确认。因此,谈是判的前提和基础,判是谈的结果和目的。谈判有广义与狭义之分。广义的谈判是指除正式场合下的谈判外,一切协商、交涉、商量、磋商等,都可以看做谈判。狭义的谈判仅仅是指正式场合下的谈判。

要给谈判下一个准确的定义,并不是件容易的事情,因为谈判的内容极其广泛,人们很难用一两句话准确、充分地表达谈判的全部内涵。因而我们试图从谈判的形式、内容和特征等方面入手,对谈判的内涵进行分析,描绘出有关谈判的比较清晰的轮廓,以便把握谈判的基本概念。

(1)谈判总是以某种利益的满足为目标,是建立在人们需要的基础上的,这是人们进行谈判的动机,也是谈判产生的原因。尼伦伯格指出,当人们想交换意见、改变关系或寻求同意时,人们开始谈判。这里,交换意见、改变关系、寻求同意都是人们的需要。这些需要来自人们想满足自己的某种利益,这些利益包含的内容非常广泛:有物质的、精神的,有组织的、个人的等。当需要无法仅仅通过自身而需要他人的合作才能满足时,就要借助于谈判的方式来实现,而且,需要越强烈,谈判的要求越迫切。

(2)谈判是两方以上的交际活动,只有一方则无法进行谈判活动。而且只有参与谈判的各方的需要有可能通过对方的行为而得到满足时,才会产生谈判。比如,商品交换中买方卖方的谈判,只有买方或者只有卖方时,不可能进行谈判;当卖方不能提供买方需要的产品时,或者买方完全没有可能购买卖方想出售的产品时,也不会有双方的谈判。至少有两方参与是进行谈判的先决条件。

(3)谈判是寻求建立或改善人们的社会关系的行为。人们的一切活动都是以一定的社会关系为条件的。就拿商品交换活动来讲,从形式上看是买方与卖方的商品交换行为,但实质上是人与人之间的关系,是商品所有者和货币持有者之间的关系。买卖行为之所以能发生,有赖于买方或卖方新的关系的建立。谈判的目的是满足某种利益,要实现所追求的利益,就需要建立新的社会关系,或巩固已有的社会关系,而这种关系的建立和巩固是通过谈判实现的。但是,并非所有的谈判都能起到积极的社会效果,失败的谈判可能会破坏良好的社会关系,这可能会激起人们改善社会关系的愿望,产生又一轮新的谈判。

(4)谈判是一种协调行为的过程。谈判的开始意味着某种需求希望得到满足、某个问题需要解决或某方面的社会关系出了问题。由于参与谈判各方的利益、思维及行为方式不尽相同,存在一定程度的冲突和差异,因而谈判的过程实际上就是寻找共同点的过程,是一种协调行为的过程。解决问题、协调矛盾,不可能一蹴而就,总需要一个过程。这个过程往往不是一次,而是随着新问题、新矛盾的出现而不断重复,意味着社会关系需要不断协调。

(5)任何一种谈判都选择在参与者认为合适的时间和地点举行。这是区分狭义的谈判和广义的谈判的一个很重要的依据。谈判时间与地点的选择实际上已经成为谈判的一个重要组成部分,对谈判的进行和结果都有直接的影响。尽管某些一般性的谈判不一定对此非常苛求,但至少企业之间、团体之间乃至国家之间的谈判是这样的。购销谈判、项目谈判、外贸谈判等都对时间和地点的选择十分重视。尤其是军事谈判,更注重地点的选择。美越战争,双方选择在法国巴黎进行和谈;朝鲜战争,中美双方在朝鲜三八线上的板门店举行谈判,谈判桌的放置,一半在三八线的左侧,一半在三八线的右侧;20世纪60年代的中苏会谈,在各自代表的国家轮流进行。可见谈判双方对地点选择的重视。

综上所述,谈判是参与各方出于某种需要,在一定时空条件下,采取协调行为的过程。

谈判之所以能够进行,并能够最终达成协议,取决于以下几个方面:一是双方各有尚未满足的需要;二是双方有共同的利益,又有分歧之处;三是双方都有解决问题和分歧的愿望;四是双方能彼此信任到某一程度,愿意采取行动达成协议;五是最后结果能使双方互利互惠。

以上条件为谈判的进行确立了基础,也为双方的合作提供了前提。因此,谈判作为人们为满足各自的某种需要而进行的一种交往活动,在它的发生和发展过程中具有以下几个一般特征:

(1)谈判是"给"与"取"兼而有之的一种互动过程。双方之所以要谈判,根本原因是双方都有从对方那里获取一种或几种需要的愿望,谈判的双方也都要有所给予,使对方的需要得到直接或间接的满足。这就是谈判的"给"与"取"的一种互动。但是,单方面的"给"或单方面的"取",不论是自愿的还是被动的,都不能算作谈判,只能说是援助、受援、赠送、笑纳、授予、接受等。

(2)谈判同时含有"合作"与"冲突"两种成分。任何一方都想通过谈判达成一个满足自己利益的协议。为了达成协议,参与谈判的各方均必须具备某一程度的合作性,缺乏合作性,双方就坐不到一块来。但是,为了使自身需要能获得最大的满足,参与谈判的各方又必然会处于利害冲突的对抗状态中,否则,谈判就没有必要。尽管在不同的谈判场合下,合作程度与冲突程度各不相同,但可以肯定的是,任何一种谈判均含有一定程度的合作与冲突。

(3)谈判是为达到"互惠"的目的,但并非绝对均等。正常情况下,互利互惠、皆大欢喜是谈判的一般结局。那种企图造成所谓一方全赢或全输的谈判,势必导致谈判的失败以至之后交往的中断。大量实践表明,这不是谈判发展的趋势。谈判的结果应是互惠的,但是这种互惠又不是绝对均等的,有可能一方获利多一些,另一方获利少一些。造成这种谈判结果的主要原因在于:双方的需求有差异,对利益的认识、分析、评价标准也不一致。同时,谈判双方所拥有的实力、地位与谈判的技能也各不相同,因而不可能达到谈判利益的绝对均等。

(4)谈判是"公平"的。尽管谈判的结果不是绝对均等的,而且不论这个结果是多么的不均等,但是,谈判作为一种竞技活动,在智力的较量,策略、技巧的运用上,双方是各具自由度的。同时,谈判的双方对谈判结果均具有否决权,因此,可以说谈判是"公平"的。

(二)谈判的类别

1. 以谈判人员数量分类

(1)"一对一"谈判。项目小的谈判往往是"一对一"式的。出席谈判的各方虽然均只有一个人,但并不意味着谈判者不要做准备。"一对一"谈判往往是一种最困难的谈判类型,因为双方谈判者只能各自为战,得不到助手的及时帮助。

(2)小组谈判。一般较大的谈判项目,情况比较复杂,各方有几个人同时参加谈判,各人之间有分工有协作、取长补短,各尽所能,可以大大缩短谈判时间,提高谈判效率。

(3)大型谈判。国家级、省(市)级或重大项目的谈判,都必须采用这种类型。

2. 以谈判地域分类

(1)主座谈判。主座谈判亦称主场谈判,是在自己所在地组织谈判。

(2)客座谈判。客座谈判亦称客场谈判,它是在谈判对手所在地组织的商务谈判。客座谈判对客方来说需要克服不少困难,到客场谈判时必须注意:第一,要入境问俗、入国问禁。第二,要审时度势、争取主动。第三,要配备好自己的翻译、代理人,不能随便接受对方推荐的人员,以防机密泄露。

(3) 主客座轮流谈判。这是一种在商务交易中谈判地点互易的谈判。谈判可能开始在卖方,继续谈判在买方,结束又在卖方。采用主客座轮流谈判可能是大宗商品买卖,也可能是成套项目的买卖。应注意以下两个方面的问题:第一,确定阶段利益目标,争取不同阶段最佳谈判效益。第二,坚持主谈人的连贯性,换座不换帅。

(4) 第三地点谈判(亦称中立地谈判)。第三地点谈判是指谈判地点设在第三地的商务谈判类型。第三地谈判避免了地域上的优势,使得各方的地位较平等,谈判环境较为公平,但会造成谈判成本的提高。

3. 以谈判内容透明度分类

(1)公开谈判;(2)秘密谈判;(3)半公开谈判。

二、谈判语言技巧

(一)谈判与语言的关系

所谓谈判,第一是要"谈",第二才是"判"。整个谈判的过程,是一个语言活动的过程。在谈判的过程中或说明、或叙述、或理论、或驳难,既是智慧的较量又有语言的艺术。谈判的过程是双方运用语言进行协商的过程,在这个过程中,彼此的心理活动、策略应对、观点的接近与疏远等,都是通过语言反映出来的。因此语言的效果决定谈判的成败。它在谈判中的重要性,具体表现在以下几个方面:

1. 语言是谈判过程中准确阐明自己观点的工具

谈判是一种双方都致力于说服对方接受其要求时所运用的交换意见的技巧,它的核心任务在于一方企图说服另一方或理解、或允许、或接受自己所提出的观点、所维护的基本利益以及所采取的行为方式。在这个过程中,要求传递信息必须准确无误,不能有任何失真和误传,尤其是谈判双方协商结果所反映的书面语言更不能有丝毫的差错。否则可能差之毫厘,谬以千里。语言最基本的要求是准确,没有准确则谈不上艺术。

谈判是一个复杂的艺术结构体。有时表现为合作,有时表现为对抗;有时步步紧逼,有时又必须妥协让步;有时要说服对方,有时又要拒绝对方。无论谈判有什么变化,用何种形式来表现,谈判的目的都是十分明确的,那就是谈判双方都希望最大限度地满足自己的需求。为此要提出种种条件,并为这些条件找出充足的理由,这一切都需要借助语言来表达、来传递,并且要借助语言来反馈信息。如果这种传递和表达不准确,其效果就要大打折扣。所以语言首先要解决的是要"说什么"的问题,然后才是要解决"怎么说"的问题。"说什么"的关键是要"准确";"怎么说"的关键是要"艺术化"。总之,语言的首要作用就是要准确表达谈判者的主旨。

2. 语言是联结谈判双方的纽带和桥梁

谈判是一种谈判双方的利益分割行为,更是一种合作行为,或者说是一种协调人际关系的行为。谈判毕竟是合作大于竞争,是在合作基础上的竞争。其出发点与落脚点都要落实到合作上。所以,无论谈判桌上如何唇枪舌剑,刀光剑影,成功的谈判总是双方握手言和。谈判双方无不期望通过谈判建立一种长久的、友好合作关系和伙伴关系。要建立这种合作和伙伴关系,利益的均衡固然是基础,但人际关系却是绝不可缺的重要条件。人际关系的和谐有各种因素,其中语言艺术占有相当重要的地位。在谈判中,双方人际关系的变化主要是通过语言交流来体现的。谈判双方各自的语言都表现了自己的愿望与要求。如果这些愿望和要求与双方的实际努力相一致时,就可以维持和发展某种良好的人际关系;相反,则发生冲突,双方构成的某种人际关系就可能解体、破裂,进而导致谈判的失败。

谈判的语言艺术决定了谈判双方关系的建立、巩固、发展、改善和调整,从而决定了谈判双方对待谈判的基本态度。因此,语言在谈判中,实际起着联结双方的纽带和桥梁的作用。

3. 语言是树立良好谈判形象的要素

在当今这个现代信息社会,随着社会大生产的迅速发展,随着人们社会交往的日益频繁,互相合作的需要和机会在不断增加,语言的作用日趋重要,语言艺术的掌握已成为现代人才所必须具备的重要能力,尤其是创造型、开拓型人才的必备素质,没有口才的君子根本不能适应时代的需要,今天的君子应该是敏于行而更巧于言的,一个优秀的谈判者更应如此。所以,掌握谈判语言艺术可以帮助谈判者塑造良好的自我形象,可以综合体现谈判者的思想水平、道德品质和知识涵养,与其他条件如风度、气质、举止配合,可以使谈判者的形象变得高大、完美,给对方留下美好的印象。有时,即使其他条件略有欠缺,出色的言谈也可以予以掩饰和弥补。相反,如果一个谈判者说话颠三倒四,唐突可笑,不能带给人以美感,那么他的风度再高雅,相貌再英俊,举止再潇洒,也不会受人欢迎,更算不上是一个好的谈判者。

4. 语言是实施谈判谋略的武器

谈判是斗智斗勇、施展谋略的舞台。在这个舞台上,谈判双方谋略和策略的施展,需要靠语言来实现。谈判的每一方无不想方设法调动各种形式的语言手段,或争取主动权,或扭转败局,或迫使对方让步,或争取意外的胜利。高超的语言艺术,还可以将极为不利的形势扭转过来,变被动为主动。著名的苏格拉底回答法,被世界公认为"最聪明的劝诱法"。其原则是:与人论辩时,开始不要讨论分歧的观点,而是着重强调彼此共同的观点,取得完全一致后,自然地转向自己的主张。具体的做法是:开头提出一系列问题,让对方连连说"是",与此同时,一定要避免让他说"不"。实际上,这是诱敌深入的谋略在谈判和论辩中的具体应用。

(二)谈判语言类型

语言,是人类相互交往的产物,也是人类相互交往的工具,人类必须靠语言作为媒介来传递信息,交流思想,表达感情。但是,由于人类的活动方式和活动内容不同,其运用语言的方式和形式也必然会不同。谈判作为人类的一种语言活动,其语言形式可分为三种类型:一是有声语言;二是书面语言;三是无声语言(体态语)。

1. 有声语言

是指通过人的发声器官来表达,听觉器官来接受的语言,即以说和听为交流方式的语言。一般理解为口头语。谈判活动中运用的有声语言根据语言风格和内容分为:外交性语言、专业性语言、法律性语言、文学性语言、军事性语言。

(1)外交性语言是指在国家与国家的交往过程中为处理各种关系而使用的语言。它的突出特点是表情达意的伸缩性、婉转性和灵活性。谈判活动中使用外交语言容易创造和谐的气氛,容易使消极因素转化为积极因素。使用外交语言进行谈判,既婉转、巧妙地表达了自己的意见,又策略地给双方都留下了回旋的余地。这对于解决比较复杂的问题和尖锐的利益冲突十分有效。

(2)专业性语言,是指有关谈判业务内容的一些术语。如,物价、磋商、发盘、还盘等。不同的谈判业务,有不同的专业语言。如产品供销中的市场价、质量、包装、保险、批发价、出厂价等;在国际贸易中的离岸价、到岸价、税率、关税率、装运等。专业语言的特征是用语准确、专一、简练、明确、严谨、通用,而且都有其特定的含义和范围,并适用于世界各国和各地区。

(3)法律性语言是大型正规谈判的主体语言。它的突出特点是表示含义的准确性、严谨性、确定性,使用范围的普遍性和通用性。使用这种语言可以使表达简洁、精练,而且清晰、严密、规范。这些语言的含义多数已在法律或文件中作了比较明确的规定。如《国际贸易术语解释通则》、《关税与贸易总协定》、《纽约公约》等法规和文件中对很多语词作了严格的限定,使其含义准确、严格。

(4)文学性语言是指在谈判中使用带文学色彩的语言。在谈判中恰当地运用文学性语言,即讲究修辞、引用文学掌故,讲究修饰性、包装性,以显示谈判者的优雅、诙谐、幽默和文化素养,运用深刻、委婉、富于想象力、感染力的文学语言而产生的魅力,拉近谈判双方的距离,增进友谊,调节谈判的气氛。当然,其主要作用还是要生动明快地说明问题,有助于僵局的化解和谈判的顺利进行。

(5)军事谈判是起源最早的一种谈判活动,而且又是伴随着军事冲突而产生的,所以,军事冲突中的很多谋略被广泛应用于各种谈判活动。谈判过程中充满着激烈的斗争,也需要斗智斗勇。军事语言的明显特点是:简练、干脆、坚毅、自信、含义深刻,具有极强的鼓动力。

有声语言是谈判中大量运用的语言方式,它具有以下三个方面的特点:第一,要客观实在。谈判活动的语言要言之有物,言之有据,以客观事实为基础,以实事求是为原则。第二,要有的放矢。谈判活动中的语言应具有强烈的针对性。针对不同的谈判内容,不同的谈判对象,不同的谈判阶段,不同的谈判形势而使用不同的语言。第三,要注重效果。谈判是表达意愿,交流情感,沟通信息的过程。目的在于说服对方,满足我方的需要和条件。因此,使用的语言应该具有灵活性、委婉性、严谨性、真实性和针对性,并且具有影响力、感召力。

2. 书面语言

是有声语言的符号形式。在谈判活动中这种形式是通过文字进行信息传递的。书面语言与有声语言比较起来,它的特点是可以不受时间、空间的限制,而且传播的内容便于斟酌,便于留存。

谈判中书面语言具有如下特点:第一,要讲究程序。在谈判发展的历史长河中,书面语言的使用往往按照使用的场合不同已形成若干固定的程式,我们一定要严格遵守。如形成谈判契约,就要按照契约签订的程序来予以办理,以免形成无效契约。第二,要文字简练。谈判过程中的书面语言,是以叙述、说明事实为主,要求措辞准确、严谨,含义清楚、确切;并应具有较强的概括性和一定的文言色彩。第三,要叙述平实。谈判过程中多用朴素平实的书面语言叙述事实,记载资料、决议,分析、评断事理,表明意见和方法。第四,要真实可信,并使之具有法律效用。谈判中的书面语言主要是指谈判中的契约性语言,契约一经双方同意签字后,便对当事人产生约束力,具有严肃的法律功能。

3. 无声语言

是指通过人的形体、表情和姿势等形式来表达情感、传递信息的语言形式。一般理解为行为语言,其主要形式有默语、体语等。默语,是指言语、话语长短不等的停顿和书面语中的省略号等。体语是指以人的表情、动作、服饰等表现的无声语言。在谈判活动中,体语是一种广泛运用的沟通形式,主要有以下六种形式:首语、手势语、目光语、微笑语、姿势语、界域语等。

体语的特点:第一,受文化习俗影响,相同的动作可表示不同的含义,不同的动作可表示相同的含义。第二,体语是内心情感的自然流露。体语受生理的需要所限制,具有难以掩饰、难以控制、难以认识的特点,因此与有声语言相比,具有高度的真实性,但必须通过认真观察才能辨识。第三,与有声语言配合,强化表达效果。体语表达含义一般和有声语言结合进行。交谈过程中,伴有适当的体语,会明显增强感情色彩和说服作用,从而取得更好的效果。第四,体语的综合运用。在谈判过程中,各种体语往往是综合到一起同时传递某种信息。

谈判过程中,谈判人员的动机和需要可通过不同的语言形式表达出来。我们应该掌握相关规律和特点,以便完整、准确地接收信息,做出切合实际的判断,有针对性地进行交流,使谈判进展顺利。

(三)谈判语言技巧

1. 了解对方的技巧——听的技巧

谈判是需要更多倾听的交际活动。"多听少说"是一个谈判者应具备的素质和修养。通过听,可以发掘材料,获得信息,了解对方的动机、意图并预测对方的行动意向。从某种意义上讲,"听"比"说"的重要性更大。"听"是了解和把握对方观点和立场的主要手段与途径。美国科学家富兰克林曾说过:"与人交谈取得成功的重要秘诀,就是多听,永远不要不懂装懂。"作为一名谈判人员,应该养成有耐心地倾听对方讲话的习惯,这也是一个谈判人员良好的个人修养的标志。但在谈判过程中,不是光会听就行,在听的过程中也存在不少障碍,会影响到自己的判断和理解。比如:只注意与自己有关的谈话内容,不顾对方的全部讲话内容;注意力不集中,或思维反应较慢,或观点不一致造成的少听、漏听;单凭兴趣、情感的变化来理解对方的谈话内容,从而曲解了对方的原意;受知识文化、语言水平的限制,特别是受专业知识与外语水平的限制,而听不懂对方的讲话内容;因环境干扰,使自己的注意力分散等。这些障碍都从不同程度上影响着谈判者的注意力、思维和判断。因此,在谈判中必须想尽办法克服各种障碍,掌握"听"的要诀,提高听的效率。

第一,要集中注意力,专心倾听。一般来说,普通人说话的速度为每分钟120~180个字,而听话及思维的速度,则要比说话的速度快4倍左右。因此,往往是说话者话还没有说完,听话者就能大致理解或完成理解了。但谈判人员的精力和注意力会随着谈判的进行有所变化,一般来说,谈判开始时精力比较充沛,注意力比较集中,但持续的时间较短,约占整个谈判时间的8.3%~13.3%。谈判过程中,精力和注意力趋于下降,时间较长,约占整个谈判时间的83%。谈判快要达成协议时,又出现精力充沛和注意力集中的时期,时间也很短,约占整个谈判时间的3.7%~8.7%。由此可见,谈判人员必须时刻集中注意力听,用积极的心态去听,并对谈话者给予一定的意思表示,这样将起到良好的效果。

第二,要做好记录,理性分析倾听内容。在谈判过程中,因为现场紧张的气氛和思维的高速运转,大脑很容易疲劳而导致走神。这时候记笔记不仅可以帮助自己记忆和思考,以便在对方发言完毕之后,就某些问题提出讨论,而且可以给谈话者留下一种重视谈判内容,尊重对方的良好印象。同时,对倾听到的内容还要进行理性分析,去粗取精、去伪存真,抓住重点,鉴别其中夸大的成分,为下一步的谈判做好准备。

第三,要克服自身个性、思维上的缺陷,沉着应对。不要带着先入为主的思维习惯,也不要为急于判断问题而耽误倾听,不要轻视对方。对于自己难以应付的问题,不要充耳不闻,更不要自己主观臆断、妄加推断。要有信心、有勇气地面对问题,用心领会问题的实质,通过理智思考找到摆脱难题的答案。培养自己的临场应变能力,以便自己在遇到问题时不慌乱。

有关"听"的技巧,这里还有两点值得注意:

(1)首先,在倾听时不要抢话和急于反驳,这样不仅会打乱别人的思路,还会耽误自己倾听。即使要反驳对方的某些观点,也应在听完对方阐述之后。对别人讲话的全貌和动机尚未全面了解就急于反驳,不仅会使自己显得浅薄,而且往往会使己方陷于被动。其次,在倾听的过程中要学会忍耐。当对方说出你不愿意听,甚至冒犯你的话时,只要对方未表示已经说完,都应当倾听下去,切不可打断其说话,甚至反击或离席,以免掉入对方为你设下的"陷阱"。最后在倾听的同时,还应结合其他渠道获得的信息,理解所听到的信息。把从不同途径、不同方法获得的信息综合起来进行全面理解,判断对方的真实意图。

(2)给自己创造倾听的机会。一般人往往以为在谈判中,讲话多的一方占上风,最后一定会取得谈判的成功。其实不然,如果谈判中有一方说话滔滔不绝,垄断了大部分时间,那也就没有谈判可言了。因而应当地给自己创造倾听的机会,尽量多给对方说话的机会。通常在简明地表达自己的意见以后,加上一句:"我很想听听贵方的高见。"或"请问您的意见如何?"从而把发言的机会让给对方。

爱迪生在做某公司电气技师时,他的某项发明获得了专利。一天,公司经理突然派人把爱迪生叫到经理室,表示愿意购买爱迪生的发明专利,并让爱迪生先报价。爱迪生想了想,回答道:"我的发明对公司有怎样的价值,我是不知道的,请你先开个价吧。""那好吧,我出40万,怎么样?"经理爽快地先报了价。谈判顺利结束了。事后,爱迪生这样说:"我原来只想把专利卖5000美元,因为在实验上还要用很多钱,所以,再便宜些我也是肯卖的。"

总之,倾听不仅可以了解对方真实的需要,感知对方的心理状态,而且可以改善谈判双方的关系,促进谈判的进程和双方的合作。倾听是谈判语言的一个重要形式,也是谈判者必须具备的一个素养。

2.巧问智答的技巧——问和答的技巧

(1)问的技巧。谈判中,如何"问"是很有讲究的。重视和灵活运用发问的技巧,不仅可以引发双方的讨论,获取信息,而且还可以控制谈判的方向。问话首先要有一定的目的,然后通过一定的方式表达出来。谈判中主要的发问方式有以下几种:

澄清式发问。这是针对对方的答复,重新组织语言,以使对方进一步澄清或补充其原先答复的一种问句。主要是为确保谈判各方在相同的观点上达成共识,形成统一。

强调式发问。这种发问方式旨在强调自己的观点,强调本方的立场。

强迫选择式发问。这种发问方式旨在将本方的意见抛给对方,让对方在一个规定的范围内进行选择回答。在使用这种发问时,要语调温柔,措辞得当。

诱导式发问。这种发问方式旨在开渠引水,对对方的答案给予强烈的暗示,使对方的回答符合己方预期的目的。这类问句几乎使对方毫无选择余地地按照发问者设计好的答案作答。

在谈判中,谈判的任何一方都应避免使用盘问式、审问式或威胁与讽刺的问句,以免影响双方关系。对带有敌意的问题、个人隐私方面的问题、对方品质和信誉方面的问题、故意卖弄的问题、对方工作方面和有可能阻止对方让步的问题,在谈判过程中不应发问。注意要以诚恳的态度来提出问题。这有利于谈判者彼此感情上的沟通,有利于谈判的顺利进行。为了获得良好的提问效果,我们需掌握以下发问要诀:

第一,提问的时机必须把握好,既不能太早,又不能太晚。太早提问容易过早地将谈判意图暴露给对方,太晚又影响谈判的进程。在对方发言时,如果我们脑中闪现出疑问,千万不要中止倾听对方的谈话而急于提问题。这时我们可先把问题记录下来,等待对方讲完后,有合适的时机再提出问题。通过总结对方的发言,可以了解对方的心态,掌握对方的背景,这样发问才有针对性。此外,不要在对某一话题的讨论兴致正浓时提出新的问题,而要先转移话题的方向,然后再提出新的问题,这样做有利于对方集中精力构思答案。

第二,适当的时候,可以将一个已经发生,并且答案也是我方知道的问题提出来,验证一下对方的诚实程度及其处理事务的态度。同时,这样做也可给对方一个暗示,即我们对整个交易的行情是了解的,有关对方的情况我们也是掌握很充分的。这样做可以帮助我们进行下一步的合作决策。

有一次,华盛顿家里丢了一匹马,他获悉是一位邻居偷走了,就同一位警官去索要。但邻居声称那是他自己家的马,华盛顿灵机一动,走上前去,用双手捂住马的眼睛,然后对邻居说:"告诉我,你的马哪只眼睛瞎了?""右眼。"邻居答道。华盛顿放开蒙右眼的手,马的右眼并不瞎。"我说错了,马的左眼才是瞎的。"邻居急着争辩道。华盛顿放开蒙左眼的手,马的左眼也不瞎。"我又说错了……"邻居还想狡辩。"是的,你错了。"警官说,"已经证明马不是你的了,你必须把它还给华盛顿先生。"

(2)答的技巧。

①回答问题之前,要给自己留有思考时间。为了使回答问题的结果对自己更有利,在回答对方的问题前要作好准备,以便构思好问题的答案。回答的准备工作包括三项内容:一是心理准备。即在对方提问后,要利用喝水、翻笔记本等动作来延缓时间,以稳定情绪,而不是急于回答。二是了解问题。即要弄清对方所提问题

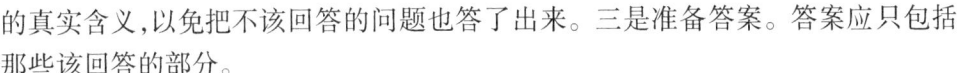

的真实含义,以免把不该回答的问题也答了出来。三是准备答案。答案应只包括那些该回答的部分。

②部分回答。谈判中有一种"投石问路"的策略,即谈判方借助一连串的发问来获得己方所需要的信息和资料,此时不应对其所有问题都进行回答,以免使其获得我方许多重要的情报而使我方谈判处于不利地位。这时可只作局部的答复,使对方不了解我方的底牌。

③"答非所问"。当有些问题不好回答时,回避答复的方法之一是"答非所问",即似乎在回答该问题,而实际上并未对这个问题表态。

④拖延答复。谈判中有时在表态时机未到的情况下可采取拖延答复的方式。可用"记不得了"或"资料不全"来拖延答复。有时还可以让对方寻找答案,亦即让对方自己澄清他所提出的问题。例如可以这样说:"在回答你的问题之前,我想先听一听你的意见。"

⑤模糊答复。这种答复的特点是借助一些宽泛模糊的语言进行答复,使自己的回答具有弹性,即使在意外情况下也无懈可击。它可以起到缓和谈判气氛,使谈判顺利进行,同时保护己方机密的作用。比如说:"这件事我们会尽快解决。"这里的"尽快"就很有弹性,具体时间到底是什么时候,并没有说清楚,有很大的回旋余地。

⑥反问。其特点是在倾听完对方的问题后,通过抓住关键的问题向对方反问以掌握主动。例如,买方说:"请谈一下贵方价格比去年上涨10%的原因。"卖方:"物价上涨与成本提高的关系是不言而喻的。当然如果你对这个提价幅度感到不满意的话,我很乐意就你觉得不妥的某些具体问题予以解释澄清,请问什么方面使你觉得不妥?"

总之,回答问题的要诀在于知道该说什么,不该说什么,回答到什么程度,不必过多考虑所回答的是否对题。谈判毕竟不是做题,很少有"对"或"错"那么确定而简单的回答。在答复时,若对方打岔,则让他这样做下去,不要干涉他。这会为你以后的答复提供有用的信息。

3. 辩论的技巧

谈判中的讨价还价集中体现在"辩"上。它具有双方辩者之间相互依赖、相互对抗的二重性。论辩是人类语言艺术和思维艺术的综合运用,具有较高的技巧性,作为一名谈判者,要不断提高自己的思辨能力,在论辩中取得良好的效果。

(1)要观点明确。谈判中的论辩就是论证自己的观点、反驳对方观点的过程,因此必须做好材料的选择、整理、加工工作。论辩中,事实材料要符合观点的要求,以免出现漏洞。在充分讲理由、提根据的基础上,反驳对方的观点,从而达到"一语中的"的目的。

(2)要逻辑严密。谈判中的论辩过程常常是在相互发难中完成的。一个优秀的谈判者应该头脑冷静、思维敏捷,才能应付各种各样的局面。在论辩时要运用逻辑的力量。真理是在相互论辩中产生的,在谈判条件相差不多的情况下,谁在论辩中能思维敏捷、逻辑严密,谁就能取得胜利。

(3)态度要客观公正。谈判中的论辩要充分体现现代文明,不论双方的观点如何不同,态度要客观,措辞要准确,要以理服人,绝不能侮辱诽谤、尖酸刻薄和进行人身攻击。

(4)不纠缠枝节。参加论辩的人要把精力集中在主要问题上,而不要陷入枝节问题的纠缠中。反驳对方的错误观点要抓住要害,有的放矢,坚决反对那种断章取义、强词夺理等不健康的论辩方法。论证自己的观点时要突出重点、层次分明、简明扼要,不要东拉西扯、言不对题。

(5)适可而止。谈判中论辩的目的是证明自己观点的正确,以争取有利于自己的谈判结果。因此,论辩一旦达到目的,就要适可而止,不可穷追不舍。切记,谈判不是争高比低的竞争。

(6)处理好优劣势。论辩一旦占上风时,要以强势压顶,气度恢弘,并注意借助语调、手势的配合,渲染自己的观点,但不可轻妄、放纵、得意忘形、口若悬河、独占讲坛。须知,谈判中的优劣势是相对的,而且是可以转化的。谈判桌前不是显示表达能力的地方,那种不看场合、不问对象的做法,反而会弄巧成拙。

(7)注意举止气度。谈判中的论辩应注意举止气度。这样不仅能给人留下良好的印象,而且能在一定程度上促进论辩气氛健康和洽。须知,一个人的良好形象有时会比他的语言更有力。

4.说服的技巧

在说服艺术中,运用历史经验或事实去说服别人,无疑比那种直截了当地说一番大道理要有效得多。善于劝说的谈判者懂得人们做事、处理问题都是受个人的具体经验影响的,抽象地讲大道理的说服远远比不上运用经验和例证去进行劝说。说服常常贯穿于谈判的始终。它综合运用"听"、"问"、"答"、"叙"及"辩"和"看"等各种技巧,是谈判中最艰巨、最复杂,也是最富技巧性的工作。

(1)说服他人的基本要诀。

第一,语言搭配图像和数字。图表和数字可以将公司的实力直观地表现出来,将公司的销售业绩做成图表更直观,更清晰,将公司的生产制造实力用照片表现出来,比口头表达出来更令人信服。也可以利用第三方的数据及其言论来衬托公司的强劲实力。比如,在家用电器行业,谈判对方可能不了解己方公司实力,但是,你通过展示一个双方都认可的品牌公司,对比自己公司与该品牌公司的实力,也就方便谈判,有利于说服对方。现在的买楼花也是属于将产品图像化、实物化,使得买房的人虽没有看到自己的房子,但是通过沙盘模型与样板间,已经相信售楼小姐所说的话。

第二,从对方角度来说话。站在对方的角度来说话,这说起来容易,但是做起来很难。我们发表任何观点,任何言论,都是基于自己的思考与实际,倘若让你从谈判对方的角度来讲话,确实有些强人所难。比如卖场搞促销,卖场在采购通常会将畅销产品的价格降下来吸引顾客,这个时候厂家业务代表会阻止卖场降价,双方是一番唇枪舌剑。厂家说:"你这样做,会扰乱价格,引起其他客户不满,公司也会处罚我。"采购说:"我不管,价格不统一哪种产品都有,别人能搞定,你搞不定,是你自己的问题。"结果双方不欢而散。其实,这个时候,厂家业务代表可以从采购角度来思考问题,比如他为什么降价,无非想吸引客流,增加销售。其实要想达到这个目的,降价并不是唯一的办法,可以采用发赠品、抽奖等促销活动来代替。厂家业务代表可以说:"其实不一定非要降价才能吸引客流,还有很多办法帮你提高销售量。"这个时候,采购也会给予配合。

第三,包装谈判议题。包装谈判议题,谈判桌上不是讲是非,而是讲利害。讲是非,就是讲对错,一般人都难以接受。讲利害,大部分人都会洗耳恭听。若你说:"×经理您这个观点不对","你这里是错的,你要让步",对方一听肯定恼火,面子没有地方放,谈判想持续下去很难。你可以包装一下议题说:"×经理你看这样行不行,我让这一步,您让这一步,大家都有利可图。"与别人谈判,一定要让对方觉得他赢了,因为,他觉得赢了,才会跟你签字。谈判成功了你也不要得意扬扬,因为在对方眼里,他觉得你让步了,他赢了。

第四,及时回顾与总结。在谈判中,回顾与总结必不可少,因为,谈判的时候,许多语言是意思模糊的,双方可能就这些模糊之处理解得并不一致,所以,要在谈判的时候,适时回顾总结,并且得到对方确认,也方便谈判继续。

(2)说服"顽固者"的技巧。在业务往来过程中,我们相信多数对手是能够通情达理的,但也会遇到固执己见,难以说服的对手。对于后一种,人们常常感到难以对付。他们好像让人难以理解,因为他们总是拿着不是当理讲,有时甚至根本"不进油盐",让人左右为难。其实,这种人在很大程度上是性格所致,并非他们不懂道理。事实上,只要我们抓住他们的性格特点,掌握他们的心理活动规律,采取适宜的说服方法,晓之以理,动之以情,他们是会接受正确的意见,完全可以被说服的。

"顽固者"往往比较固执己见,这通常是性格比较偏犟所致。他们有时心理很弱,但表面上不轻易地"投降",甚至还可能态度十分生硬,有时还会大发雷霆。其实有时他们自己也往往搞不清谁对谁错,但还是在外表上硬是坚持自己的观点。有时尽管他们明知自己已经错了,但由于自尊心的作用,也不会轻易地承认自己的

错误,除非你给他一个"台阶"。因此,在说服"顽固者"时,通常可采取以下几种方法:

第一,"下台阶"法。当对方自尊心很强,不愿承认自己的错误,从而使你的说服无济于事时,你不妨先给对方一个"台阶"下,说说他正确的地方,或者说说他错误存在的客观根据,这也就是给对方提供一些自我欣慰的条件和机会。这样,他就会感到没有失掉面子,从而容易接受你善意的说服。

第二,等待法。有些人可能一时难以说服,不妨等待一段时间,虽然对方没有当面表示改变看法,但对你的态度和你所讲的话,事后他会加以回忆和思考的。必须指出,等待不等于放弃。任何事情,都要给他人留有一定的思考和选择的时间。同样,在说服他人时,也不可急于求成,要等待时机成熟时再和他谈,效果往往比较好。

第三,迂回法。当有的人对于正面道理已经很难听进去时,不要硬逼着他进行辩论,而应该采取迂回的方法。就像作战一样,对方已经防备森严,从正面很难突破,解决的最好办法是迂回前进,设法找到对方的弱点,一举击破对方。说服他人也是如此,当正面道理很难说服对方时,就要暂时避开主题,谈论一些对方感兴趣的事情,从中找到对方的弱点。逐渐针对这些弱点,发表己方的看法,让他感到你的话对他来说是有用的,使他感到你是可信服的,这样你再逐渐把话转入主题,晓之以利害,他就会更加冷静地考虑你的意见,容易接受你的说服。

第四,沉默法。当对方提出反驳意见或者有意刁难时,有时是可以做些解释和反驳的。但是对于那些不值得反驳的问题,你需要讲求一点艺术,不要有强烈的反应,相反倒可以表示沉默。对于一些纠缠不清的问题,如果又遇上了不讲道理的人,只有当做没听见,不予理睬,对方就会觉得他所提出的问题可能没有什么道理,人家根本就没有在意,于是自己也就会感到没趣而不再坚持了,从而达到说服对方的目的。

对于谈判中说服的方法与技巧,在实际运用中,一定要注意时机的把握,不能生搬硬套这些方法与技巧,一定在合适的场合做合适的事情,才能达到预期的效果。

请看萨克斯是怎样说服罗斯福总统接受制造原子弹的建议的:

第二次世界大战期间,一些美国科学家试图说服罗斯福总统重视原子弹的研制,以遏制法西斯德国的全球扩张战略。他们委托总统的私人顾问、经济学家萨克斯出面说服总统。但是,不论是科学家爱因斯坦的长信,还是萨克斯的陈述,总统一概不感兴趣。为了表示歉意,总统邀请萨克斯次日共进早餐。第二天早上,一见面,罗斯福就以攻为守地说:"今天不许再谈爱因斯坦的信,一句也不谈,明白吗?"萨克斯说:"英法战争期间,在欧洲大陆上不可一世的拿破仑在海上屡战屡败。这时,一位年轻的美国发明家富尔顿来到了这位法国皇帝面前,建议把法国战船的桅杆砍掉,撤去风帆,装上蒸汽机,把木板换成钢板。拿破仑却想:船没有帆就不能行走,木板换成钢板就会沉没。于是,他二话没说,就把富尔顿轰了出去。历史学家们在评论这段历史时认为,如果拿破仑采纳了富尔顿的建议,19世纪的欧洲史就得重写。"萨克斯说完,目光深沉地望着总统。罗斯福总统默默沉思了几分钟,然后取出一瓶拿破仑时代的法国白兰地,斟满了一杯,递给萨克斯,轻缓地说:"你胜利了。"萨克斯顿时热泪盈眶,他终于成功地运用实例说服总统作出了美国历史上最重要的决策。

(四)谈判中常用语言方法

谈判者最大的苦恼,就是自己的意见不被对方接受,费尽心机筹划好的计划得不到顺利实施,满腹韬略付诸东流。要想改变这种状况,让对方改变初衷转而心甘情愿地接受自己的意见,除了掌握语言表达的基本形式外,还要在谈判过程中灵活运用基本方法,使之发挥最大效益。

1. 重复

重复包括两方面的内容:一是谈判者不断重复自己的意见。在谈判中使用重复的方法,最重要的是要有耐心和锲而不舍的顽强态度。只要问题一天得不到解决,就不停止重复表明要求。不管对方以什么样的礼物、态度来拒绝你的要求,都应该置若罔闻,绝不能被对方的言辞困扰。目的是让对方认识到你的要求是无法回避的,必须高度重视,认真对待。这样你的问题就有可能得到解决了。二是谈判者重复对方的话,是另一种形式的重复。在对方发表不同意见后,一个富有经验的谈判者,总是用自己的话把对方的意见重复一遍,但这种重复不是完全一字不差地重复,而是把它变成自己的话,并在重复时削弱甚至改变了异议的实质,使一个十分尖锐的反对意见变成一个普通的问题,从而使得对方的意见变得比较容易对付。采用这种技巧,最重要的是要注意分寸,如果过多地削弱对方的意见,对方就会指出来纠正你的说法。这样,不但对方的意见没有被削弱,反而更加强了。所以,分寸的掌握是非常重要的。

2. 激将法

激将法就是用语言刺激对方,激发对方的某种情感,使对方发生情绪波动,使其下决心去做某种己方希望他去做的事。人的行为,不仅受理智的支配,也受感情的驱使,激将法就是要用语言使别人放弃理智,凭一时感情冲动去行事。所以,激将法最适合在那些经验较少,容易感情用事的对象身上使用。运用激将法一定要因人而异,要摸透对方的性格脾气、思想感情和心理。对自卑感强,谨小慎微,性格内向的人,不宜使用此法,因为这些人会把那些富于刺激性的语言视作奚落和嘲讽,因而消极悲观,丧失信心,甚至产生怨恨心理。对那些老谋深算、富于理智的

"明白人",也不宜使用这一方法,因为他们根本不会就范。同时,还要掌握好火候,火候太小,语言不痛不痒,激发不起对方的情绪波动;火候太大,会造成对方过大的心理压力,诱发逆反心理,对方就会一味固守其本来的立场、观点。

3. 赞美

一般来说,赞美的话人人爱听,相信没有人会因被赞美而生气。人们受到赞美,都会心情愉快,信心大增,认为自己受到肯定;同时,对于称赞者也容易产生好感。这样就为谈判双方缩短距离、密切关系、进行心灵沟通打下了很好的基础。所以,永远不要吝惜给予别人夸奖。虽然赞美的话人人爱听,可并不是人人会说。表达赞美要注意以下几点:首先,赞美要独到。在赞美他人时,一定要独到地找出他值得赞美的优点和长处。其次,赞美要真心。发自内心,出于真诚,是赞美与阿谀、奉承、谄媚的根本区别。其三,赞美要具体。笼统地赞美他人会使你的赞美大打折扣。如果你能用具体的语言去赞美对方,就证明你非常了解对方,敬重他的长处。这样你的赞扬就显得很真切,很实在,对方也会因此而接受你的赞美。所以,要赞美他人千万不可笼统泛泛,必须具体指出你所喜欢的对方的言行、这些言行给你带来的帮助以及你对这些帮助的感受。其四,赞美要明确。很多人受我们民族传统思想的影响,不习惯当众对别人进行称赞。真正的赞美不是违心的,是发自内心地对他人某种长处的肯定。当面说出来,如实表达,会有很好的效果。

4. 打比方

打比方是增强语言表达效果的最常见的手段,打比方就是比喻,指在描述事物和说明道理时,用与它相类似的其他事物和道理来比拟说明。它可使抽象的事物变得具体、形象,使高深莫测的道理变得通俗、浅显,使听者好像亲眼看见亲身体验到了一样。成功的谈判者总是能够在需要的时候随时随地打比方、举例子,使自己的话变得生动、具体、有说服力、吸引力,使自己的观点变得容易被对方理解并最终被接受。有时候,谈判者出于某种原因,不能把话说得太明白,这个时候也可以借打比方来启发、暗示对方,让对方自己去领悟其中的道理。打比方是谈判者最愿意使用的语言策略。但是,很多好的比方并不是事先就已经构思好了的,而是谈判者在谈判中就地取材,用眼前事物、身边事情作比喻,来帮助自己说明事理、阐述观点。

5. 绕弯子

绕弯子,就是不把想说的意思直接说出来,而是先谈一些貌似与主题无关,令对方有兴趣、能接受的话题,然后由小到大、由少到多、由浅入深、由远及近、由轻到重、由易到难地一步一步引出正题。这样,由于有了前面的层层铺垫,本来对方难以接受的意见听起来就显得不那么突兀、尖锐,难以接受了。我们常常会碰到这种情况,有些谈判者在不便于直接表达主旨的时候,也会说一些别的话题,但由于话题选择不当,怎么都和主旨扯不上关系,他们花了很多时间却始终是在胡扯,这不是在"绕弯子",而是在"兜圈子","绕弯子"是让话题沿螺旋形路线迂回朝主旨前进。使用"绕弯子"的语言策略时,一定要找准话题,并一步步地引出自己的主旨,让对方心服口服地接受。

6. 现身说法

现身说法就是用自己的亲身经历、亲身体会对对方进行说服,在谈判中这是种非常有效的语言技巧。拿自己做例子,亲切、真实、自然,很容易消除对方的对抗心理,使对方产生共鸣。我们在使用现身说法的语言策略,特别是以自己的亲身经历为论据说服别人时,应当注意尽量使用那些众所周知和人们有目共睹的事例,也可以找一个权威人士或中间人为你作证,增强可信度。这样一来,对方在你的话得到印证以后,自然会对你的说法彻底信服。

7. 以牙还牙

在谈判过程中,经常会遇到对方以不友好的态度,说出一些嘲弄、挖苦的话来。以牙还牙,就是针锋相对,反唇相讥,对方怎样贬损我,我就怎样反驳、回击对方。有的谈判者在对方蛮不讲理、出言不逊的时候,觉得不应沉默容忍,以免长他人志气,灭自己威风,于是就拍案而起,直言怒骂。其实,这样做是非常不明智的。表面看来好像没有让步,实际上破坏了谈判气氛,谈判双方剑拔弩张,谈判难以为继。所以,除非刻意要激怒对方,应尽量避免这样的冲突。以牙还牙要有理、有利、有节,运用聪明才智,巧妙地反驳对方,把对方引向作茧自缚、有苦说不出的境地。

8. 让数字说话

人们对数字普遍有一种信赖的心理。数字虽然枯燥,但它可以客观、精确地反映问题,表现事物。在谈判中,用数字来帮助你说服他人、表达观点,可以大大增强说服力,令对方深信不疑。数字可以让模糊的概念清晰起来,生动起来,让观点更直观,更易于理解。运用数字,可以使问题更为具体,但有时引用的数字过大、过小或过多,会让人觉得枯燥,觉得难以感知和认识,这时,可采用换算等方法,使数字变得生动形象。这样,在听众头脑中形成了生动具体的形象,大大增强了说服力和感染力。

9. 刚柔相济

有时,谈判者一味地好言相劝,可能达不到目的,尤其当对手心肠硬,态度冷淡、坚定的时候。这时可以采用刚柔相济的方法,在谈话中既有顺耳动听的好言好语,又有尖锐犀利的言辞,向对方表明自己既有诚恳、友好的合作态度,又坚持原则,无所畏惧。不卑不亢,有理有节,对方就容易就范。当我们遇到蛮横无理的谈判对手时,一味忍让只能助长他的嚣张气焰,如果以怒制怒,可能会更激化矛盾。这时,如果以刚为主,兼而有柔,既坚持原则不让步,又网开一面留有余地,往往会收到很好的效果。

10. 引蛇出洞

引蛇出洞,这里指谈判者用语言设下圈套,诱使对方说出己方所需要的观点,然后收拢圈套,以此为据,指出他的观点和原来的观点相矛盾,使对方无法争辩。引蛇出洞的关键在于引诱对方说出我方需要的观点,所以必须充分了解和把握对方的心理特征,采用适合的方法,巧妙地诱导他。如果方法不当,出语生硬、蹩脚,让对方觉察有语言陷阱而不上当,这个方法就无法发挥效力了。

11. 发怒

在谈判中,如果对方蛮不讲理,出言不逊,把我方顾全大局的容忍看成是软弱可欺,这时,就应该毫不客气地给予迎头痛击,以严厉的语言和强硬的态度,遏止不良的谈判气氛。发怒必须出于正义,正义在胸自会理直气壮,威慑对手。如果无理取闹,虚张声势,那绝不会产生效用。采用发怒的技巧最不可少的是胆量和勇气,如果色厉内荏,底气不足,就根本不能使对手屈服。在谈判中使用发怒这种方法,往往能取得效果。因为,在日常生活中人们长期被行为规范所约束,早已学会了容人,且磨炼得理智冷静、彬彬有礼,把一切不满情绪深藏心底。因此,当我们在谈判桌前突然失去控制,高声叫喊,把愤怒的情绪毫无忌惮地宣泄出来时,常常会令对方不知所措,他们的自信心被动摇了,就开始重新估计自己的态度或形势。

谈判,是知识、智慧和才华的较量,也是谋略的实施与演绎。语言,则是作为实施与演绎谋略的一种工具而存在于谈判之中。可以说,没有谋略作为内涵的语言,必然是单薄而又苍白的,谈判语言艺术之所以光彩照人,就在于它那变幻莫测的谋略内涵。

参考文献

[1] 胡伟,邹秋珍.演讲与口才.北京:清华大学出版社,2009.
[2] 包镭.演讲与口才.北京:北京大学出版社,2007.
[3] 曾湘宜.演讲与口才.成都:西南财经大学出版社,2007.
[4] 戴尔·卡耐基.语言的突破.林染,译.北京:海潮出版社,2003.
[5] 周彬琳.实用演讲与口才.大连:东北财经大学出版社,2001.
[6] 张弘,林吕.演讲与口才.成都:电子科技大学出版社,2005.
[7] 陈岗林.演讲与口才.北京:科学出版社,2009.
[8] 陈翰武.演讲与口才.武昌:武汉大学出版社,2005.
[9] 蒋红梅,罗纯.演讲与口才实用教程.北京:人民邮电出版社,2011.
[10] 谢伯端.实用演讲与口才教程.武汉:华中科技大学出版社,2007.

责任编辑:郭珍宏

图书在版编目(CIP)数据

演讲与口才教程/胡友静主编. —北京:旅游教育出版社,2012.8(2017.2 重印)
ISBN 978-7-5637-2460-4

Ⅰ.①演… Ⅱ.①胡… Ⅲ.①演讲—高等职业教育—教材 ②口才学—高等职业教育—教材 Ⅳ.①H019

中国版本图书馆 CIP 数据核字(2012)第 176800 号

演讲与口才教程

胡友静　主编

刘瑞亨　副主编

出版单位	旅游教育出版社
地　　址	北京市朝阳区定福庄南里1号
邮　　编	100024
发行电话	(010)65778403 65728372 65767462(传真)
本社网址	www.tepcb.com
E - mail	tepfx@163.com
印刷单位	北京京华虎彩印刷有限公司
经销单位	新华书店
开　　本	787 毫米×960 毫米　1/16
印　　张	17.25
字　　数	266 千字
版　　次	2012 年 8 月第 1 版
印　　次	2017 年 2 月第 2 次印刷
定　　价	36.00 元

(图书如有装订差错请与发行部联系)